L'encyclopédie des chats

Christiane Sacase

L'encyclopédie des chats

pour les connaître, les comprendre, les soigner

Reportage photographique
de Jean-Michel Labat et François Varin

Bordas

Édition : Marguerite Montange.
Maquette : Atelier de l'Alphabet.
Dessins : Valérie Decugis.
Fabrication : Francine Deligny.
Photos : Jean-Michel Labat et François Varin,
sauf mention spéciale.

Responsable d'édition : Christian Dorémus.

Imprimé par Amilcare Pizzi (Italie)
en fevrier 1988

Dépôt legal 1° re edition: mars 1986
Dépôt legal mars 1988

I.S.B.N. 2-04-015380-2

Préface

Nous sommes très nombreux en France à vivre avec un chat. Avec quelque huit millions de foyers abritant le petit félin domestique, nous battons de loin le record de l'Europe.

Mode, contagion, phénomène de consommation ? Comment expliquer la vogue du chat de compagnie, qu'il soit de luxe avec pedigree étincelant ou modeste « chat de maison » sans race définie. Le phénomène est indéniablement lié à notre niveau de vie. Toutes les classes sociales, en France comme en Belgique ou en Suisse, ont la possibilité de s'offrir la compagnie d'un chat, l'animal n'ayant que de modestes besoins. Selon les vétérinaires qui se sont penchés sur cette question, la popularité galopante du chat correspond avant tout à un besoin de contact avec une forme de vie simple et naturelle qui nous échappe de plus en plus, en particulier dans les villes, et à laquelle cependant nous ne cessons d'aspirer.

En choisissant de vivre avec un animal — chat ou chien —, nous obéissons à une réaction spontanée d'adaptation, voire de survie face à un monde mécanisé et aux agressions multiples dont nous sommes la cible. Par sa présence équilibrante, rassurante, le chat nous permet de surmonter toutes les nuisances d'un environnement contre-nature, de nous sentir moins seuls dans des cités où nous avons de plus en plus de mal à communiquer avec nos semblables — des raisons dont la plupart des maîtres n'ont généralement pas conscience.

Un référendum réalisé en 1982 par le magazine spécialisé « 30 Millions d'Amis, la Vie des Bêtes » a révélé que de toutes les motivations des propriétaires, l'attirance, la tendresse, une affection lucide, sont le premier critère dans le choix d'un chat, avant même l'esthétique. On trouve cependant beaucoup d'amateurs de chats à beau pedigree, dans toutes les classes de la société : le chat pour le plaisir des yeux.

Toujours d'après ce sondage, le chat est souvent préféré par les femmes et les jeunes de moins de quinze ans. Des personnes capables de donner sans intérêt. « Ceux qui choisissent d'introduire un chat dans leur maison savent et acceptent de ne pas s'approprier un être ; ils savent et acceptent de ne pas s'arroger de droits supplémentaires ; ils ne s'adjoignent pas un esclave », constate

Odette Eylat, psychanalyste, auteur du *Psychat*, une fort intéressante étude qui met sur le divan les maîtres du petit félin.

Un autre psychiatre, le professeur Aaron Katcher, de l'Université de Pennsylvanie, a mené une enquête révélatrice de la place que chats et chiens tiennent dans notre vie et de l'attachement qui nous lie à eux : 94 pour cent des Américains parlent à leurs animaux comme s'il s'agissait de personnes et 81 pour cent estiment que les animaux réagissent à leurs sentiments. Il est probable que le comportement des Européens n'est guère différent. Témoin le langage que nous employons pour nous adresser à nos chats et les attentions que nous leur prodiguons.

Fait rassurant, en aimant nos chats, nous ne sommes ni plus frustrés, ni plus inadaptés que les autres, mais tout simplement plus heureux.

Ayant élu comme compagnon cet interlocuteur exceptionnel, enrichissant, qui échappe aux règles et aux limites de toute civilisation, le chat qui traverse les siècles, immuable, nous apprenons à mieux vivre. Il est juste, en retour, que nous lui assurions la plus belle existence possible.

Avant-propos

Arthur, mon chat, toute douceur et rondeur, est comme à son habitude lové sur son divan favori. Paisible, confiant, dormant ou feignant de dormir ? Soudain, un bruit, et le voici qui se dresse, s'étire, l'œil allumé, le croc aiguisé, prêt à bondir sur une proie, réelle ou imaginaire. Tel est le chat, animal ambigu, symbole de quiétude. A la fois petit dieu du foyer et félin sauvage chez qui le prédateur ne dort jamais que d'un œil.

Le chat, animal d'autant plus fascinant que son comportement garde toujours une part de mystère, animal qui ne laisse jamais personne indifférent. Les uns l'aiment et savent très bien pourquoi, d'autres, moins nombreux, le détestent, d'emblée, sans raison.

Arthur me fascine depuis un certain lundi de 1972, jour où il est entré dans la famille. Petite boule de poils ternes, misérable, aplatie dans le fond d'une cage à singes. Tel nous est apparu ce chat providentiel sauvé de la piqûre par mon amie Maryvonne Leclerc, vétérinaire du zoo de Vincennes, qui me confia l'animal. Un cadeau en or. Très vite Arthur devint superbe : le poil soyeux, gris-bleu, éclairé de taches et de gants blancs, l'œil émeraude, les moustaches démesurées, il n'avait plus rien à envier à ses frères aristocrates. Depuis douze ans, omniprésent, il règne sur la maison, discrètement, sans en avoir l'air. Il va sa petite vie de chat, que rien ne paraît devoir troubler, pas même les deux chiennes envahissantes qui partagent notre vie.

Imprévisible, à la fois casanier et aventureux, coureur de chattes, bagarreur, chasseur de tout, astucieux et despote, Arthur est un vrai chat. Ce qui ne l'empêche pas de ne ressembler à aucun autre. C'est bien connu : il n'existe pas deux chats semblables, ce qui les rend encore plus intéressants.

Super-chat, grand séducteur à la patte de velours, Arthur m'a tout naturellement transformée en catophile inconditionnelle, comme il a inspiré ce livre, écrit sous son œil critique.

Ceux qui n'ont pas encore choisi leur chat trouveront dans cet ouvrage un panorama détaillé des races, des conseils pour l'achat, des renseignements pratiques glanés auprès d'éleveurs et de juges dont la collaboration nous a été précieuse. Les apprentis éleveurs y découvriront des rudiments de génétique, les grandes règles qui président aux accouplements réussis et des informations détaillées sur le monde des clubs félins et des expositions où ils entreront peut-être un jour.

Ce livre s'adresse aussi à tous ceux que le comportement félin intéresse. Ces dernières années, les études des scientifiques sur la physiologie et l'éthologie du chat ont apporté de nombreux éclaircissements sur le comportement du petit félin. On sait désormais comment le chat voit le monde, entend, communique, on a découvert quelques caractéristiques de son comportement social, amoureux, etc. Autant de clefs qui nous permettent de mieux le comprendre et de nous comporter en conséquence.

Il ne s'agit plus, aujourd'hui, de nourrir son chat des reliefs plus ou moins appétissants et nutritifs de nos repas ou encore de le laisser dépérir sans réagir. Compagnon à part entière de la famille, il a droit à une alimentation soignée, aux visites chez le vétérinaire, comme à des soins d'hygiène élaborés. La dernière partie de l'ouvrage donne des conseils d'entretien, des menus établis selon les dernières règles de la diététique féline — une science très au point aujourd'hui — et signale les maladies qui menacent le chat, graves ou bénignes, en insistant particulièrement sur les symptômes alarmants qui doivent inciter à se précipiter chez le vétérinaire.

On a tâché de réunir, dans ce livre-guide, un maximum de conseils dans le but d'aider tous les maîtres, qu'ils soient néophytes ou déjà avertis.

Christiane SACASE

L'auteur remercie M. Guy Pantigny pour ses aimables conseils en ce qui concerne les races.

Table des matières

D'OÙ VIENT LE CHAT ?

Un jour, sur l'Arche, les bêtes vinrent se plaindre à Noé. Décidément les souris étaient insupportables, se faufilaient partout, volaient la nourriture. L'une de ces effrontées s'était installée dans la trompe de l'éléphant. Une autre, juchée sur le crâne de la girafe, prétendait surveiller l'horizon. Noé, très ennuyé, demanda conseil au lion, le roi des animaux. Ce dernier l'écouta attentivement, puis se mit à éternuer par deux fois, avec une grande force. Noé vit alors deux lions en réduction sortir des narines du grand félin : un mâle et une femelle ; les ancêtres de nos chats familiers. Sans perdre une seconde, les deux premiers chats du monde se mirent à pourchasser souris et rats, dans tous les azimuts. Telle est la légende.

Une autre légende court sur la naissance du chat. L'arche de Noé en est encore le cadre. Un jour, la lionne, se jugeant délaissée par son royal époux se laissa courtiser par un grand singe. Quand le lion s'aperçut de son infortune — sa femelle, à n'en pas douter, attendait des petits — il entra dans une violente colère et voulut tuer les coupables. Noé, que Dieu avait chargé de sauver toutes les espèces du déluge, s'y opposa. Il renvoya le singe chez les siens et dit à la lionne : « Pour ta punition tu auras deux lionceaux qui ne grandiront jamais. » Ainsi naquirent les premiers chats qui, depuis toujours, sont malins comme des singes et courageux comme des lions. Curieusement, les Chinois disent aussi que le chat est le fruit des amours d'une lionne et d'un singe. Des légendes, certes. Mais, si l'on quitte la fiction pour essayer de découvrir les véritables origines du chat, on trouve des explications diverses de scientifiques qui, faute d'avoir vraiment éclairci les

Le Chat sauvage (Felis silvestris), dont le domaine était autrefois très vaste, se cantonne aujourd'hui dans les endroits boisés peu fréquentés par l'homme, se nourrissant d'oiseaux et de rongeurs.

origines de l'animal, pensent qu'elles pourraient être composites.

Les carnivores, dont le chat fait partie, ont été les premiers des mammifères placentaires apparus sur la terre, parmi eux le petit Créodonte, l'ancêtre le plus primitif des chats, qui vécut en même temps que les derniers dinosaures, il y a quelque 70 millions d'années. Presque tous ces mammifères ont disparu. Une seule famille a survécu, celle des Miacidés, qui s'est ensuite différenciée pour donner les familles actuelles de carnivores.

Ces mammifères carnivores sont divisés en deux grands groupes : celui des Fissipèdes (carnivores terrestres), auquel appartient le chat, et celui des Pinnipèdes, mammifères aquatiques. Certains naturalistes divisent les Fissipèdes en trois super-familles : les Arctoïdés, les Herpestoïdés et les Cynoféloïdés, qui réunit canidés et félidés. D'autres les divisent en deux grandes familles : les Canoïdés et les Félinoïdés.

Les Félidés, qui appartiennent à la grande famille des Félinoïdés, sont des mammifères carnivores particulièrement évolués et très spécialisés, dont la morphologie est parfaitement adaptée à la chasse à l'affût : la tête est arrondie, la face courte, les yeux situés sur le devant de la tête. Le nombre de dents est réduit, les canines sont très développées. Tous ont des prémolaires « carnassières » et des molaires faites pour broyer la viande. Les félins sont digitigrades : cinq doigts aux antérieurs, quatre aux postérieurs. Ils ont des griffes acérées, rétractiles, sauf chez le guépard et le chat à tête plate de Malaisie et d'Indonésie.

La famille des Félidés a été à son tour divisée en 36 espèces réparties en 4 sous-familles : les Panthérinés ou grands félins, comportant 5 espèces, les Acinonychidés, avec une seule espèce (le guépard), les Néofélidés, une seule espèce (la panthère nébuleuse) et les Félidés, comportant 26 espèces de chats.

Le chat sauvage (*Felis silvestris*), un Félidé, est sans doute apparu en Asie à la fin de l'ère tertiaire. De là, il serait passé en Afrique et en Europe. Il peuple tout l'ancien continent, à l'exception de l'Australie et de quelques îles, et il n'aurait jamais atteint le continent américain.

Certains auteurs divisent la super-espèce *Felis silvestris* en trois espèces principales : *Felis ornata*, chat des steppes asiatiques, *Felis ocreata* : chat des savanes africaines et *Felis silvestris*, chat forester d'Europe. Il est généralement admis que notre chat domestique descend de la super-espèce *Felis silvestris*. Les chats domestiques du Moyen-Orient auraient pour ancêtre *Felis libyca*, chat sauvage africain qui occupait l'Asie et l'Afrique du Nord. Certains pensent que *Felis chaus*, chat de la jungle, est aussi un ancêtre de ce chat domestique. Mais cette thèse est controversée. Les crânes de chats momifiés, découverts dans les tombeaux des anciens Égyptiens, avaient pour la plupart l'aspect du crâne de *Felis libyca*, lequel a légué sa robe rayée à de nombreuses races. Des études récentes, portant en particulier sur l'indice crânien, montrent que l'espèce sauvage la plus voisine de l'espèce domestique est *Felis ornata*, chat du Sud-Ouest asiatique. Il serait donc l'ancêtre des chats domestiques et sa domestication remonterait à l'époque des civilisations de l'Indus entre 7 et 4000 ans avant J.-C. Par la suite, ce chat venu d'Orient se serait croisé avec *Felis libyca*. Quant au chat domestique européen, il descend vraisemblablement de *Felis libyca* d'Égypte, répandu dans toute l'Europe lors de l'expansion romaine, lequel s'est vraisemblablement accouplé avec *Felis silvestris*.

On ignore encore par quel phénomène génétique notre chat familier s'est transformé en animal domestique — relativement d'ailleurs, car s'il retourne dans la nature, il redevient vite sauvage.

Une mutation s'est sans doute produite, puisque les petits des chats domestiques naissent apprivoisés, ce qui n'est pas le cas chez les chats sauvages. La sélection qui s'est opérée au cours des siècles a joué sur des facteurs devenus inutiles à la vie domestique. On note ainsi une diminution du volume de l'encéphale chez le chat familier, qui est devenu moins agressif et plus docile, tel que nous le connaissons et l'aimons aujourd'hui.

LA PRÉHISTOIRE

Premiers mammifères primaires : *Triassique* (180 millions d'années).
Premiers mammifères placentaires : *Crétacé* (135 millions d'années).
Miacis : *Paléocène* (60 millions d'années).
Premiers félidés : *Éocène* (55 à 40 millions d'années).
Machaïrodon : *Oligocène* (25 millions d'années).
Forme primitive des chats modernes *(Felis)* : *Miocène* (12 millions d'années).
Grands félins modernes : *Pliocène* (3 millions d'années).
Chat domestique.

LES PETITS FÉLINS SAUVAGES

Notre chat domestique a de nombreux cousins sauvages qui vivent en Afrique, en Asie et en Amérique. La plupart d'entre eux ont été traqués pour leur fourrure, aussi se sont-ils souvent réfugiés dans des régions inaccessibles. Élégants, charmants, comme tous les félins, ils sont aussi parfois recherchés comme animal de compagnie.

Les gens qui en achètent sont animés de bonnes intentions, ignorant, d'une part, qu'ils contribuent souvent à la destruction d'espèces menacées et, d'autre part, que les soins les plus attentifs du monde ne pourront jamais faire oublier à l'animal qu'il a perdu sa liberté. Ces chats sauvages souffrent non seulement d'être enfermés, mais aussi de la promiscuité avec l'homme et avec d'autres animaux. Ces prétendus apprivoisés sont en fait plus nombreux à se laisser mourir qu'à s'adapter à la captivité.

Les chats sauvages d'Afrique

Le Chat doré d'Afrique (*Felis aurata*). Ce chat au pelage uni, brun doré, pèse de 13 à 18 kilos. Il vit dans les forêts d'Afrique centrale. On ne le rencontre qu'exceptionnellement.

Le Chat des marais (*Felis chaus*). Il a un pelage long brun sable, moucheté sur la face et les pattes. Celles-ci sont longues et fines. Il pèse de 7 à 13 kilos. Le Chat des marais se rencontre en Égypte et en Asie du Sud. Il fréquente surtout les marécages et les terrains broussailleux.

Le Chat sauvage d'Afrique ou **chat ganté** (*Felis libyca*). Son pelage est rayé de sombre sur un fond fauve clair. La queue porte trois anneaux noirs. C'est un petit chat de 3 à 8 kilos. On le trouve dans toute l'Afrique, le Moyen-Orient et l'Inde.

Le Chat des sables ou **Chat de Margueritte** (*Felis margarita*). Son pelage est brun fauve ou brun gris, légèrement tigré. Sa queue est annelée de noir. Signe distinctif : des oreilles très larges. Il ne pèse pas plus de 2 à 3 kilos. Ce chat fréquente les régions semi-désertiques du nord de l'Afrique, du Moyen-Orient et du Turkestan.

Le Chat à pieds noirs (*Felis nigripis*). Sa robe brun fauve est tachetée de noir. C'est un chat bas sur pattes, à la plante des pieds noire. Il pèse de 1 à 2 kilos. Il vit dans le désert et les savanes d'Afrique du Sud. Pourchassé, il s'est réfugié dans le désert du Kalahari.

Le Serval (*Felis leptailurus*). C'est un gros chat à la robe roux clair, mouchetée de sombre sur le dos, à la queue annelée de noir. Il pèse de 13 à 18 kilos, vit au sud du Sahara, près des points d'eau et dans la savane épaisse.

Le Caracal (*Felis caracal*). Il est le plus gros des petits félins d'Afrique. Son pelage est jaune fauve. Ses oreilles longues et pointues s'ornent d'une touffe de poils. Il pèse de 16 à 23 kilos. On le trouve en Arabie et aussi au nord de l'Inde. C'est un animal des zones désertiques.

Les chats sauvages d'Asie

Le Chat du Bengale (*Felis bengalensis*). Il ressemble à une panthère miniature à la belle robe fauve orangé tachetée de noir. Il pèse de 3 à 4 kilos. Ce chat commun dans le Sud-Est asiatique se trouve aussi en Chine, au Tibet et en Sibérie orientale où il vit surtout en forêt et dans les broussailles.

Le Chat des steppes (*Felis silvestris ornata*). De robe fauve clair, tachetée ou rayée, il vit dans les régions désertiques de l'Asie du Sud. Il serait l'ancêtre du chat domestique.

Le Manul ou **Chat de Pallas** (*Felis manul*). Il a le corps ramassé, une fourrure longue brun orangé, une tête fine, épaissie par un beau collier de barbe. Il pèse de 3 à 5 kilos. On le trouve en Asie centrale, dans les steppes et les régions montagneuses.

Le Chat doré d'Asie (*Felis temmincki*). Ce chat au pelage roux doré, au masque rayé de noir pèse de 6 à 11 kilos. On le rencontre au Tibet, dans le sud-ouest de la Chine et à Sumatra, dans les forêts humides.

Le Chat marbré (*Felis marmorata*). Son pelage brun clair, orné de larges taches, ressemble à celui de la panthère longibande. C'est un chat haut sur pattes, à la tête très fine ; sa queue est longue et annelée. Il pèse de 3 à 6 kilos. On le trouve au Népal, en Indonésie, souvent au bord de l'eau.

Le Chat de Bieti (*Felis bieti*). Il a un pelage marron jaune, moucheté et pèse de 5 à 6 kilos. Très rare, il vit dans les steppes et montagnes de Mongolie.

LES GRANDS FÉLINS

Notre chat domestique a aussi des cousins de grande taille dans le genre Panthera : le Lion (*Panthera*), qui pèse de 135 à 210 kilos, le Léopard tacheté (*Panthera leo*), qui pèse en moyenne 50 kilos, le Jaguar (*Panthera onca*) : de 40 à 100 kilos. La Panthère ou Léopard (*Panthera pardus*) : de 50 à 80 kilos. Le Tigre (*Panthera tigris*) : de 110 à 280 kilos (Sibérie). Dans le genre *Ancinonyx* : le Guépard (*Ancinonyx jubatus*) : 30 à 45 kilos.

LE CHAT HARET

De nombreux chats domestiques, abandonnés, sont retournés à la nature. Réfugiés le plus souvent dans les forêts, ils vivent de chasse, se nourrissant essentiellement de petits rongeurs, d'insectes, d'oiseaux et, à l'occasion, de lièvres et de lapins.
Les chats harets n'ayant pratiquement pas de prédateurs, ils ont proliféré et constituent actuellement de véritables populations qui, au fil des générations, deviennent de plus en plus sauvages. Ces chats sont l'objet de nombreuses agressions. Accusés de propager la rage, ils sont éliminés. Soupçonnés aussi de piller les poulaillers, ils sont tirés au fusil, piégés, ou encore victimes d'appâts empoisonnés, destinés en principe aux renards.
Certains chats harets de bonne taille sont souvent confondus avec le chat sauvage d'Europe (*Felis silvestris*). Ces derniers s'en distinguent cependant par une queue épaisse et courte, terminée en massue et ornée d'anneaux noirs. Selon le professeur Condé, spécialiste du chat sauvage, le meilleur caractère distinctif est le rapport obtenu en divisant la longueur totale du crâne en millimètres par la capacité crânienne exprimée en cm^3 : « l'indice crânien 2,75 est la limite idéale entre chat sauvage et chat domestique. Au-dessus, jusqu'à plus de 4, il s'agit d'un animal domestique, au-dessous, jusqu'à près de 2, d'un animal forestier ». Si les scientifiques ne s'y trompent pas, les chats harets qui vivent dans les forêts depuis plusieurs générations, ressemblent cependant de plus en plus à leurs cousins sauvages.

Le Chat à tête plate (*Felis planiceps*). Ce chat court sur pattes à la queue très courte a une robe brun argenté. Il pèse de 5 à 8 kilos. Il vit dans le Sud-Est asiatique, où il est rare, et se cantonne souvent près de l'eau.

Le Chat rouilleux (*Felis rubiginosa*). Il doit son nom à une robe couleur de rouille, tâchée et rayée de marron. Son corps est plutôt long. Il pèse de 1 à 2 kilos. Il vit en Asie du Sud-Est et fréquente surtout les broussailles.

Le Chat d'Iriomote (*Felis iriomotensis*). Il a un pelage moucheté, une queue en massue et des oreilles très rondes. Il pèse 5 kilos. Ce chat découvert en 1967 dans l'île d'Iriomote, à l'est de Taïwan, est très rare.

Le Chat pêcheur (*Felis viverrina*). Ce chat a une robe irrégulièrement tachetée, au fond brun, des pattes légèrement palmées. Il pèse de 5 à 8 kilos. On le rencontre dans les marécages du Sud-Est asiatique, où il vit surtout de pêche.

Les chats sauvages d'Amérique

Le Chat des pampas (*Felis colocolo*). Sa robe au fond gris brun, jaune sur le ventre, est à la fois mouchetée et rayée. Il pèse de 3 à 7 kilos. Ce chat vit dans les grandes prairies d'Amérique du Sud où il est devenu très rare.

Le Chat de Geoffroy (*Felis Geoffroyi*). Sa robe brune, tirant sur le gris, est rayée et tachée de noir. Il a une longue queue annelée et pèse de 2 à 3,5 kilos. On le trouve en Amérique du Sud, dans les forêts et les broussailles .

Le Kodkod (*Felis guigna*). Ce petit chat gris tacheté de noir a, comme le lynx, une touffe de poils au bout des oreilles. Il pèse de 2 à 3 kilos. Il vit au pied des Andes.

Le Chat des Andes (*Felis jacobita*). Il a une robe brun gris, mouchetée de marron foncé, une queue annelée et fournie et il pèse de 3 à 7 kilos. On le trouve uniquement dans la cordillère des Andes.

Le Bobcat (*Felis rufus*). Ce chat râblé, à la queue courte, à la robe mouchetée, pèse de 7 à 16 kilos. Son territoire s'étend depuis le sud du Canada jusqu'au centre du Mexique.

Le Chat Tigre (*Felis tigrina*). La robe de ce chat, brun clair, est rayée et tachetée. Il pèse de 2 à 3,5 kilos. On le rencontre dans les forêts d'Amérique centrale et du nord de l'Amérique du Sud.

Le Margay (*Felis Wiedii*). Il ressemble à un ocelot miniature, à la robe plus claire. Ses yeux sont séparés par une tache blanche ; sa queue est longue et annelée. Il pèse de 4 à 8 kilos. Le Margay vit au Paraguay, en Argentine et jusqu'en Amérique centrale, surtout dans les forêts. C'est un chat rare aujourd'hui.

Le Jaguarondi (*Felis yaguaroundi*). Ce chat court sur pattes, au corps élancé, à l'allure sinueuse fait penser à une loutre. Il a un pelage gris ou marron brun, tiqueté. Il pèse de 5,5 à 10 kilos. Le Jaguarondi, appelé aussi Cougar, vit au Texas et en Amérique du Sud et centrale. Il se tient souvent près des cours d'eau.

L'Ocelot (*Felis pardalis*). Il a un pelage rayé et tacheté, une queue annelée. Il pèse 13 kilos. L'ocelot vit en Amérique centrale et du Sud, en terrain couvert.

Le Puma (*Felis concolor*). Ce félin au pelage brun clair ou foncé pèse de 45 à 60 kilos. C'est le plus gros de tous les petits félins d'Amérique. On le rencontre en Amérique centrale et du Sud. Il vit en forêt et en plaine.

Les chats sauvages d'Europe

Le Lynx (*Felis lynx*). Ce beau félin marron clair, à la robe mouchetée et aux oreilles ornées d'un pinceau de poils, pèse de 11 à 45 kilos. Il est le seul présent à la fois en Europe et en Amérique du Nord. On le trouve aussi dans le nord de l'Asie.

Le Lynx des Pyrénées (*Felis pardina*). Très rare en France, il se rencontre encore en Espagne.

Le Chat sauvage d'Europe (*Felis silvestris*). Ce beau chat fauve à la robe rayée de noir, a un poil épais, une queue ronde à l'extrémité et cerclée de noir. Il pèse de 4,5 à 11 kilos. En France, il est localisé dans les forêts de l'Est.

LE CHAT DOMESTIQUÉ

Les habitants de l'Égypte ancienne, qui tentèrent de domestiquer la plupart des animaux sauvages de leur environnement, ont été les premiers à apprivoiser le chat, sous la XVIIIe dynastie, selon les uns, sous la XIIe, selon les autres. Des fresques et inscriptions datant de 2000 ans avant J.-C. évoquent déjà le chat, animal familier. A l'origine, on l'a utilisé pour ses qualités de chasseur. Il débarrassait les énormes silos à grains des bords du Nil des rats qui les infestaient. Il chassait aussi les oiseaux des marais et attrapait des poissons pour ses maîtres. On respectait ce compagnon précieux, on le protégeait et on finit même par le vénérer. Pendant plus de 2 000 ans, il fut l'objet d'un véritable culte. Déifié sous les traits de Bastet, déesse de la fécondité et de l'amour, le chat eut droit à tous les égards. Son effigie était partout, sur les fresques, sculptée dans l'argile, en bronze, en or. Quiconque était convaincu d'avoir tué un chat risquait la peine de mort. Quand le chat de la maison mourait, on se rasait les sourcils en signe de deuil. Le corps du petit animal était enduit d'huiles précieuses, embaumé, entouré de bandelettes et enterré dans un cimetière spécial.

Petit à petit, dans tout le Moyen-Orient, le chat entra dans la maison des hommes. De là, il passa sans doute en Inde et dans le sud de la Chine. Les premières traces du chat en Extrême-Orient apparaissent environ 1 000 ans avant J.-C. Il était chargé de défendre les cocons de vers à soie et les cultures contre les rongeurs. Aussi connut-il un statut privilégié. On le choyait dans tous les foyers. Considéré comme un animal bénéfique, il était vénéré dans les temples.

En Europe, les Grecs ont été les premiers à posséder des chats. Il semble qu'ils n'y portaient pas grand intérêt, comme les Romains d'ailleurs, qui s'intéressaient davantage aux chiens. Selon certains auteurs, le chat aurait gagné les pays de l'Europe du Nord à bord des navires phéniciens, la Grande-Bretagne, notamment, où les marchands venaient chercher de l'étain. Les légions romaines

Momies de chats revêtues de lin polychrome et de cartonnages peints. IIIe-Ier siècle avant J.-C. Musée du Louvre, Paris. Ph. S. Guiley-Lagache © Arch. Photeb.

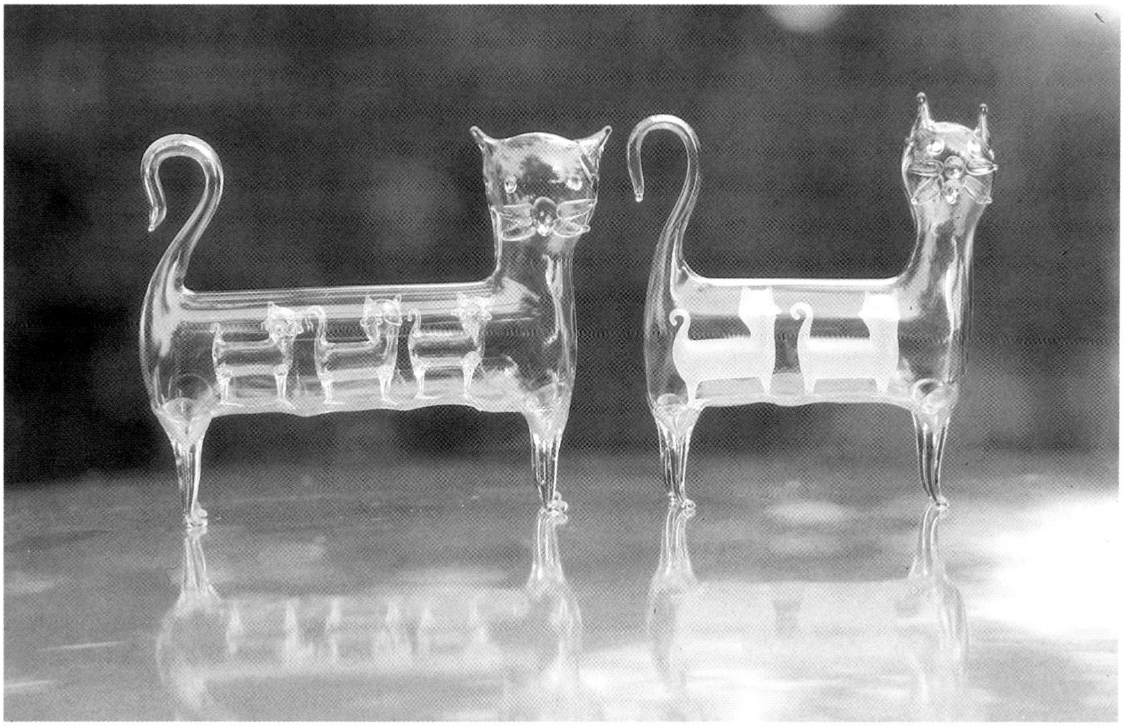

LE CHAT DANS L'ART

En Europe, jusqu'au siècle dernier, le chat ne figurait guère, en peinture, que comme un accessoire du décor et était représenté de façon très conventionnelle, sa personnalité semblant avoir totalement échappé aux artistes. En revanche, les Japonais l'ont très tôt et maintes fois représenté sous les formes les plus diverses. Cidessus, chats en pâte de verre.

nous ont également apporté des chats domestiques qui connurent une certaine faveur à l'époque gallo-romaine.

On reparle du chat au Moyen Age. Soupçonné de détenir des pouvoirs surnaturels, d'avoir commerce avec le Diable, le pauvre animal subit les pires souffrances. On l'enterre vivant dans un champ pour assurer une bonne récolte ; on l'emmure vivant dans une maison neuve pour la protéger de la malédiction ; on l'accuse d'être responsable de la danse de Saint-Guy ; pendant trois siècles, des chats vivants sont enfermés dans une cage et mis à griller au-dessus des feux de la Saint-Jean pour conjurer le mal. A Ypres, dans les Flandres, on pratique le « jet de chats » : trois malheureux matous sont jetés du haut d'un donjon et achevés à coups de bâton par la foule. Cette coutume cruelle ne prendra fin qu'en 1817. Aujourd'hui, on jette toujours des chats du haut d'une tour de la ville d'Ypres, mais ce sont des chats en peluche...

Comme les sorcières, dont il était souvent le compagnon, le chat du Moyen Age est jugé, torturé et brûlé vif. On tue également les gens qui le protègent. Le petit félin sera sauvé de l'extinction par l'épidémie de peste, due aux rats noirs. On se souvient alors que le chat est le premier ennemi du rat et on le réhabilite.

La coutume d'embarquer des chats à bord des navires, toujours pour combattre les rats, va permettre aux races européennes d'essaimer dans tous les pays du monde. Il arrive en Amérique du Nord dès le XVIIe siècle, dans les grands ports de la côte est. Plus tard, à la grande migration des colons européens, le chat, qui accompagne pratiquement chaque famille anglaise ou hollandaise, se répand dans tous les États-Unis.

A la fin du XIXe siècle, les découvertes de Pasteur entraînent une véritable phobie des microbes. Les chiens sont chassés des maisons, on met des gants pour toucher aux chevaux. Le chat, considéré comme un animal très propre, échappe à cette mise à l'écart.

Le XXe siècle l'accueille à bras ouverts. Animal familier par excellence, le chat règne dans d'innombrables foyers. On estime que huit millions de matous partagent la vie des Français, le record d'Europe. Ils sont presque aussi nombreux en Grande-Bretagne et en Allemagne. L'élevage félin passionne les amateurs. Les chats de race font l'objet d'un fructueux commerce. Quant à l'industrie des aliments pour animaux, elle connaît 20 p. 100 par an d'expansion. En 1984, elle a réalisé quelque 2 milliards 200 millions de chiffre d'affaires en France, grâce aux chats et aux chiens, et a fait travailler 3 000 personnes. Seules réminiscences des heures sombres du chat : on dit encore en France que cela porte malheur de croiser un chat noir dans la rue. En Grande-Bretagne, c'est le chat blanc qu'il vaut mieux ne pas trouver sur son chemin.

BIEN CHOISIR SON CHAT

Un beau matin, un chat venu d'ailleurs est peut-être entré chez vous, a fait le tour du propriétaire et, trouvant les lieux à son goût, s'est installé pour toujours. Cela arrive de temps en temps. Peut-être vous êtes-vous laissé attendrir par un chaton promis à la piqûre, ou par un chat perdu, que vous avez adoptés. En dehors de ces circonstances particulières, la décision de vivre avec un chat doit être mûrement réfléchie. Elle engage votre responsabilité pour 14 ou 20 ans. Quelles que soient vos motivations, vous devez être certain que vous pouvez consacrer à votre futur petit compagnon toute l'attention et les soins qu'il mérite, que votre désir d'avoir un chat n'est pas une simple passade, que vous ne cédez pas à une mode ; sinon, votre « animal gadget » risque de vite vous lasser et d'aller grossir le bataillon des abandonnés.

Par bonheur, le fait de vivre avec un chat semble bien être le signe d'une bonne santé morale. Regardez autour de vous : les égoïstes, les gens brutaux, agressifs, n'ont pas de chat. En revanche, on trouve Minet dans tous les milieux : riches ou pauvres, chez des gens cultivés ou pas. Qu'importe ! Tous ont en commun l'amour du chat, une tendance à la rêverie, le sens du beau et le don d'être attentif aux autres.

Avoir un chat, c'est accepter d'emblée de ne pas le posséder. C'est lui qui vous accepte. Il va vous imposer ses choix, sa façon de vivre. Il va chasser, courir les femelles, guidé par un instinct sauvage toujours vivace et par son besoin d'indépendance.

Il faut vous faire une raison : « Il n'y a pas un animal qui, tout au long d'une association millénaire avec l'homme, ait aussi peu changé que le chat », a écrit l'éthologue Konrad Lorenz. C'est là un des grands charmes du petit félin. Un charme auquel beaucoup d'artistes, d'écrivains ont succombé. Ils disent que cet animal énigmatique, par sa présence aussi dense que discrète, donne à la vie une autre dimension et favorise l'inspiration. Petit sauvage, le chat est souvent l'élu des marginaux : des hippies, des personnes incapables de se plier aux contraintes de la vie sociale, de vieilles filles un peu originales et vivant dans leur tour d'ivoire.

Des sondages auprès des possesseurs de chats révèlent que celui-ci a été choisi pour les motifs les plus divers. Il remplace souvent chez un jeune couple l'enfant qu'il n'a pas encore et le jeune ménage déverse sur lui son trop-plein de tendresse. Il permet à des personnes seules de supporter l'existence. Il est aussi recherché pour le plaisir des yeux, ou encore celui du contact avec sa fourrure douce et voluptueuse. Certaines personnes ont un chat parce qu'elles pensent avoir le même caractère que lui, d'autres, au contraire, se sentent attirées par le chat qu'elles ne le comprennent pas. A quelques-uns, le chat, calme et serein, apporte un certain équilibre. Pour d'autres, il est l'être venu de la nature qui leur permet de satisfaire leurs rêves d'évasion. Sans compter ces snobs qui n'ont un chat que pour susciter l'admiration des autres parce qu'il est à la mode.

Beaucoup d'amateurs de chats choisissent l'animal pour sa personnalité, laquelle est liée à la race. A quelques exceptions près, le Siamois est assez difficile, bavard mais fidèle et obéissant, le Persan calme et sensible, le Birman joueur et farceur, l'Européen solide et affectueux, le Chartreux doux et très bon chasseur. En vous adressant à un club félin, vous n'aurez aucun mal à trouver un chat ayant le caractère que vous souhaitez.

Chat de race ou de gouttière

C'est une question de goût et de budget. Tous ont du charme et les chats de race issus de bonnes lignées ne sont pas plus fragiles que les autres. Un chat de race représente un investissement. Prix moyen pour un Poil long en 1985 : 2 000 à 2 500 F, un peu moins pour un Poil court. Si vous n'avez pas l'ambition de faire de votre chat une bête à concours, vous pouvez trouver chez des éleveurs des chats de race, très beaux, mais dont

Un beau matin, un chat venu d'ailleurs s'est présenté timidement pour vous demander de l'accueillir, et vous n'avez pu résister à son appel.

N'hésitez pas à choisir une femelle et, si vous décidez de la castrer, laissez-lui tout d'abord avoir une ou deux portées. Vous aurez le plaisir de la voir élever ses chatons.

un défaut les empêche de concourir. Un chat sans race peut être adopté dans une société de protection — en prime, vous lui sauverez sans doute la vie.

Mâle ou femelle ?

Les mâles non castrés ont la réputation d'être plus agressifs que les femelles. Ces dernières ont des chaleurs agitées, difficiles à supporter si on les tient enfermées. Si vous n'avez pas l'intention de faire de l'élevage, prenez un mâle de préférence. Une femelle d'une race recherchée peut représenter un petit capital, à condition que tout marche bien. Si vous avez décidé de faire castrer votre animal, son sexe importe peu.

Chaton ou chat adulte ?

L'adulte est plus calme et, son caractère étant déjà formé, vous n'aurez pas de surprises. Avant de l'adopter, essayez de savoir pourquoi son maître s'en est séparé. Quand un chat adulte a été trouvé, il n'est pas facile, même pour un vétérinaire, de déterminer son âge. Les dents, qui restent bien blanches jusqu'à un an et demi, peuvent donner une indication, la taille également, mais pas la fourrure, qui reste très brillante chez certains chats vieillissant en beauté.

Un chat adulte met généralement assez longtemps, quelques mois parfois, à s'habituer à son nouveau foyer. Mais il peut aussi vous adopter très vite. Certains adultes ont tendance à fuguer pour retrouver leur ancien maître.

Le chaton, lui, s'habitue très vite à ses maîtres, à condition qu'il n'ait pas connu de problèmes de socialisation. Vif, agité, joueur, il sera très heureux dans une famille où il trouvera toujours quelqu'un avec qui s'amuser. L'âge idéal pour acheter un chaton se situe entre deux mois et deux mois et demi. Il n'y a pas de saison plus favorable que d'autres. Observez bien le chaton : un poil terne, un œil triste qui coule, la goutte au nez, un ventre ballonné, une peau trop collée au corps indiquent des problèmes de santé. La litière du chaton ne doit porter aucune trace de diarrhée, signe de typhus. Attention : un chaton qui éternue peut avoir le coryza.

Un chaton en bonne santé a l'œil clair, le poil brillant. Il est grassouillet. Le tour de son anus est net. Il ronronne volontiers et a toujours envie de jouer. Si, au contraire, le petit animal se réfugie dans un coin et feule, méfiez-vous : mal sociabilisé, il risque fort de vous poser des problèmes de comportement à l'âge adulte.

CHATON MÂLE OU FEMELLE ?

Reconnaître le sexe d'un chaton n'est pas évident. Levez doucement la queue du petit animal, écartez la fourrure : chez le mâle, un espace d'environ 1 cm sépare l'anus des testicules encore invisibles. Chez la femelle, l'espace entre l'anus et l'orifice génital est beaucoup plus petit. Pour plus de sûreté examinez plusieurs chatons en même temps, vous ferez mieux la différence.

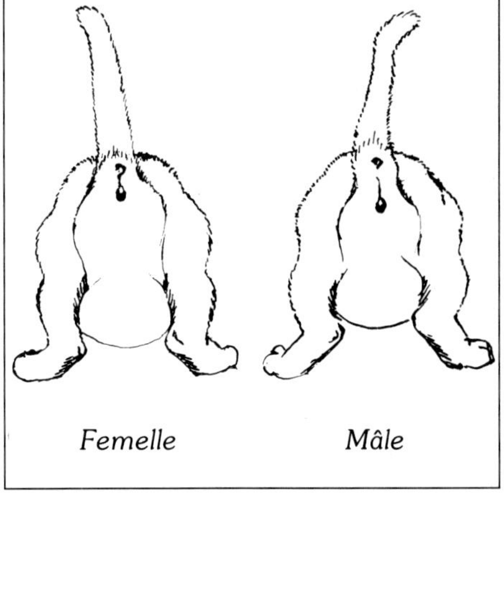

L'acquisition d'un chaton procure indubitablement beaucoup plus de plaisir que celle d'un chat adulte. On s'attendrit sur sa fragilité, on peut voir sa personnalité se former et les liens ainsi créés sont souvent plus étroits.

Le pelage court ne pose pas de problème d'entretien. Facile à brosser, à lustrer, les risques de parasites sont minimes et la mue entraîne peu de désagréments.

Poil long ou Poil court ?

C'est une question de goût. Sachez cependant que les Poils longs ne sont pas toujours très faciles à entretenir. Les Persans, surtout, exigent un brossage très régulier et minutieux. À méditer, si vous êtes quelqu'un de très occupé.

Où acheter ?

Si vous avez un vétérinaire dans vos relations, allez lui demander conseil. Il a certainement parmi ses clients des éleveurs de chats auxquels il pourra vous adresser. Comme il connaît les portées, vous avez toutes les chances de tomber sur un bon élément.

Si vous n'êtes pas très fixé sur la race de chat qu'il vous faut, allez dans une exposition, vous y verrez toutes sortes de chats, vous pourrez donc comparer, voire acheter, quelques exposants ayant de jeunes chats à vendre.

Les clubs félins : le Cat Club, l'Association nationale féline, etc. (voir en annexe) vous donneront des adresses d'éleveurs appartenant à leur association. Tous les éleveurs de chats sont des amateurs qui aiment leurs animaux et veillent en général à ce qu'ils se reproduisent dans les meilleures conditions. Le plus souvent, un maître qui a acheté un chat de race, le fait se reproduire, vend les portées et finit par devenir éleveur.

Les marchands. On trouve quelques chats de race chez les marchands d'animaux. A Paris, sur les quais, par exemple. Ces commerçants vendent soit des chats de leurs propres élevages, soit des chats d'éleveurs, mais ces derniers leur procurent les moins beaux. Attention, les chatons réunis dans de petites cages sont soumis à une trop grande prosmiscuité qui les rend particulièrement vulnérables au coryza ou au typhus. Même si le chaton acheté en magasin vous paraît avoir bon pied bon œil, consultez quand même un vétérinaire sans tarder.

Les petites annonces dans la presse animalière proposent de nombreux chatons. Évitez celles où l'on vous offre plusieurs races de chats — il s'agit généralement de marchands qui font de la publicité déguisée. Ouvrez l'œil, car il se glisse parfois, dans les annonces, celles d'éleveurs d'occasion, qui n'ont aucune notion de génétique et offrent, sans complexe, des demi-Siamois ou des demi-Abyssins vendus à des prix tout à fait injustifiés.

Les refuges. Les chats généralement sans race proposés par les refuges des sociétés de protection sont rarement très jeunes. Mais ils ont été examinés et vaccinés et de ce fait seront moins exposés à certains problèmes de santé.

Les papiers du chat

La vente d'un chat doit s'accompagner d'une attestation signée de vous et du vendeur, précisant la date de la vente et de la livraison, l'identité du chat et son prix. Elle précise également le nom et l'adresse du ou des vétérinaires choisis par les deux parties, ou, à défaut d'accord, de chacune d'elles, en vue de l'application éventuelle de l'article 2 de la loi Griotteray du 22 décembre 1975. Celui-ci vous protège des problèmes qui pourraient survenir. Il stipule que « si dans les 15 jours suivant la livraison, le chat est

LES ALLERGIES

Les poils de chat peuvent provoquer des allergies. Si vous appartenez à une famille d'allergiques ou d'asthmatiques, prenez d'abord un chat en pension pendant quelques jours avant d'en acheter un. Cela vous permettra de voir si vous êtes sensible aux poils, ou pas. Sachez que vous courez quand même un risque, car les allergies peuvent se révéler après plusieurs années de cohabitation.

atteint ou soupçonné d'être atteint du typhus ou de la leucémie infectieuse, l'acheteur doit faire immédiatement procéder au diagnostic par le ou les vétérinaires désignés par l'attestation. Les examens seront ensuite complétés par un ou plusieurs tests de laboratoire ». Vous avez alors un mois de délai, à partir de la livraison, pour intenter une action en nullité de vente. Si le chat meurt ou doit être piqué, ce délai est de 15 jours à compter du décès. Le marchand est alors tenu de vous rembourser l'animal ou de l'échanger. C'est ce que font les marchands qui adhèrent à la PRODEF (association ayant pour but la moralisation du marché).

L'achat d'un chat de race s'accompagne d'autres formalités : il n'existe pas pour les chats de livre généalogique reconnu par le ministère de l'Agriculture, comme l'est, pour les chiens, celui de la Société Centrale Canine.

Le Cat Club tient un Livre français des origines félines ou Livre d'origine de la Fédération féline française (LOFF). Cette fédération est affiliée à la Fédération internationale féline d'Europe (FIFe).

Tout chat de race peut être inscrit au LOFF à condition que ses parents y figurent depuis trois générations. Pour accéder au Livre des origines, il faut être membre d'un club fédéré. Les sujets n'ayant pas encore le droit d'y accéder sont inscrits sur un livre d'attente et de fixation des races, le Registre initial et expérimental (RIEX), qui permet au représentant de la troisième génération d'accéder au Livre des origines après avoir été examiné par des juges habilités par la Fédération féline française ou lors d'expositions. Chaque année, les noms de chats commencent par une lettre différente de l'alphabet (V pour 1984, par exemple).

La saillie et la naissance s'accompagnent également de quelques formalités. La déclaration de saillie, signée par le propriétaire du mâle, est remise au maître de la femelle qui doit l'envoyer à la FFF dans les huit semaines suivant l'acte.

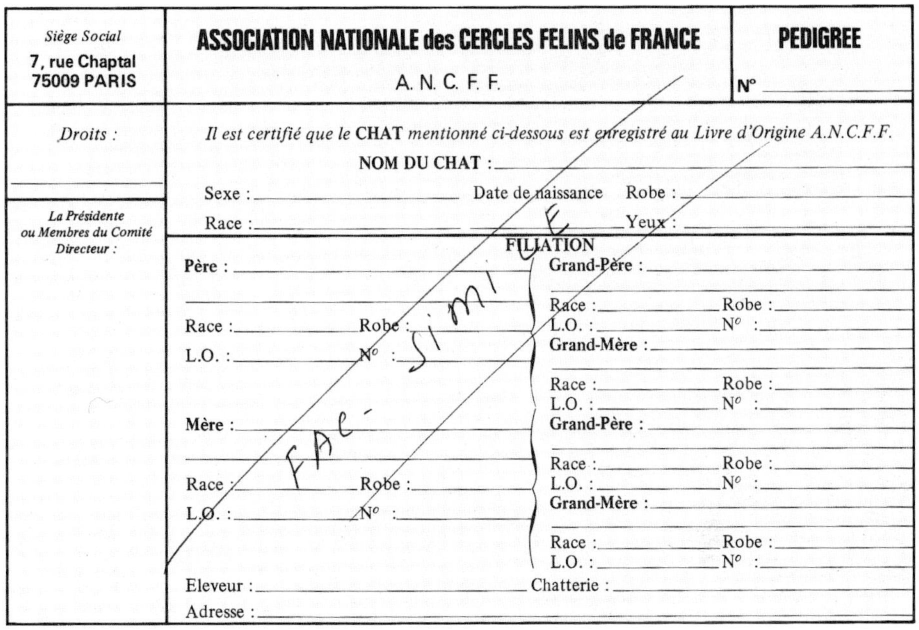
Siège Social
7, rue Chaptal
75009 PARIS

ASSOCIATION NATIONALE des CERCLES FELINS de FRANCE
A. N. C. F. F.

PEDIGREE
N° ______

Droits :

La Présidente ou Membres du Comité Directeur :

Il est certifié que le CHAT *mentionné ci-dessous est enregistré au Livre d'Origine A.N.C.F.F.*

NOM DU CHAT : ______

Sexe : ______ Date de naissance ______ Robe : ______

Race : ______ Yeux : ______

FILIATION

Père : ______ — Grand-Père : ______ — Race : ______ Robe : ______ — L.O. : ______ N° : ______

Race : ______ Robe : ______ — Grand-Mère : ______ — Race : ______ Robe : ______ — L.O. : ______ N° : ______

L.O. : ______ N° : ______

Mère : ______ — Grand-Père : ______ — Race : ______ Robe : ______ — L.O. : ______ N° : ______

Race : ______ Robe : ______ — Grand-Mère : ______ — Race : ______ Robe : ______ — L.O. : ______ N° : ______

L.O. : ______ N° : ______

Eleveur : ______ Chatterie : ______

Adresse : ______

La « carte d'identité » du chat.

La naissance est déclarée sur un formulaire dans les trois semaines suivant la mise-bas. Cette déclaration porte le nombre des chatons, leur sexe, leurs couleurs. Les pedigrees peuvent alors être délivrés.

Le pedigree

Établi au nom du propriétaire du chat, il atteste de la race, du sexe, de la couleur du pelage et des yeux, et porte la date de naissance de l'animal. Le chat est inscrit sous son nom suivi de l'affixe (nom de l'élevage de sa mère). L'arbre généalogique sur quatre générations doit être mentionné. Ce pedigree est valable pour l'exportation. Le numéro du pedigree doit figurer sur les feuilles d'engagement aux concours.

En cas de don ou de vente du chat, on doit remplir une demande de transfert auprès de son club. Le transfert sera remis au nouveau propriétaire.

Budget pour votre chat

Animal à l'appétit modeste et sans grands problèmes de santé, le chat n'est pas d'un entretien très coûteux. On peut même dire qu'il est à portée des gens les moins fortunés. À condition, bien entendu, qu'il soit en bonne santé.

La nourriture : entre 200 et 250 g de viande, ou en boîte, coûte 4 à 5 F par jour. Les chats les moins favorisés se contentent de restes de légumes, de viandes, de riz et de proies, s'ils ont la possibilité de chasser.

La litière : pour un chat d'appartement, la litière est indispensable. Les granulés sont assez chers, dans les 25 F le sac de cinq kilos, lequel dure de trois semaines à un mois. On peut aussi très bien habituer le chat à utiliser de vieux journeaux découpés en lamelles.

Le toilettage : à quelques exceptions près, concernant certains Poils longs qui se sont anormalement salis ou que l'on veut préparer pour une exposition, les chats ne fréquentent pas les instituts de beauté pour animaux. Pour les bains : des shampooings pour bébé et du talc ordinaire conviennent bien.

Frais vétérinaires : il faut les prévoir dans le budget, ne serait-ce que pour les vaccins indispensables. Une consultation ordinaire coûte, selon les cabinets, de 80 à 120 F. Les vaccins : de 120 à 160 F selon leur nombre. Les interventions : castration, par exemple, de 250 à 400 F selon les cabinets. Les personnes démunies peuvent aller dans un dispensaire ou à l'École vétérinaire.

CRÉATION DES RACES

L'art de fixer les races de chats remonte à une centaine d'années. Les Anglais, Américains, Hollandais, Français et Allemands se sont attachés à perfectionner le Siamois et le Persan ou encore à créer de nouvelles races, comme le Rex. Définir ce qu'est une race de chat n'est pas évident. C'est en quelque sorte un groupe d'individus ayant la même morphologie, le même type de robe, et reproduisant les mêmes caractères. Une race peut également avoir une origine géographique connue et précise.

Créer une nouvelle race est une entreprise difficile, réservée aux éleveurs généticiens avertis. À l'origine, on trouve parfois une mutation. Si celle-ci produit un phénotype nouveau, l'éleveur possède une bonne base pour établir une nouvelle race. Cela s'est produit pour le Rex, par exemple.

Autre possibilité : combiner plusieurs fois de suite des gènes mutants pour obtenir différentes variétés de couleurs.

La troisième méthode consiste à intervenir sur un caractère donné, pour créer une modification du type. Les éleveurs pratiquent la sélection en faisant s'accoupler les reproducteurs qui se rapprochent le plus du type idéal. Une méthode qui n'est pas sans risques. À force de vouloir aplatir la face du Persan, les éleveurs ont créé un Persan à face de Pékinois, au nez pratiquement inexistant, dont les yeux coulent sans arrêt et qui a du mal à respirer.

Les nouvelles races sont reconnues par les associations félines, qui les enregistrent. Reconnaître une nouvelle race est une responsabilité. Il ne s'agit pas de se baser sur des différences insignifiantes, sur des anomalies importantes ni d'enregistrer des races qui n'en sont pas.

Avant de reconnaître une race ou une variété au sein d'une race, les associations félines attendent, en principe, que plusieurs générations aient vu le jour, afin d'être sûres que la race est bien fixée. Certains éleveurs jugent que ces associations sont trop conservatrices et qu'elles freinent le progrès. Dans les pays où plusieurs associations félines coexistent, il arrive qu'un nouveau chat, refusé par un club, soit reconnu par un autre.

L'élevage des chats de race

En France, les éleveurs de chats sont tous des éleveurs amateurs. Le maître qui possède une chatte de race en appartement et la fait se reproduire est déjà éleveur, au premier stade. D'autres possèdent plusieurs reproductrices. Certains éleveurs, enfin, ont de petites chatteries. Si l'aventure vous tente, n'espérez pas faire fortune. Les passionnés de chats qui courent les expositions dépensent beaucoup d'argent pour les soins ; la gloire de leurs protégés et l'arrivée de portées leur permet, parfois, de rentrer dans leurs frais ou, au mieux, de réaliser un petit profit.

À condition de disposer d'un petit nombre de femelles, l'élevage peut se pratiquer en appartement. Avec les étalons, le problème est différent. L'odeur des sécrétions rend préférable l'installation du chat dans une chatterie bien aérée, facile à nettoyer, ou dans une pièce carrelée. Prévoyez des boxes séparés pour les femelles qui viendront lui rendre visite. Un étalon solitaire s'ennuie. Laissez-le prendre de l'exercice et accordez-lui un maximum d'attention.

Le choix des femelles

Faites le tour des expositions et des élevages recommandés par les clubs félins pour trouver une bonne femelle. Prenez de préférence une femelle issue d'une lignée connue. Certains éleveurs achètent des femelles très jeunes, pour tisser des liens affectifs avec elles, d'autres préfèrent un sujet plus âgé, pour mieux se rendre compte de son type et de son caractère. La femelle doit avoir l'air solide, être en bonne santé, dûment vaccinée. C'est primordial. Prenez de préfé-

La femelle qui n'a jamais connu le mâle est souvent effarouchée lors de la première rencontre et a un comportement réservé.

MÉSALLIANCE

Si une chatte de race a été saillie par un chat de gouttière, son avenir génétique n'est nullement compromis, contrairement à ce qui se raconte. Seule la portée concernée sera atteinte. Accouplée ensuite à un mâle de sa race, la chatte donnera des portées tout à fait conformes aux standards.

rence un animal doux. Examinez-le bien, faites vérifier par un juge qu'il n'a pas de défauts lui interdisant l'accès aux concours. Si la femelle vient d'une grande portée, elle a des chances d'être prolifique.

Vous pouvez prendre deux femelles. Elles devront alors être à peu près du même âge. Vous tâcherez de les faire s'accoupler avec un mâle à quelques jours d'intervalle et les portées naîtront presque en même temps. En planifiant ainsi votre élevage vous gagnerez du temps. D'autre part, si l'une des femelles est dans l'impossibilité d'allaiter, l'autre pourra la remplacer.

L'âge des premières chaleurs est variable. Les races orientales, les Siamois par exemple, peuvent commencer à 5 mois, parfois plus tôt, les autres Poils courts, vers 7 mois, les Persans et autres Poils longs à partir de 10 mois.

Une femelle de 5 mois est trop jeune pour s'accoupler. En général, on attend les deuxième ou troisième chaleurs, vers 10 ou 12 mois.

Quand une femelle a été couverte accidentellement, il vaut mieux laisser naître les petits et lui en préserver un ou deux à élever. Les tuer à la naissance est mauvais pour le psychisme de la chatte. En outre, elle risque de souffrir de mammite (voir p. 126). Les piqûres qui empêchent la gestation peuvent provoquer un déséquilibre hormonal (voir p. 177). De toute façon, une portée de chatons bâtards ne pourra en aucun cas nuire aux futures portées.

Attention : une chatte ne doit pas se reproduire à un rythme trop soutenu ; elle courrait le risque d'avoir des petits fragilisés et de mourir jeune. Les races précoces peuvent avoir deux portées en 14 mois, les autres, pas plus d'une portée par an.

N'oubliez pas de noter les dates des chaleurs, de l'accouplement, de la naissance des chatons, leur nombre et tous les renseignements les concernant, cela vous sera utile pour l'avenir.

Le choix d'un étalon

Adressez-vous à un club félin. Vous pouvez également trouver un chat par les petites annonces des journaux spécialisés.

Allez voir l'éleveur pour être sûr que ses chats sont beaux et élevés dans les meilleurs conditions d'hygiène. Renseignez-vous sur les prix. Si vous avez jeté votre dévolu sur un grand champion, il sera certes très demandé, et cela vous coûtera donc très cher.

Si l'étalon est destiné à votre femelle, il doit avoir des caractéristiques complémentaires des siennes. La couleur de la robe est également importante. Observez bien l'animal pour être sûr qu'il n'a pas les mêmes défauts que votre chatte.

À six mois, un étalon doit subir un examen vétérinaire afin de vérifier si les testicules sont bien descendus. Un mâle monorchique ne peut pas être présenté à un concours, bien que cette particularité ne l'empêche pas de se reproduire ; mais le défaut est transmissible.

Le mâle ne doit pas se reproduire avant le 12ᵉ mois. La première fois, on lui présentera de préférence une femelle expérimentée. Un bon étalon, en pleine maturité, peut saillir deux femelles par semaine.

Le mariage

Il est d'usage que la femelle se rende chez le mâle. Quand vous aurez pris un rendez-vous avec le maître d'un étalon, allez voir l'animal et faites-vous préciser le prix de la saillie (de 800 à 1 500 F environ en 1984 ou un chaton remis au propriétaire de l'étalon). Votre chatte devra d'abord s'habituer au changement d'environnement. Si elle n'a jamais connu de mâle, elle risque de s'affoler et de rester cachée plusieurs heures. Il faut attendre qu'elle se rassure pour lui présenter le mâle, puis les laisser en tête à tête 24 à 48 heures.

Le propriétaire de l'étalon doit surveiller l'accouplement. Car, même avec des chats déjà expérimentés, si la femelle est rétive la rencontre peut être violente. Certaines femelles mettent longtemps à se décider, d'autres séduisent très vite l'étalon.

Il faut laisser les deux partenaires s'accoupler au moins deux fois pour augmenter les chances d'une gestation. Si la femelle n'a pas été fécondée, elle aura une nouvelle période de chaleurs trois ou quatre semaines plus tard, selon les races. Vous pourrez alors la représenter au même étalon.

Quand le propriétaire du mâle vous rend votre femelle, il doit vous remettre un certificat de saillie et éventuellement un double du pedigree de l'étalon.

Attention : ne laissez pas votre chatte sortir pendant la première semaine après l'accouplement car, si elle rencontre un mâle, il y a risque de surfécondation.

L'élevage : un art difficile

Obtenir et maintenir une race de chats à un bon niveau demande beaucoup de soins. S'il est facile d'avoir les couleurs de robe souhaitées (voir p. 30), améliorer la morphologie d'une race est beaucoup moins simple. Il faut être capable d'évaluer la qualité des chats et de pratiquer à bon escient les séries d'accouplements sélectifs. De solides connaissances en génétique sont indispensables, et l'expérience joue aussi.

Faut-il pratiquer la consanguinité : marier frères et sœurs, parents et enfants, cousins entre eux ? Beaucoup d'éleveurs le font et augmentent ainsi la pureté des lignées. La consanguinité est un processus à double tranchant, car elle augmente aussi bien les défauts que les qualités d'une race. Si elle apparaît souvent plus négative que positive c'est en raison d'un manque de sévérité dans la sélection. L'art de l'éleveur consiste à user modérément de la consanguinité en sélectionnant rigoureusement les chatons de bonne qualité pour la reproduction. Le meilleur moyen de fixer les bons caractères est d'éliminer les mauvais. Ainsi, accoupler les meilleurs chats, même s'ils sont proches parents, frère et sœur, parent et enfant, s'avère souvent positif. En règle générale, cependant, ces croisements ne doivent pas être systématiques et les mariages entre cousins sont préférables.

Attention : des croisements successifs, sans aucune consanguinité, peuvent annuler les progrès réalisés dans une lignée, sauf si vous choisissez des sujets présentant des qualités intéressantes. Mais, sachez que de très beaux chats ne donneront pas forcément des chatons à leur image. Tout dépend de leurs origines.

LES CHATTERIES

Les maisons pour les chats — l'équivalent des chenils — sont surtout utilisées par les éleveurs, la grande majorité des propriétaires de chats gardant leur animal à la maison.
Elles peuvent faire partie d'un bâtiment. Chaque compartiment prévu pour abriter un ou deux chats doit comporter une étagère et des poteaux pour que les animaux puissent sauter, faire de l'exercice, s'observer ; un espace commun assez vaste comportant également des endroits pour se percher ; une salle spéciale avec une table pour le toilettage ; une douche. On pourra y mettre le mâle et la femelle au moment de la reproduction.
Pour que les chats puissent prendre l'air, on peut relier la chatterie au jardin par un tunnel grillagé et compartimenté afin d'isoler le mâle des femelles.
Certaines chatteries, construites à l'extérieur, se composent en général de maisonnettes de bois. Elles doivent être installées dans un endroit ensoleillé, loin des coins humides et à l'abri du vent. Les cages donnent sur de petites courettes grillagées ressemblant à des volières. Le toit est suffisamment haut pour que le propriétaire puisse se tenir debout.

La séparation entre les appartements du mâle et ceux des femelles est en partie grillagée pour que les futurs partenaires puissent se voir, se sentir, et en partie en dur pour que la femelle puisse se reposer hors de la vue du mâle.
Une chatterie doit être bien protégée des intempéries. Le bois des murs est à double paroi, isolé avec de la laine de verre. Les pièces sont surélevées, à environ 50 cm du sol. Un système de chauffage est indispensable. Prévoir une température d'environ 20° C pour les femelles, un peu plus pour les mâles, lequel a droit à un box plus large pour recevoir les femelles.
Les parties intérieures de la chatterie peuvent être recouvertes de peinture laquée ou de plastique. Le sol, de bois ou de béton, également recouvert d'un plastique solide et facile à nettoyer.
Une chatterie doit être impérativement bien aérée et toujours très propre.
Dans certaines chatteries, une petite infirmerie est prévue pour les chats malades.

UN PEU DE GÉNÉTIQUE

Si vous accouplez deux chats quelconques, vous pouvez voir naître des chatons très réussis, avec un joli pelage aux couleurs originales, mais l'expérience s'arrêtera là. Impossible, sans faire intervenir la génétique, d'obtenir une variété désirée.

Un animal comme le chat est formé de milliards de cellules. Ses caractères, sa taille, sa forme, sa couleur sont déterminés par les chromosomes, petits corpuscules contenus dans le noyau des cellules. Le chat possède 38 chromosomes, 19 proviennent du père, 19 de la mère.

Chaque chromosome est porteur de plusieurs unités : les gènes. Chacun des chromosomes paternels a pour homologue un chromosome maternel. Il en est de même pour chaque gène. Les gènes homologues sont dits allèles.

Chez le chat, comme chez l'homme, le patrimoine héréditaire est donné en proportions égales par le père et la mère. Deux gènes — l'un d'origine paternelle, l'autre d'origine maternelle — donnent des instructions qui déterminent chaque activité, chaque fonction élémentaire de l'organisme. Chez les chats de race, les gènes interviennent sur la couleur et la texture du pelage. Certains agissent sur la morphologie de l'animal. Ils sont responsables des oreilles tombantes du Scottish Fold, par exemple, de l'absence de queue du Manx ou de l'apparition de doigts supplémentaires.

Lorsque les instructions données par les gènes sont identiques — le cas le plus fréquent — l'individu est dit *homozygote* vis-à-vis du gène en question. Quand les instructions sont différentes, l'individu est *hétérozygote*. Le gène qui s'impose est dit dominant, l'autre est un gène récessif. Des gènes modificateurs, ayant une action plus discrète, peuvent intervenir sans conséquences notables pour le caractère principal.

La longueur du poil

Le gène poil court est un gène dominant. On le désigne par L.

Le gène poil long est un gène récessif ; on le désigne par l.

Ainsi, un chat à poil court de race pure possède deux gènes dominants L : il est homozygote LL.

Un chat à poil court hétézygote possède le gène poil court L et le gène poil long l, récessif. On le désigne par Ll.

Un chat à poil long est porteur de deux gènes récessifs : ll.

Dans la pratique :

— Quand deux chats à poil long s'accouplent ils ne donnent que des chatons à poil long.

— Des chats à poil court de pure race, homozygotes vis-à-vis du caractère poil

C'est à partir des principes scientifiques de la génétique que l'on peut arriver à créer des races, tel ce superbe chat à poil long.

court, ne donnent que des chatons à poil court.
— Un Poil court de pure race accouplé avec un Poil long donne exclusivement des Poils courts, mais qui ne sont pas de pure race ; ils sont dits hétérozygotes vis-à-vis du caractère poil court.
— Un Poil court hétérozygote accouplé avec un Poil long donne en moyenne 50 p. 100 de chatons à poil long et 50 p. 100 à poil court hétérozygotes.
— Si deux Poils courts hétérozygotes sont accouplés, on obtient en moyenne 25 p. 100 de chatons à poil long et 75 p. 100 à poil court, dont 50 p. 100 hétérozygotes et 25 p. 100 homozygotes.

Les gènes gouvernant des caractères isolés sont hérités indépendamment les uns des autres. Ainsi, le poil long dû à un gène récessif est indépendant du gène récessif responsable du pelage bleu. Si vous croisez, par exemple, un chat homozygote à poil long noir et un chat homozygote à poil court bleu, vous aurez, à la première portée, des chatons noirs à poil court, porteurs des gènes récessifs poil long et bleu. Si on les accouple à nouveau entre eux, on obtient des chatons à poil court et à poil long, noir et bleu. Ce qui s'explique, étant donné que les gènes « bleu » et « poil long » sont situés sur des chromosomes distincts.

La couleur

La coloration de la robe du chat est déterminée par plusieurs gènes situés à différents endroits sur les chromosomes. Le gène noir est un gène dominant. On le désigne par la lettre D (*dark* = noir, en anglais). Le gène bleu, gène récessif, est désigné par le lettre d (*dilute,* en anglais).

Un chat à qui ses deux parents ont transmis le gène responsable du pelage noir sera noir. Un chaton dont les deux parents sont bleus, sera bleu. Mais, si l'un des parents est noir, l'autre bleu, le chaton sera noir, puisque le noir domine le bleu. Ce chaton, qui a hérité des gènes noir et bleu, est hétérozygote. Un chat hétérozygote peut transmettre le gène récessif à sa descendance. Si ce gène récessif rencontre un autre gène récessif transmis par l'autre parent, le caractère récessif réapparaîtra.

Ainsi, l'accouplement de chats noirs hétérozygotes, ayant des gènes bleus, donne soit des chatons homozygotes DD, noirs, issus de la rencontre d'un ovule et d'un spermatozoïde porteurs du gène noir, soit des chatons noirs hétérozygotes Dd, provenant de la rencontre de spermatozoïdes ayant le gène noir et d'ovules porteurs du gène bleu et vice-versa, ou encore des chatons bleus dd, si deux gènes bleus se sont associés. On obtient alors, en général, trois chatons noirs pour un bleu.

Si vous mariez un chat noir hétérozygote Dd avec un chat homozygote bleu dd et s'il s'agit d'une femelle hétérozygote, elle peut transmettre les gènes noirs ou bleus. Le mâle, lui, ne transmet que le gène bleu. Les chatons seront homozygotes bleus ou hétérozygotes noirs, comme leurs parents.

Les mutations

La génétique se complique encore du fait que les gènes subissent des mutations spontanées. On ne peut pas les prévoir, mais, quand elles se produisent, la plupart des gènes récessifs se transmettent selon les mêmes règles que les autres. Le chat bleu, par exemple, est un mutant de noir, le chat à poil long, un mutant de poil court.

Les nombreuses races et variétés que nous connaissons ont évolué par le croisement de mutants, dus à l'origine au hasard, puis réalisés scientifiquement pour obtenir une grande variété de couleurs et de caractères.

Les couleurs de robe

Les gènes mutants les plus importants — ceux qui apportent un changement de la couleur du poil — sont au nombre de 12. Par différentes combinaisons, ils donnent une grande variété de coloris.

Tous les chats, quelle que soit leur couleur, sont génétiquement des tabbys, c'est-à-dire qu'ils ont le pelage de l'individu sauvage, rayé, tacheté ou moucheté. La différence entre un tabby et un chat unicolore vient du fait que ce dernier est non agouti (l'agouti est la couleur la plus claire, située entre les rayures d'un chat tabby). Les chats non agouti perdent ce fond clair, qui prend la même couleur que les rayures ; ce qui donne un pelage d'une seule couleur.

Pelage noir

Le noir est la couleur la plus répandue. On la rencontre chez les Poils courts et les Poils longs. Elle doit être dense et ne comporter aucune nuance rouille, fumée, ni de poils blancs. Des mutations du noir ont donné d'autres couleurs : chocolat, marron clair, cannelle, bleu, lilas.

Pelage roux et crème

Ces teintes, qui viennent d'un gène orange, se trouvent à la fois chez les poils longs et chez les poils courts. Sous le roux uniforme ou sa forme délavée, le crème, des traces tabby persistent souvent.

Pelage Écaille de tortue

L'Écaille de tortue est généralement noir et orange. La robe Écaille de tortue est gouvernée par un gène lié au sexe. Cette robe apparaît quand on croise un chat ayant un gène orange (symbolisé par O) avec un chat porteur d'un gène non orange : o. Ces gènes sont liés au chromosome X qui intervient dans la détermination du sexe. La femelle a deux chromosomes X, tandis que le mâle, ayant un chromosome X et un chromosome Y, ne peut donc posséder en même

Pelage « colourpoint ». Caractéristique du Siamois, la robe est claire sur tout le corps, avec les extrémités (oreilles, pattes et queue) plus sombres.

temps le gène orange O et le gène non orange o. Certaines mutations donnent cependant naissance à des mâles écaille de tortue, mais qui seront stériles.

Le croisement d'un mâle noir de race pure et d'une femelle rousse de race pure donne des mâles roux et des femelles écaille de tortue. Le croisement d'un mâle roux et d'une femelle écaille de tortue donne des mâles noirs ou roux et des femelles écaille de tortue ou rousses. Le croisement d'un mâle roux et d'une femelle noire produit des mâles noirs et des femelles écaille de tortue. Si ces mâles et ces femelles sont croisées, ils donneront des femelles noires ou écaille de tortue et des mâles noirs ou roux.

Pelage burmese

On a obtenu chez ce chat un pelage véritablement unicolore. Dans la variété foncée, l'adulte est d'un beau brun, sans marques ni zébrures. Dans la variété rouge, le pelage est roux doré. Il existe également une variété crème.

Le pelage blanc

Le chat totalement blanc est porteur d'un gène dominant blanc désigné par la lettre W (*white*). On trouve sous le phénotype blanc n'importe quelle couleur, puisque le gène W domine tous les autres gènes responsables des couleurs.

La plupart des chats blancs ont les yeux orange, bleus ou vairons, l'idéal étant un œil orange cuivre ou bleu saphir. Une surdité partielle apparaît fréquemment chez les chats blancs aux yeux bleus. Pour éliminer ce défaut, on évite d'utiliser les chats sourds pour la reproduction.

Les pelages fumés

Certains chats dont le pelage est noir au repos laissent apparaître, quand ils sont en mouvement, un sous-poil blanc. La pointe du poil est noire, bleue, rousse, etc. et la racine est claire. La longueur du poil coloré est plus importante chez le fumé que chez le chinchilla.

Le pelage tabby

Beaucoup de félins sauvages, y compris les ancêtres du chat domestique, ont des rayures tabby. Même les chats blancs les plus purs sont des Tabbys chez qui les marques sont simplement camouflées. Génétiquement, le Tabby est noir et possède les mêmes gènes responsables de la couleur que le chat noir.

L'un des gènes responsables du pelage tabby donne un dessin gris composé de poils ayant une base bleutée, une bande jaune intermédiaire et l'extrémité noire. Ce dessin, qui se retrouve chez la plupart des mammifères, permet à ces animaux de se fondre à leur environnement.

Le gène agouti, désigné par A, est dominant. Un seul suffit pour que le chat ait un pelage tabby. Le gène responsable du tabby tigré est symbolisé par un T. Le tabby ocelé porte des marques noires nettes et aucune moucheture agouti. Chez le tabby brun le sous-poil est brun chaud.

L'Abyssin, même s'il n'y paraît pas, est un Tabby. Les marques tabby peuvent apparaître dans le masque, sur les pattes, la queue et quelquefois sur les flancs.

Les chats roux sont des Tabbys. Chez le Tabby roux, on encourage l'apparition des marques. Les Tabbys roux et noirs sont plus connus, mais on en trouve de couleur chocolat, bleu, crème, lilas, etc.

Le pelage cameo

C'est un pelage équivalant à celui du chinchilla, ombré ou fumé, dont les pointes sont roux, abricot. La racine du poil est presque blanche.

Il existe trois variétés correspondant à trois degrés de tiquetage (coloration de la pointe du poil). Le chinchilla roux (Shell cameo) est le plus pâle. Les poils, presque blancs à la racine, ont la pointe d'un roux délicat. Chez l'ombré roux (Shaded cameo), la racine du poil est blanche, la pointe beaucoup plus foncée. Chez le roux fumé (Red smoke ou Smoke cameo), le sous-poil est crème, les pointes d'un roux foncé uni.

Le pelage doré

Ce pelage est ombré avec les pointes noires. Le sous-poil est d'une nuance crème plus chaude, qui, combinée avec les pointes noires, donne un aspect doré à la robe.

Les pelages bicolores et tricolores

Certains chats bigarrés sont bi- ou tricolores (uniquement chez la chatte). Ils ont souvent beaucoup de charme, surtout quand les couleurs sont bien réparties sur la robe. Les chats bicolores devraient avoir un pelage à moitié blanc ou au tiers.

Pelage irrégulièrement moucheté

Cette robe est due à un gène dominant S (spotted). Les pattes peuvent être gantées de blanc, une trace blanche apparaît sous le menton, le masque porte une légère tache blanche. Les taches blanches, qui sont liées au gène S, peuvent se combiner avec n'importe quelle autre couleur. Si le sujet possède un ou deux gènes S, la proportion de blanc varie de quelques mouchetures à de larges taches recouvrant la plus grande partie du corps.

Couleur des extrémités

Les chats siamois, birmans, himalayens ont une robe claire caractéristique sur tout le corps, avec des extrémités (nez, oreilles, pattes et queue) plus sombres. Leurs yeux sont bleus. Le motif siamois ou himalayen est dû à un gène C^s. Il apporte peu de pigments aux poils du corps et davantage aux extrémités (*points*), phénomène lié à la température de la peau, plus basse aux extrémités que sur le reste du corps, ce qui favorise une concentration de pigments. Ainsi, le pelage de chatons élevés dans un environnement frais sera plus foncé que celui de chatons élevés au chaud. Le Siamois seal-point (aux extrémités marron foncé) est le plus connu. Les trois autres couleurs solides sont le bleu, le chocolat et le lilas. On trouve aussi des Siamois red et cream-point, tabby-point.

La texture du pelage

Le chat à poil court représente le type sauvage, le chat à poil long résulte d'une mutation récessive. Le Persan possède le pelage le plus long et le plus fourni de tous les chats. Ses poils de duvet sont presque aussi longs que les poils de garde, lesquels sont doux et soyeux. Les poils longs peuvent dépasser 12,5 cm, mais on rencontre de grandes différences dans la longueur et la texture des robes longues. Les premiers Persans arrivés en Europe avaient un pelage plus court et plus rude que celui des Persans actuels. Un élevage sélectif sur de nombreuses générations a donné la fourrure abondante et soyeuse que nous connaissons aujourd'hui. Le Maine Coon a le poil long, son pelage très épais est plus lourd et plus ébouriffé que celui du Persan.

Chez le chat à poil court, les poils de garde les plus longs atteignent 3 cm en moyenne.

Les mutants Rex et frisés. Les divers Rex représentent des types de pelages mutants. Le pelage du Rex de Cornouaille ne possède pas de poils de protection. Celui du Rex du Devon possède les trois types de poils, mais les poils de protection et les poils de jarre sont transformés au point de ressembler pratiquement à du duvet.

La mutation du poil frisé que l'on rencontre chez l'American Wirehair est due à un gène dominant qui donne un pelage rude. Les poils de protection sont frisés et les poils de jarre recourbés.

L'absence de poils. Une autre mutation entraîne l'absence de poils. Elle est due à un gène récessif. Le Sphinx est le seul chat nu à qui l'on ait donné, dans certains clubs, le statut de race.

LES YEUX DES SIAMOIS

Le Siamois a des yeux superbes : l'iris est clair, très lumineux. La couleur peut varier et les éleveurs sélectionnent celle qui est la plus proche de l'idéal.

Le gène siamois, qui donne ces yeux bleus, peut avoir des effets secondaires malheureux, dus à une mauvaise connection entre les yeux et le cerveau. La plupart des chats siamois arrivent à la surmonter mais leur vision est quand même affectée, les autres souffrent d'un strabisme compensatoire.

On a éliminé les Siamois qui louchent par une sélection rigoureuse, afin de limiter ce défaut dans la race.

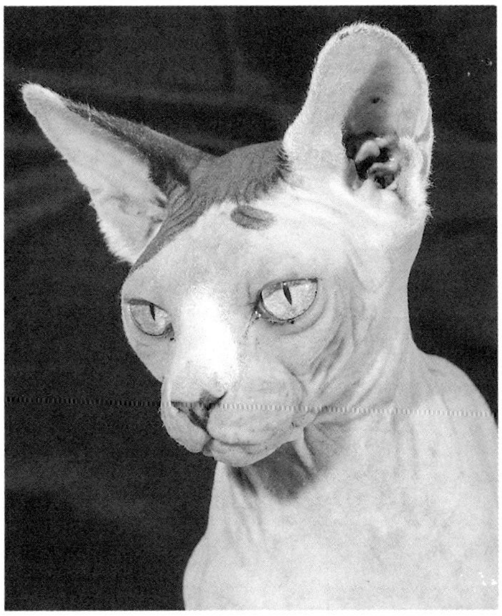

Le Sphinx est le seul chat qui soit dépourvu de fourrure. Le gène « nu » est un gène récessif.

La morphologie du chat

Si les éleveurs de chiens ont radicalement transformé la morphologie canine, les éleveurs de chats, jugeant sans doute que ceux-ci avaient un corps quasi parfait, l'ont très peu modifié. Ils se sont contentés de raccourcir la face des Persans (en tombant même dans l'excès chez le Persan à face de Pékinois) et d'allonger la face du Siamois. Là aussi le profil en long est quelque peu trop accentué.

Les chats se ramènent finalement à deux types morphologiques extrêmes : ceux dont l'ossature est puissante et robuste : ils ont le corps ramassé, la tête large et ronde. Ceux à la silhouette fine, élancée, plus légers, à la tête étroite : le type des races orientales. On trouve évidemment des variations notables à l'intérieur de ces deux morphologies.

Quant aux croisements entre races, ils donnent des types intermédiaires.

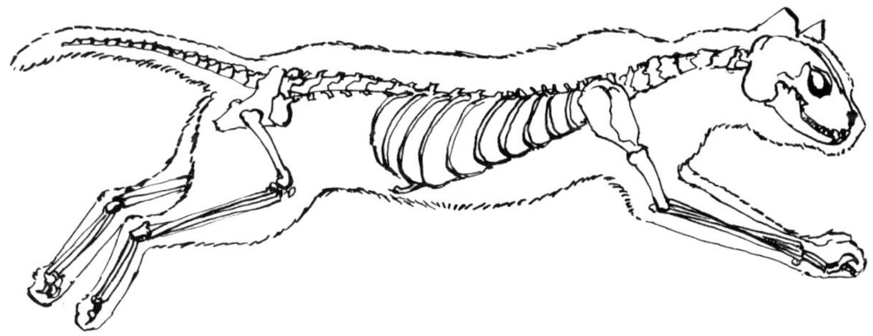

Ossature d'un chat en mouvement. Le mécanisme d'emboîtement de la patte postérieure à la hanche ne diffère pas de celui de l'homme ; quant à l'articulation de l'épaule, elle comprend une cavité plate dans laquelle l'extrémité supérieure de l'humérus peut glisser en avant et en arrière quand l'animal se déplace. Ses pattes arrière, puissantes, le propulsent en avant, les membres antérieurs servant surtout de support.

Le Manx doit son absence de queue à l'effet d'un gène mutant dominant.

Le Scottish Fold, aux oreilles repliées, est issu d'une mutation génétique fort rare.

Les malformations

La mutation d'un gène provoque des malformations chez quelques races : le gène dominant Manx, ou M, provoque chez le chat de l'île de Man l'atrophie ou l'absence de la queue. Chez le Bobtail japonais, un autre gène est responsable de la queue écourtée. D'autres gènes qui raccourcissent ou déforment la queue interviennent chez les Siamois, où l'on trouve des lignées à la queue trop courte ou nouée, mais les éleveurs éliminent ces caractères par la sélection.

Chez le Scottish Fold, un gène dominant est responsable de la cassure de l'oreille.

D'autres gènes, présents dans toutes les races, sont liés à la polydactylie : c'est-à-dire l'apparition de doigts supplémentaires aux pattes avant. Elles peuvent ainsi avoir sept doigts au lieu de cinq. Ces déformations seraient provoquées par un ou plusieurs gènes dominants. Certains chats ont la patte fourchue, les os sont déformés et un ou deux doigts antérieurs sont anormalement séparés. La sélection permet d'éliminer ces anomalies.

Certains gènes provoquent encore d'autres anomalies comme la cryptorchidie (absence de l'un ou des deux testicules dans les bourses), le palais fendu ou des affections du système nerveux. Elles sont très difficiles à éliminer.

LES EXPOSITIONS FÉLINES

Manifestations pittoresques et toujours de qualité, les expositions félines sont aujourd'hui aussi nombreuses que courues. L'amateur de chat néophyte y découvre un monde de passionnés, celui des éleveurs exhibant leurs plus beaux sujets. Dans de vastes salles, les chats, installés dans des cages individuelles, attendent le moment de passer devant les juges. Les races présentées étant très nombreuses, les expositions sont un endroit idéal pour trouver le chat dont on rêve. On peut également découvrir la technique du toilettage d'un Poil long en assistant à une démonstration et glaner des conseils.

Pour les éleveurs, les expositions permettent non seulement de faire valoir les plus beaux sujets de leur production, mais aussi d'échanger des informations avec les autres éleveurs et de contribuer à l'amélioration de la race féline.

Les Anglais, précurseurs en la matière, exposaient déjà leurs chats au Moyen Âge, à l'occasion des grandes foires. La première véritable exposition eut lieu beaucoup plus tard, le 1er juillet 1871, au Crystal Palace de Londres. Elle réunit environ cent-soixante exposants et connut un grand succès de curiosité. En 1875, une nouvelle exposition réussit à attirer trois cent vingt-cinq participants. Le premier prix fut curieusement attribué à un ocelot présenté dans une classe « chat sauvage ou hybride entre chat sauvage et domestique ».

Le National Cat Club de Grande-Bretagne continua à organiser des expositions au Crystal Palace jusqu'en 1936, année où l'établissement fut ravagé par un incendie, la veille même de la manifestation féline. Sous la reine Victoria, propriétaire de deux superbes Persans bleus, les expositions qu'elle patronnait devinrent très à la mode. On y présentait surtout des chats à poil court, aux robes de différentes couleurs, et quelques Poils longs ; et c'est d'ailleurs à partir de cette époque que ces derniers devaient prendre petit à petit la vedette des shows.

Les chats britanniques ont essaimé dans le monde dès le XIXe siècle. En 1895, la première exposition officielle américaine eut lieu au Madison Square Garden de New York. Elle remporta un tel succès qu'elle fut rapidement imitée dans tous les États-Unis. En France, la première exposition féline remonte à 1925. Elle avait été organisée par le Cat Club. Interrompues pendant les deux guerres mondiales, ces manifestations ont redémarré dans toute l'Europe. Actuellement, elles se comptent par centaines chaque année dans le monde entier et connaissent de plus en plus de succès.

En Grande-Bretagne, les expositions félines sont régies par le Governing Council of the Cat Fancy, organisme unique. La plus importante de toutes est celle du National Cat Club. Elle se déroule à Londres, chaque année au mois de décembre, et réunit quelque 2 000 chats à pedigree et environ 500 autres sans pedigree.

En France, les clubs affiliés à différentes organisations organisent leurs propres expositions et suivent leurs propres règlements. On voit ainsi des chats de certains clubs interdits dans les manifestations organisées par d'autres, alors qu'ils peuvent sans problème concourir à l'étranger.

Les manifestations félines sont nombreuses surtout en automne et en hiver, saisons où la fourrure des Persans est la plus belle, ou encore au printemps, période où les Poils courts, notamment les Siamois, sont au mieux de leur forme. Elles sont annoncées plusieurs mois à l'avance par les clubs et dans la presse spécialisée. Elles se déroulent pratiquement toujours durant les week-ends.

Beaucoup de gens imaginent que les expositions constituent une activité lucrative pour les éleveurs. En fait, ceux-ci dépensent de fortes sommes d'argent pour exposer leurs chats, surtout quand ils se rendent à l'étranger. En contrepartie, ils assurent la promotion de leur élevage et de la race qui les intéresse.

Marche à suivre pour exposer son chat

Vous rêvez de voir votre chat de race recueillir quelques lauriers ? Écrivez au club organisateur de l'exposition qui vous intéresse pour demander les détails du concours et le formulaire d'inscription. Remplissez-le soigneusement. Une erreur dans la description de l'animal peut entraîner son élimination. Renvoyez sans tarder le formulaire, accompagné des droits de participation. Pensez suffisamment tôt aux vaccins obligatoires.

Prévoyez un panier ou une mallette tapissés de papier journal pour le transport du chat. Une couverture, une litière, un bol et une assiette blancs, un désinfectant non toxique pour nettoyer la cage d'exposition, des accessoires de toilette, de la nourriture, une bouillotte pour les chatons, mais pas de tranquillisant.

La cage d'exposition mesure 65 cm de haut, 65 cm de profondeur et 70 cm de longueur. Elle ne doit comporter ni objet, ni décoration intérieure. Seuls un coussin blanc et un panier pour les chatons sont permis. La couleur blanche est obligatoire pour l'entourage de la cage. La rabane est admise pour les chats à poil court. Il est interdit d'afficher sur une cage la mention « À vendre » ou « À céder ».

Dans un concours, un chat doit bien se comporter. Habituez-le à l'avance à rester dans sa cage, demandez à des amis de le sortir et de le tenir dans leurs bras, de temps en temps, afin qu'il ne soit pas effrayé le jour du concours, lorsque l'on viendra le chercher pour le présenter aux juges.

Le candidat devra, bien entendu, être au mieux de sa forme pour avoir des chances d'obtenir une récompense : en excellente santé, vacciné, vermifugé, pas trop gros — surveillez son régime longtemps avant le concours —, et de robe impeccable.

Un mois avant l'exposition, soumettez le chat à poil long à une toilette quotidienne. Environ cinq jours avant, faites-lui un shampooing ; pas plus tard, sinon, le jour J, il risque d'avoir une robe ébouriffée. Si la robe est claire, mettez du talc de bébé après le shampooing ; vous l'enlèverez ensuite en brossant. Pour faire briller le poil vous pouvez le talquer de nouveau juste avant le concours, mais il faut ensuite éliminer totalement la poudre.

Pour enlever la graisse ou les pellicules d'un chat à poil court, on peut lui donner un bain de son tiède, quelques jours avant l'exposition : mettez environ 100 g de son dans une boîte ou une plaque de tôle émaillée pouvant aller au four par exemple, faites tiédir le son à four moyen. Soyez aidé par une personne qui tiendra le chat et aspergez-le de son que vous ferez bien pénétrer en brossant à rebrousse-poil. Le son doit rester quelques minutes, puis laissez le chat s'ébrouer et brossez-le soigneusement pour enlever le son qui reste.

Le déroulement de l'exposition

Les expositions commencent de bonne heure, dès 8 h 30, par une visite du vétérinaire qui contrôle les vaccins et l'état de santé du chat. Les jugements débutent une heure plus tard.

Pour un néophyte, l'organisation de ces manifestations paraît complexe, un seul chat pouvant être inscrit dans cinq ou six classes. Les plus importantes expositions sont celles qui réunissent des chats de même race et de même couleur, castrés ou pas, adultes ou chatons.

En France, les chats sont jugés à part, dans des salles où les propriétaires n'ont pas accès. Il est interdit de parler aux juges avant et durant les jugements. Les chats passent devant des juges qui connaissent parfaitement les races et possèdent le coup d'œil qui permet de distinguer un sujet exceptionnel.

Être juge suppose un long apprentissage. Avant d'accéder à ce titre, le candidat commence par être accesseur, rôle qui consiste à aller chercher les chats dans leur cage, à les apporter devant les juges et à bien observer leur travail. Devenu ensuite élève-juge, le candidat continue à apprendre les secrets du métier. Pour devenir juge national, il passe un examen écrit et oral. Après des stages sur les Poils longs ou les Poils courts, selon sa spécialité et une expérience solide, un juge national peut devenir juge international.

Les concours félins étant favorables à la propagation des maladies contagieuses et les parasites pouvant se transmettre, il est recommandé, de retour à la maison, si vous avez plusieurs chats, d'isoler pendant une semaine celui qui vient d'être exposé et de lui faire une toilette minutieuse.

Les standards

Ces spécialistes jugent les chats selon deux grands critères : leur aspect général et l'idéal de la race, lequel est établi avec précision et correspond à un standard officiel.

Les échelles des points

Une échelle des points permet de noter l'animal selon un barème précis. Elle sert de guide au juge qui, s'il évalue l'animal dans son ensemble, donne tant de points pour la robe, tant pour la couleur des yeux, etc. Selon les associations, l'échelle des points peut différer, être plus ou moins détaillée. Certains défauts, qui paraissent minimes aux yeux du public, peuvent disqualifier un chat.

Prix et récompenses

Chats et chatons sont jugés une première fois, puis ceux qui ont été sélectionnés repassent devant les juges. Certains élus recevront le prix de « Meilleur de la race » ou de « Meilleur de l'exposition ».

Les jugements se font par classe, race, couleur et sexe. Les points attribués au chat selon le standard de la race sont notés sur un carnet. Des mentions allant de « bon » à « excellent » sont décernées en fonction du nombre de points obtenus. Des prix sont remis aux éleveurs et les cages des chats élus sont décorées de rubans et cocardes.

À chaque exposition, les éleveurs reçoivent des certificats qui, accumulés, permettront ensuite à leur chat de participer aux concours dans les classes de championnat. Après plusieurs victoires dans ces classes, le chat pourra devenir champion et éventuellement grand champion, ou encore accéder au titre envié de champion international.

Après les jugements, les propriétaires peuvent placer dans le fond de la cage les cocardes ou bannières gagnées par leur chat lors d'expositions précédentes, la façade étant réservée aux récompenses de l'exposition en cours. Les Champions et Champions internationaux ne concourant pas peuvent arborer, dès le début de la manifestation, les cocardes gagnées antérieurement et en tapisser le fond de la cage.

À la fin d'une exposition, les propriétaires qui le désirent peuvent obtenir des explications techniques auprès des juges. Un chat, en effet, n'est jamais sûr de récolter des lauriers à chaque concours. Il peut avoir été très bien noté dans une exposition et ne rien recevoir à la suivante. Tout dépend de sa forme du moment, de la concurrence et des juges. Plus les sujets présentés sont de qualité, plus les titres sont difficiles à décrocher.

Le détail des classes et des prix est donné en annexe *p. 184.*

les races

Des robes et des couleurs

AGOUTI : couleur la plus claire qui se trouve entre les rayures d'un chat Tabby. Les chatons non agoutis perdent ce fond clair qui devient de la couleur des rayures et cela donne une robe unicolore.

ANNEAUX : on appelle ainsi les rayures foncées des Tabbys sur les pattes. Les anneaux peuvent être ouverts ou fermés.

ARGENT : se dit d'un pelage bleuté et brillant.

BICOLORE : pelage composé de blanc et d'une autre couleur.

BLEU : couleur de robe allant du gris-bleu au gris ardoise.

BOURRE : sous-poil court et laineux.

BRINDLING : poils d'une couleur non désirée mélangés à ceux de la couleur dominante.

BURMESE : pelage unicolore, brun, roux doré ou crème.

CALICO : terme américain pour désigner la robe écaille de tortue et blanc.

CAMEO : terme anglais désignant une robe chinchilla ombrée ou fumée, les pointes des poils étant rouges ou crème.

CANNELLE : teinte de l'écorce du cannelier, marron clair.

CHINCHILLA : robe où seules les extrémités des poils sont noires ou d'une autre couleur foncée, le reste de la robe étant blanc ou clair.

CHINTZ : pelage satiné.

CINNAMOME : équivalent de cannelle.

CHOCOLAT : marron moyennement clair ; chez le Siamois, nettement plus clair que le seal.

COLLERETTE : ensemble des poils du cou.

COLOURPOINT : race résultant du croisement Persan/Siamois. Ce chat à poil long a les marques du Siamois.

« COUP DE CRAYON » : rayure foncée partant de l'angle externe de l'œil.

COUSSINET : bulbe plantaire, formant une petite callosité sous la patte du chat.

CRÈME : ton beige, vieil ivoire.

DÉLAVÉ : version plus claire de la couleur bleue, crème ou lilas.

DORÉ : sous-poil crème, poil ombré avec les pointes noires.

ÉCAILLE DE TORTUE : robe généralement noire, orange et crème. Ces trois teintes alliées à du blanc forment la teinte écaille et blanc. Dans la robe écaille et bleue, le bleu remplace le noir.

ÉTAIN : argent ombré.

FAON : teinte très douce apparentée à la couleur « café au lait ».

FLAMME : mèche de poils colorés, sur la tête de l'Écaille de tortue, par exemple.

FUMÉ : coloration due au fait que la plus grande partie du poil est colorée (noire, bleue ou rousse), la racine étant blanche ou claire.

IMPAIRS : en parlant des yeux, synonyme de vairons.

LAVENDER : les Américains appellent ainsi la couleur lilas.

LILAS : nuance grise, chaude et délicate, parfois légèrement rosée.

MACKEREL : terme anglais pour désigner le motif d'une fourrure Tabby rayée.

MARQUE : synonyme de tache.

MASQUE : partie relativement foncée de la face, chez le Siamois notamment.

MANTEAU : pelage du dos et des flancs.

MAGNOLIA : ton blanc à discrets reflets rosés.

MÉDAILLON : petite tache de couleur sur la poitrine.

MOUCHETÉ : robe à petites taches rondes ou ovales nettement réparties sur tout le corps.

NŒUD : cassure de la queue.

NUANCÉ : variation graduée de la couleur de la robe, généralement entre le dos et le ventre.

OMBRÉ : robe dont les pointes des poils sont colorées, le reste étant blanc ou pâle, à mi-chemin entre le pelage chinchilla et fumé.

PARTICOLORE : se dit d'une robe qui n'est pas de couleur uniforme.

PEWTER : argenté ombré, couleur de l'étain.

PLUMETS : touffes de poils placées sur les oreilles.

POILS DE GARDE : poils de la robe, par opposition au sous-poil.

POILS DE JARRE : longs poils raides formant la couche extérieure de la robe.

POINTS : terme anglais pour désigner les extrémités du corps : tête, oreilles, pieds et queue. Elles sont colorées chez le Siamois, par exemple, qui est dit « Seal-point », « Blue-point », etc.

ROBE : la robe désigne l'ensemble des poils couvrant l'animal, pattes et queue compris.

SEAL : en anglais, « phoque » ; couleur marron foncé des points de la variété siamoise.

SELF : équivalent anglais de « solide » pour qualifier la couleur.

SHADED : ombré, en parlant de la couleur du pelage.

SHORTHAIR : à poil court.

SOLIDE : qualifie une couleur dense et franche, facile à fixer génétiquement.

SPOTTED : terme anglais équivalant à moucheté.

SOUS-POIL : poils secondaires courts, doux et frisés ou bourre.

STOP : partie incurvée de la face du chat entre le front et le museau.

TABBY : se dit d'une robe avec des dessins. On trouve des Tabbys marbrés aux dessins circulaires sur les flancs ou tigrés avec des rayures verticales des épaules à la queue.

TICKING : coloration de la pointe du poil. Celui-ci est généralement de deux couleurs (double ticking). On trouve également des robes à triple ticking. Le ticking est caractéristique de la robe de l'Abyssin.

TIGRÉ : s'applique au pelage Tabby rayé.

TIPPING : marques de l'extrémité du poil.

TIQUETAGE : francisation de mot ticking.

VAIRONS : yeux de couleur différente : généralement l'un est bleu, l'autre orange ou cuivre.

VAN : motif de couleur limité autour des oreilles, sur les pattes et sur la queue.

VIBRISSES : longs poils formant la moustache du chat et les sourcils.

WHIREHAIR : à poils frisés.

ZIBELINE : brun foncé.

Les motifs

C'est par l'intermédiaire de la génétique que l'on a obtenu des chats monochromes, aux couleurs dites « solides » : noir, brun, blanc, roux... car ce ne sont pas les couleurs d'origine du chat domestique, dont les ancêtres étaient tigrés ou tachetés. Le pelage comportant des motifs est dit « Tabby ».

Le Tabby classique présente, tout au long du dos, trois bandes foncées. Les épaules offrent un dessin suggérant deux ailes de papillon et les flancs une raie arrondie. Sur la tête, plusieurs autres lignes bien marquées se rejoignent sur le museau.

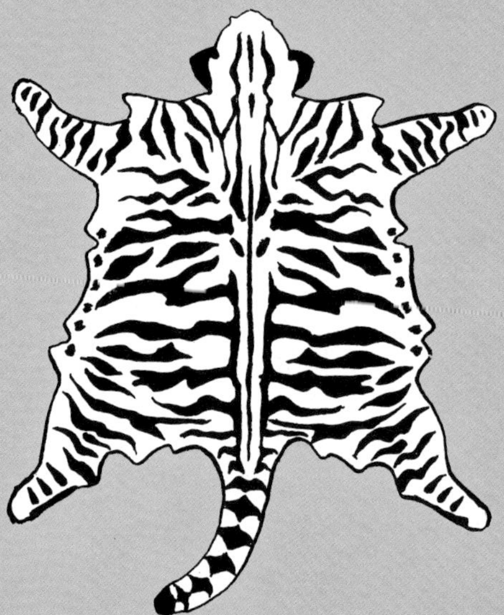

Le Tabby tigré a des rayures à peu près parallèles et presque continues, interrompues seulement par la ligne longitudinale qui souligne la colonne vertébrale. Sur les pattes, les rayures forment des anneaux qui peuvent être ouverts ou fermés.

Le Tabby moucheté a un pelage portant des taches de différentes formes sur tout le corps. Cependant, la tête reste striée et la queue annelée. Cette fourrure tachetée, fréquente chez les félins sauvages, n'est pas très répandue chez les chats domestiques.

La morphologie

Les chats, animaux à la silhouette gracieuse, ont tous une morphologie et une taille assez proches, contrairement aux chiens qui, selon les races, présentent les formes les plus diverses. Il existe cependant trois types principaux, dans lesquels on peut classer tous les chats.

Type « bréviligne » au corps compact, avec la poitrine profonde, des épaules et une croupe solides, et une tête large.

Type « longiligne », avec un corps mince et souple, dont la ligne est svelte et élancée, la tête étroite et reptilienne.

Type « médialigne » au corps trapu, mais très bien proportionné et robuste, avec une tête ronde aux joues rebondies.

Les formes de tête

On trouve chez le chat des formes très diverses de tête. Rarement aplati — le Persan à face de Pékinois est une exception —, le museau est plus ou moins allongé, la longueur et l'écartement des oreilles variables selon les races.

Tête large et courte
(Persan)

Tête en forme de cœur
(Abyssin)

Tête ronde
(Burmese)

Tête pointue et allongée
(Siamois)

Le pelage

L'hybridation a produit une très grande diversité aussi bien dans la longueur que dans la texture du poil.

Pelage long et droit au sous-poil peu développé.

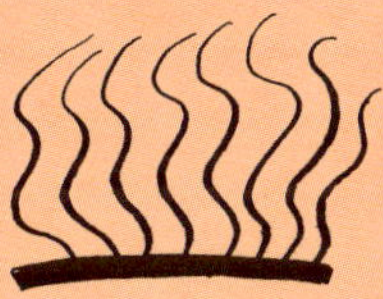
Pelage ondulé. Poils de garde et poils de jarre similaires.

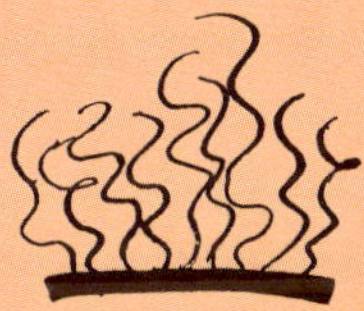
Pelage frisé avec poils de garde légèrement recourbés.

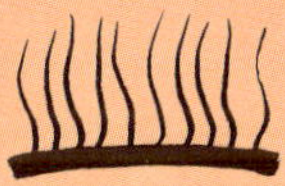
Pelage court et soyeux qui, chez le Sphinx, se réduit à un simple duvet.

La couleur des yeux

Les yeux des chats ont les couleurs les plus variées. La couleur de l'iris peut aller de l'orange vif au vert, en passant par plusieurs teintes intermédiaires : jaune chartreuse, jaune, jaune doré, doré, ambre, orange, cuivre, cuivre brillant, cuivre profond, noisette, vert chartreuse, vert léger, vert, vert brillant, vert vif, bleu vert, émeraude, bleu brillant, bleu de Chine brillant, bleu saphir profond, bleu brillant profond.

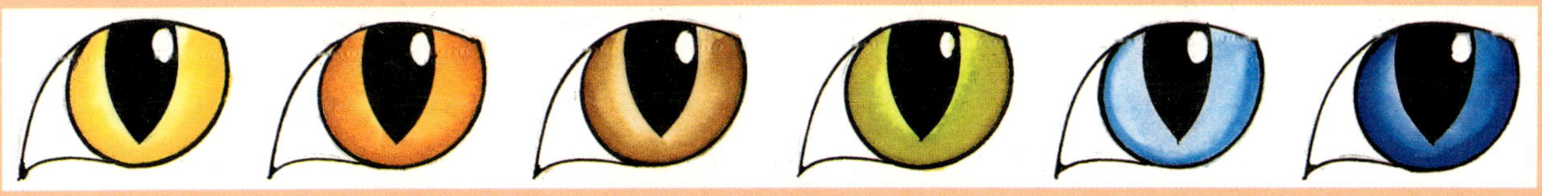
Jaune — Cuivre — Noisette — Chartreuse — Bleu clair — Bleu foncé

les chats à poil long

LE PERSAN

Majestueux, imposant, le Persan au nez aplati et à la robe somptueuse symbolise le chat de luxe. Beaucoup d'ailleurs le considèrent comme l'aristocrate de la gent féline.

Ce chat à poil long est probablement originaire d'Asie Mineure, telle est du moins la thèse du naturaliste Buffon. Le Persan serait arrivé en Europe en 1586 dans les bagages d'un voyageur romain, Pietro della Valle, à qui l'on avait offert un couple de ces chats lors d'un séjour à Téhéran. En 1620, un Français, conseiller au parlement d'Aix, acheta un couple de Poils longs en Italie, des chats qui descendaient vraisemblablement de ceux de Pietro della Valle. De France, les Persans passèrent en Grande-Bretagne, où on les baptisa « chats français ».

Il semble bien que le Persan ne soit pas originaire de Perse. Un naturaliste français, Lottin de Laval, signalait en 1856 des Poils longs rencontrés en Arménie, dans le Kurdistan, à Van en Turquie, à Bagdad, mais pas en Perse.

Le poil du Persan est dû probablement à l'origine à une mutation spontanée, laquelle a été fixée par la suite par des croisements entre des chats à poil long, confinés dans des territoires montagneux. Le Persan que nous connaissons aujourd'hui, s'il est le descendant de ces Poils longs, doit tout aux éleveurs anglais qui, dès la fin du XIXᵉ siècle, commencèrent à le sélectionner. Les Persans furent baptisés successivement Angora, Chat français, Chat chinois, indien ou russe : des noms exotiques, sans doute pour souligner leur aspect particulier, si différent de celui des British à poil court.

Plus tard, le Governing Council of the Cat Fancy trancha la question en les appelant « poils longs ». Les éleveurs de Persans commencèrent par croiser leurs sujets sans se soucier de la couleur, du motif ni de la texture du pelage, puis, petit à petit, la race a évolué vers un chat à tête large, aux oreilles plus petites, à la robe plus longue et à la queue plus courte que celle de l'Angora : un chat de type Persan qui correspondait bien aux goûts de l'époque victorienne.

En 1901, plusieurs variétés de Persans étaient déjà reconnues : noir, blanc, bleu, orange, crème, fumé, tabby, chinchilla, écaille de tortue, bicolore et tricolore (ces derniers étant probablement écaille de tortue et blanc). Dès 1903, on parle de la couleur zibeline. Mais les Persans mouchetés sont alors rares, voire inexistants.

Vers la fin du XIXᵉ siècle, les Persans sont arrivés aux États-Unis, où ils sont rapidement devenus très populaires, éclipsant le Maine-Coon. Les éleveurs américains ont développé un Persan à la morphologie plus compacte que celle des chats anglais et à la fourrure plus abondante.

Les Américains ne reconnaissent pas les couleurs chocolat et lilas obtenues par des croisements avec l'Himalayen.

COMPORTEMENT ET CARACTÈRE

Sous des airs placides et doux, le Persan cache une sensibilité toute féline. S'adaptant bien aux situations nouvelles, il voyage facilement et se laisse volontiers promener dans les expositions, où il paraît d'ailleurs apprécier l'admiration dont il est l'objet. C'est un chat d'excellente compagnie, reposant, doux, discret, paisible, assez indépendant. Il miaule sur un ton mélodieux. Ce n'est pas un compagnon très démonstratif, ce qui ne l'empêche pas d'être d'une grande gentillesse. Le Persan est peu farouche. Il aime bien sauter et courir à l'occasion, ce qui est salutaire pour sa ligne. Certains Persans chassent le mulot avec ardeur. Quand il sort, il n'est pas toujours facile de le récupérer.

FICHE PRATIQUE

Les portées de Persans sont peu nombreuses. Les femelles font de très bonnes mères, attentives à l'éducation de leur progéniture.

Très protégé par sa fourrure fournie, le Persan supporte bien le froid. C'est un chat robuste, résistant aux infections et aux maladies. Il jouit d'une bonne longévité. Son nez court l'expose à des ennuis du type rhinite chronique. Les cas d'exophtalmie entraînant des maladies de l'œil sont assez fréquents.

Le Persan n'a pas besoin d'une alimentation particulière, mais apprécie la nourriture variée. En général, c'est un amateur de poisson. Des poireaux facilitent l'élimination des poils ingurgités par léchage.

Le pelage long commence à se développer quand le chaton a environ six semaines et l'on peut dès ce moment-là commencer à le toiletter. Le véritable pelage adulte apparaît généralement à partir de la deuxième mue annuelle, qui donne au Persan, pendant quelques semaines, l'aspect d'un poil court.

La robe de l'adulte exige un passage régulier au peigne fin pour éliminer le poil mort — ce qui évitera que le chat n'avale trop de poils en faisant sa toilette. Il faut démêler soigneusement, tous les deux jours, avec un peigne en fer (préférable à l'étrille, qui arrache le poil) et brosser la fourrure dans le sens du poil avec une brosse en pur sanglier. La collerette est brossée vers le haut, en direction des oreilles. La queue est également brossée de bas en haut. Un brushing à sec, avec le séchoir électrique, donne une belle fourrure, avec les poils bien en place.

Un examen minutieux de la robe épaisse s'impose pour détecter d'éventuels parasites ou maladies de peau. Le nettoyage quotidien du tour des yeux et des narines est indispensable. Surveillez la région péri-anale qui doit être bien propre, car les déjections qui souillent le poil peuvent provoquer des boutons ou des irritations et lésions de la peau.

Persan noir

LE PERSAN NOIR

Cette variété a été la première à être reconnue en Grande-Bretagne, en 1871. C'est un chat magnifique, noir corbeau jusqu'à la racine du poil, avec des yeux cuivre ou orange foncé, sans cercle vert, brillant avec éclat.

A la fin de la Première Guerre mondiale ces chats étaient nombreux. La Seconde Guerre mondiale freina leur développement et les éleveurs américains prirent la

FICHE PRATIQUE

Les chatons Persan noir sont très vifs et joyeux. Ils possèdent rarement au début la belle fourrure de l'adulte. Né noir, le bébé Persan, en grandissant, vire souvent au gris brun, jusqu'à six mois environ. Il pourra néanmoins avoir une robe parfaite à l'âge adulte.
On ne poudre jamais un Persan noir. On peut passer sur sa robe un spray spécial et lustrer ensuite au gant de velours. Si ce chat marche dans l'herbe humide, ses pattes peuvent roussir. Exposé trop longtemps à la lumière du soleil ou à l'humidité, sa fourrure roussit également.

relève des Britanniques. Depuis quelques années les Persans noirs, très populaires aux États-Unis et au Canada, prospèrent à nouveau en Europe, notamment en Grande-Bretagne et en France, où l'on rencontre de superbes sujets dans les expositions.

Pour améliorer le type du Persan noir, on l'a croisé avec des Bleus ce qui donna plusieurs champions. D'autres croisements ont eu lieu avec des Blancs aux yeux orange, avec des Écaille de tortue.

L'un des mystères entourant le chat noir — que les Anglo-Saxons imaginent volontiers chevauchant le balai d'une sorcière — vient sans doute du fait que sa longue fourrure semble emmagasiner davantage d'électricité statique que les pelages longs d'une autre couleur. Ainsi, lorsque l'on peigne un Persan noir dans l'obscurité, on peut voir des étincelles. En caressant sa fourrure, on ressent aussi parfois de petites décharges électriques. Le froid fait briller intensément la fourrure de ce chat, ce qui expliquerait aussi en partie les pouvoirs surnaturels qu'on lui a souvent prêtés.

Persans chocolat et lilas nos 1a et 1b

Les Persans chocolat et lilas sont jugés avec les Himalayens aux États-Unis. Il a fallu plusieurs années pour améliorer leur type et obtenir la couleur d'yeux désirée : orange ou cuivre.

Le lilas est une forme diluée du chocolat. L'introduction nécessaire de poils courts pour obtenir les couleurs voulues a entraîné une modification du type, ce qui n'a pas permis de progresser rapidement.

Dans ces lignées, on a aussi obtenu des chats écaille de tortue chocolat et lilas-crème, deux variétés ne comportant que des femelles.

Pour le Persan chocolat, le GCCF a établi un standard provisoire. La robe doit être chocolat brun uniforme, sans marques, ombres ou poils blancs ; les yeux orange foncé ou cuivre, sans trace de vert.

La FIFe indique que, pour la fourrure, toutes les nuances de brun marron chaud sont permises. Couleur uniforme. La truffe dont être chocolat au lait, les coussinets rose cinnamome jusqu'à chocolat ; les yeux cuivre ou orange foncé.

Remarque. Pas de marques ni de poils blancs ; pas de sous-poil gris.

Persan self-lilas no 1c

Fourrure lilas fané, légèrement nuancé de rose. Couleur uniforme ; truffe et coussinets lavande rosé ; yeux cuivre ou orange foncé.

Pas de marques ni de poils blancs, pas de sous-poil gris.

STANDARD

Standard officiel du Governing Council of the Cat Fancy
Persan noir no 1

- ***Couleur :*** **noir uniforme, lustré depuis la racine du poil, sans ombres rouille, ni marques ou poils blancs d'aucune sorte.**
- ***Manteau :*** **long et flottant sur le corps, collerette bien garnie, queue courte et large.**
- ***Corps :*** **trapu (cobby) et massif, sans être épais. Bonne ossature. Bas sur pattes.**
- ***Tête :*** **ronde et large, avec beaucoup d'espace entre les oreilles, qui doivent être petites, nettes et bien ornées de poils ; nez court, joues pleines et museau large. Une mâchoire inférieure prognathe est considérée comme un défaut.**
- ***Yeux :*** **grands, ronds et bien ouverts ; cuivre ou orange foncé sans bordure verte.**

Standard de la Fédération Internationale Féline

Même standard que le GCCF. La FIFe précise que les coussinets sont noirs ou seal, la truffe noire.

Échelle des points du GCCF
Couleur : 25 ; robe : 20 ; corps : 20 ; tête : 20 ; yeux : 15 ; total : 100.

Échelle des points de la FIFe,
commune à tous les Persans :
Type (comprenant la forme du corps ; la grandeur ; l'ossature et la longueur de la queue ; la hauteur et l'épaisseur des pattes) : 20.
Tête (comprenant la forme générale ; la forme et l'emplacement des yeux ; la grandeur des yeux ; l'emplacement et la grandeur des oreilles ; la longueur, largeur et cassure du nez ; la mâchoire, la dentition, le front) : 30 ; sous-total : 50.
Couleur des yeux : 15 ; couleur de la fourrure (texture, qualité et couleur, dessin, marques, emplacement des taches) : 30 ; condition, préparation, toilettage : 5 ; sous-total : 50.

LE PERSAN BLANC

Ce superbe chat d'un blanc immaculé a des yeux bleu profond, orange ou cuivre ou encore vairons (l'un bleu, l'autre orange ou cuivre). C'est le tout-premier Poil long apparu en Europe.

La surdité qui frappe encore cette variété est associée au gène blanc dominant, mais les éleveurs parviennent à éliminer cette anomalie par sélection.

FICHE PRATIQUE

Beaucoup d'éleveurs baignent le Persan blanc avant une exposition. En général, on utilise un shampooing sec pour la toilette du persan blanc. On peut talquer sa fourrure à condition ensuite de faire disparaître toute trace de poudre par un brossage soigneux. La queue porte parfois des traces jaunes dues à la poussière et à la séborrhée. Avant les concours, on peut les faire disparaître avec de l'eau bicarbonatée.

Persan blanc aux yeux bleus

Échelle des points
Couleur : 25 ; robe : 20 ; corps : 20 ; tête : 20 ; yeux : 15 ; total : 100.

STANDARD

Standard officiel du Governing Council of the Cat Fancy
Persan blanc aux yeux bleus n° 2

• ***Couleur :*** **blanc pur, sans marques ou ombres d'aucune sorte ; manteau long et flottant sur le corps ; collerette abondante ; queue courte et large ; manteau doux et soyeux, pas de texture laineuse.**
• ***Corps :*** **trapu et massif, sans être épais, bonne ossature, bas sur pattes.**
• ***Tête :*** **ronde et large, avec beaucoup d'espace entre les oreilles, qui doivent être petites, nettes et bien fournies, nez court, menton large, joues pleines (prognathisme inférieur considéré comme un défaut). Grands yeux ronds, bien ouverts, d'un bleu sombre.**

Blanc aux yeux orange n° 2a
Même description que le blanc aux yeux bleus, excepté pour la couleur des yeux qui doit être orange ou cuivre.

Blanc aux yeux vairons n° 2b
Le même que le précédent mais avec un œil bleu, l'autre orange ou cuivre.

Standard de la Fédération Internationale Féline

Il note que les chatons ont souvent une tache de naissance bleue ou noire sur la tête et que cette tache finit par disparaître quand le chaton grandit.

Persan blanc aux yeux orange

Persan blanc aux yeux vairons

LE PERSAN BLEU

Ce très beau chat aux yeux orange ou cuivre foncé a toujours eu beaucoup de succès. En 1889, à l'exposition du Crystal Palace de Londres, on vit les premiers Persans bleus présentés dans leur propre catégorie. Cette année-là, ils étaient les plus nombreux des Poils longs, sans doute parce que la reine Victoria en possédait un et que toute la gentry avait voulu suivre son exemple. En 1901, les Anglais fondèrent la Société des Persans bleus.

Cette association fut le premier club spécialisé à organiser des expositions pour une race déterminée et reste le seul club « poil long » à le faire en Grande-Bretagne.

Les Persans bleus sont également très populaires aux États-Unis où l'élevage est pratiqué avec beaucoup de rigueur.

Les éleveurs sélectionnent cette variété en éliminant des lignées les chatons ayant quelques poils blancs ou des marques tabby. A leur naissance, les chatons peuvent avoir des mouchetures, mais celles-ci disparaissent au fur et à mesure que la fourrure se développe. Il est fréquent que le chaton le plus moucheté à sa naissance ait plus tard la plus belle robe.

Persan bleu

FICHE PRATIQUE

Le Persan bleu se baigne très rarement. On utilise du talc de bébé pour enlever la graisse de la robe, puis on brosse soigneusement pour éliminer la poudre.

Échelle des points
Robe : 20 ; condition : 10 ; tête : 25 ; yeux : 20 ; corps : 15 ; queue : 10 ; total : 100.

STANDARD

Standard officiel du Governing Council of the Cat Fancy
Persan bleu n° 3

• *Robe :* toute teinte de bleu permise à condition d'être uniforme, sans poils blancs ni aucune marque ou ombre. Longue fourrure, épaisse et douce, collerette fournie.
• *Tête :* large et ronde, large entre les oreilles. Face et nez courts, petites oreilles bien garnies de poils, joues bien développées.
• *Yeux :* orange foncé ou cuivre, grands, ronds et pleins, sans trace de vert.
• *Corps :* trapu et bas sur pattes.
• *Queue :* courte et pleine, ne se terminant pas en pointe (un nœud est considéré comme un défaut).

Le standard de la Fédération Internationale Féline est identique.

LE PERSAN ROUGE (OU ROUX)

Ce chat à la belle robe flamboyante et aux yeux cuivre foncé était très populaire en Grande-Bretagne dès 1894. On l'appelait alors Persan orange. Aujourd'hui, les Britanniques l'appellent « Red-Self ». Cette variété de Persans, qui faillit disparaître pendant la Seconde Guerre mondiale, connaît actuellement un renouveau d'intérêt, sans être toutefois très répandue. Les sujets parfaits sont rares. Il est en effet très difficile, voire presque impossible, de produire un chat sans marques tabby, en particulier sur la tête.

Le chaton peut porter des taches à la naissance. Il faudra de dix-huit mois à deux ans pour que la robe atteigne sa couleur.

Persan roux

FICHE PRATIQUE

Pour enlever la graisse de la fourrure, on peut la frotter avec du son tiède, puis la brosser soigneusement. La robe peut être ensuite passée à la peau de chamois pour la faire briller. Utilisez une brosse caoutchoutée pour enlever les poils morts sans abîmer la fourrure.

Échelle des points
Robe : 50 ; corps : 15 ; tête : 20 ; yeux : 15 ; total : 100.

STANDARD

Standard officiel du Governing Council of the Cat Fancy
Persan rouge (Red Self) n° 4

- ***Couleur :*** **un rouge riche, sombre, sans marques.**
- ***Robe :*** **longue, dense et soyeuse, queue courte et flottante.**
- ***Corps :*** **trapu et solide, jambes courtes et épaisses.**
- ***Tête :*** **large et ronde, petites oreilles bien plantées et bien fournies de poils, nez court et large, joues rondes et pleines.**
- ***Yeux :*** **grands et ronds, cuivre foncé.**

Standard de la Fédération Internationale Féline

Il est identique.
Remarques : pas de CAC si l'extrémité de la queue est blanche. Des taches de pigmentation sur la truffe, des moustaches noires sont une faute. Sont permises de légères ombres sur le front et les pattes.

LE PERSAN CRÈME

Ce Persan raffiné possède une robe pâle, uniforme, contrastant avec des yeux cuivre sombre. Le premier Crème fut enregistré en Grande-Bretagne en 1890. C'était un mâle portant des marques tabby. Par la suite, les Crème furent croisés avec des Tabbys rouges pour améliorer la couleur et le type, mais sans bons résultats. En croisant le Persan crème avec le Persan bleu, les éleveurs ont obtenu des Crème excellents et de superbes chats bleu-crème.

Un crème mâle croisé avec une femelle bleue donne des femelles bleu-crème et des mâles bleus. Un mâle crème et une femelle bleu-crème donnent des femelles bleu-crème, crème, des mâles bleu et crème. Une femelle crème et un mâle bleu donnent des femelles bleu-crème et des mâles crème.

FICHE PRATIQUE

Les éleveurs conseillent de ne pas mettre trop de carottes dans l'alimentation pour éviter que le poil ne roussisse. Au soleil, la queue et la collerette roussissent. Huit à dix jours avant une exposition, il faut faire au Persan crème un shampooing très doux, pour bébé, puis passer la fourrure au séchoir électrique. Quand le chat est à peine sec, on le talque, on repasse ensuite le séchoir pour faire gonfler la fourrure. La veille du concours, talquer à nouveau et passer une brosse.

Persan crème

STANDARD

Standard officiel du Governing Council of the Cat Fancy
Persan crème n° 5

- ***Couleur :*** **pure et uniforme partout, de crème pâle à moyen sans ombre ou marques.**
- ***Robe :*** **longue, dense et soyeuse, queue courte et flottante.**
- ***Corps :*** **trapu et solide, jambes courtes et épaisses.**
- ***Tête :*** **large et ronde, petites oreilles, bien plantées et fournies de poils ; nez court et large ; joues larges et rondes ; grands yeux ronds, couleur cuivre foncé.**

Échelle des points
Couleur : 30 ; robe et condition : 20 ; corps : 15 ; tête : 20 ; yeux : 15 ; total : 100.

LE PERSAN SMOKE

Ce chat superbe est malheureusement rare. Les premiers Smoke sont nés du croisement de trois variétés : le Noir, le Blanc (facteur silver) et le Bleu.

Entre 1900 et 1905, trente Smoke étaient enregistrés au Livre des origines du National Cat-Club anglais. Dans le premier Livre du Governing Council of the Cat Fancy, en 1912, ils n'étaient plus que dix-huit. A la fin de la Seconde Guerre mondiale, en 1945, les Smoke n'existaient pratiquement plus. Actuellement, ils remontent la pente, tant en Europe qu'aux Etats-Unis, où ils ont toujours été très recherchés.

Le manteau du Smoke est particulièrement beau quand le chat se déplace, car le mouvement fait apparaître les reflets argent de la fourrure noire. A la naissance, seul un éleveur expérimenté peut faire la différence entre un chaton Smoke et un Noir, et il faut plusieurs mois pour que les contrastes apparaissent.

Les Smoke peuvent être accouplés avec d'autres Smoke, mais il se produit une détérioration du type et de la couleur de robe. On peut tenter un croisement avec le Persan noir, bleu ou blanc.

Le Blue Smoke ressemble à première vue au Persan bleu, mais lorsqu'il est en mouvement on voit les reflets blancs brillants du sous-poil.

Il existe également des femelles Smoke écaille de tortue, et des Cameo (ou Smoke rouge).

FICHE PRATIQUE

La robe du Smoke nécessite un brossage encore plus fréquent que celle des autres Persans. Il faut attendre la maturité du chat pour que son pelage ait atteint toute sa beauté. Celui-ci est rapidement détérioré par l'humidité ou par le soleil. Préparer ce chat à une exposition relève du grand art. Il faut des heures de soins, de brossage et de peignage méticuleux afin que le sous-poil brossé vers le haut se voie à travers le poil de couverture.

Remarque : **les chatons montrent souvent des marques tabby ou un contraste inversé ; ceci disparaît graduellement au cours du développement du chaton.**

Persan Smoke bleu n° 6a

La description de la couleur de la fourrure est la même que pour le Smoke noir, mais on remplace le mot « noir » par « bleu-gris ». Truffe et coussinets : bleu-gris ; couleurs des yeux : cuivre ou orange foncé.

Même remarque concernant les chatons.

Persan Smoke chocolat n° 6b

Standard identique à celui du Smoke. En lieu et place de « noir » ou « seal » il faut inscrire le mot « brun ». Truffe : brun. Coussinets : cinnamome. Couleur des yeux : cuivre ou orange foncé.

Persan lilas Smoke n° 6c

Même standard que le Smoke. En lieu et place de « noir » ou « seal » inscrire « lilas avec un léger reflet rose ». Truffe et coussinets : lavande rosée. Couleur des yeux : cuivre ou orange foncé.

Persan Red Smoke n° 6d SM

Standard identique à celui du Smoke. En lieu et place du « noir » inscrire « rouge ». Truffe et coussinets : rose ; couleur des yeux : cuivre ou orange foncé.

Persan écaille Smoke n° 6e

La fourrure et le sous-poil sont blanc argent, de même que la collerette et les plumets. Tipping prononcé rouge (clair ou foncé) et noir, réparti harmonieusement en taches sur tout le corps, même aux extrémités. Au repos, la ressemblance avec un Écaille de tortue est frappante. En mouvement, comme pour le Persan Smoke, le sous-poil est nettement visible. Une flamme rouge dans la face est souhaitée. La truffe et les coussinets sont noirs ou rose tacheté de noir ; les yeux, cuivre ou orange foncé.

Remarque : pour la répartition des couleurs, de grandes ou de petites taches sont permises.

Persan crème Smoke n° 6dd SM

Standard identique à celui du Smoke. En lieu et place du « noir » inscrire « crème ».

Truffe et coussinets : rose. Yeux : cuivre ou orange foncé.

Persan bleu-crème Smoke n° 6g

Identique au n° 6e, les couleurs « noir » et « rouge » étant remplacées par « bleu » et « crème ». Truffe et coussinets : rose, bleu ou rose tacheté de bleu. Yeux : cuivre ou orange foncé.

Persan chocolat écaille Smoke n° 6h

Même standard que le n° 6e, les couleurs « noir » et « rouge » étant remplacées par « chocolat au lait » et « crème ». Truffe et coussinets : rose, chocolat au lait, ou rose tacheté de chocolat au lait. Yeux : cuivre ou orange foncé.

Persan lilas crème Smoke n° 6j

Standard identique au n° 6e, en remplaçant « noir et rouge » par « lilas et crème pâle ». Truffe et coussinets : lavande rose, ou rose pâle tacheté de lavande rosé. Yeux : cuivre ou orange foncé.

Échelle des points n° 6j
Robe : 50 ; corps : 15 ; tête : 20 ; yeux : 15 ; total : 100.

Persan Smoke

Échelle des points
Couleur (corps, masque et pieds, collerette et plumets, couleur du sous-poil) : 40 ; texture de la robe et condition : 10 ; tête, y compris les oreilles : 20 ; corps : 15 ; yeux : 10 ; queue : 5 ; total : 100.

STANDARD

Standard officiel du Governing Council of the Cat Fancy
Persan Smoke n° 6

Le Smoke est un chat de contrastes : le sous-poil doit être aussi blanc cendré que possible avec les extrémités s'ombrant vers le noir, les points sombres étant les plus nets sur le dos, la tête et les pieds, les points les plus clairs sur la collerette, les flancs et le poil des oreilles.

- ***Couleur :*** **corps noir s'ombrant d'argent sur les flancs ; masque et pieds noirs, sans marques ; collerette et plumets des oreilles blanc argent ; sous-poil aussi blanc argent que possible.**
- ***Robe :*** **de texture soyeuse, longue et dense, collerette très longue.**
- ***Tête :*** **large et ronde, large entre les oreilles, qui doivent être petites et fournies, nez aplati.**
- ***Yeux :*** **orange ou cuivre, grands et ronds, avec une expression agréable.**
- ***Corps :*** **trapu et massif, pattes courtes.**
- ***Queue :*** **courte et fournie.**

Le prognathisme de la mâchoire supérieure ou inférieure est un défaut.

Le standard de la Fédération Internationale Féline est identique.

Persan Cameo

LE PERSAN CAMEO

Les Persans Cameo, élevés maintenant dans de nombreux pays, sont nés aux États-Unis du croisement de Smoke et d'Écaille de tortue (Shell).

Les chatons Cameo naissent presque blancs et la couleur apparaît quand ils grandissent.

Plusieurs variantes de couleur sont possibles :

Le Shell Cameo : apparence caractéristique d'argent brillant légèrement poudré de rose.

Le Shaded Cameo : blanc ombré de façon uniforme de rouge donnant l'impression d'un manteau rouge.

Le Red Smoke Cameo : corps rouge s'ombrant de blanc sur les flancs, masque et pieds rouges sans marques, collerette et plumets blancs. Sous-poil aussi blanc que possible. Les marques tabby sont interdites.

Le Cameo crème : le même que le Red Smoke, mais avec du crème à la place.

Le Tortie crème Cameo : la robe porte un tipping noir, rouge et crème, bien distribué en taches. Sur la face, les couleurs sont riches et brillantes.

Le Cameo bleu-crème : le tipping de bleu et de crème est bien mélangé.

La Fédération Internationale Féline donne les variétés suivantes :

Persan Red Shell Cameo (n° 6d SL).
Persan Red Shaded Cameo (n° 6d SD).
Persan crème Shell Cameo (n° 6dd SL).
Persan Crème Shaded Cameo (n° 6dd SD).

Échelle des points
Couleur : 30 ; manteau et condition : 10 ; tête : 25 ; corps et pattes : 15 ; yeux (forme et couleur) : 10 ; queue : 10 ; total : 100.

STANDARD

Standard provisoire du Governing Council of the Cat Fancy
Persan Cameo

Le Cameo est un chat de contraste, le sous-poil étant aussi blanc que possible, avec les extrémités ombrées rouge, écaille de tortue ou bleu crème, les couleurs étant plus intenses sur le masque, le long de l'épine dorsale de la tête au bout de la queue, sur les pattes et les pieds, les nuances les plus claires sur la collerette, les flancs, le dessous et les plumets.
Les yeux sont orange foncé ou cuivre, avec une expression agréable. Une bordure verte de l'œil est un défaut.

LE PERSAN SILVER TABBY

Des controverses entre les éleveurs se sont manifestées à propos de la couleur des yeux du Silver Tabby. Les uns étaient favorables aux yeux verts (ce qui avait l'inconvénient de produire des « Tabbys » ayant peu de marques). D'autres étaient favorables aux yeux noisette. Actuellement, le standard accepte indifféremment vert ou noisette.

Au cours des années, différents croisements ont été tentés pour améliorer le type et les marques du Silver Tabby, notamment avec des Persans bleus et des Persans noirs. Des résultats furent obtenus pour le type, mais pas pour les marques. L'utilisation du Persan noir améliore les marques mais donne des yeux orange.

Les Silver Tabby sont encore peu nombreux.

STANDARD

Standard officiel du Governing Council of the Cat Fancy
Persan Silver Tabby n° 7

- ***Couleur de base :*** **argent pur, « tippé » de noir. Toute trace de brun est un défaut.**
- ***Tête :*** **large et ronde, large entre les oreilles, museau large, nez court, petites oreilles bien fournies.**
- ***Forme :*** **corps trapu, courtes pattes épaisses.**
- ***Yeux :*** **vert ou jaunâtre.**
- ***Robe et condition :*** **texture soyeuse, longue et dense, collerette très longue.**
- ***Queue :*** **courte et fournie.**

Le standard de la FIFe est identique.

Échelle des points
Couleur : 40 ; tête : 20 ; forme : 10 ; queue : 5 ; yeux (vert ou jaunâtre) : 10 ; robe et condition : 15 ; total : 100.

FICHE PRATIQUE

Un brossage soigneux est essentiel pour redresser le sous-poil argent et pour que les marques tabby soient le plus belles possible.

La Fédération Internationale Féline donne le détail des dessins Tabby :

Persan bleu Silver Tabby n° 7a

Le dessin noir est remplacé par un dessin bleu-gris. La truffe est rouge brique cerclé de bleu-gris, les coussinets bleu-gris. Yeux : vert ou vert jaunâtre cerclé de bleu-gris.

Des poils blancs épars dans les parties bleu-gris sont considérés comme une faute.

Chocolat Silver Tabby n° 7b

Le dessin noir est remplacé par un dessin chocolat au lait. Truffe : rouge brique cerclé de chocolat au lait. Coussinets : cinnamome jusqu'à couleur chocolat au lait. Yeux : vert ou vert jaunâtre cerclé de brun.

Des poils blancs épars dans les parties brunes sont considérés comme une faute.

Lilas Silver Tabby n° 7c

Dessin couleur lilas. Truffe : rose foncé cerclé de lavande rosé ; coussinets : lavande rosé. Yeux : vert ou vert jaunâtre cerclé de rose. Des poils blancs sur les parties lilas sont considérés comme un défaut.

LE PERSAN BROWN TABBY

Persan Brown Tabby

STANDARD

Standard officiel du Governing Council of the Cat Fancy
Brown Tabby n° 8

- ***Couleur et marques :*** **couleur sable riche, avec de délicates lignes de crayon sur la face. Les joues traversées par deux ou trois marques nettes, la poitrine barrée de deux lignes étroites et continues, marques de papillon sur les épaules. Le devant des pattes est régulièrement barré des pieds jusqu'en haut. La selle et les côtés ont des bandes vers le bas, et la queue doit être régulièrement annelée.**
- ***Manteau :*** **long et flottant.**
- ***Queue :*** **courte et pleine.**
- ***Corps :*** **trapu et massif, pattes courtes.**
- ***Tête :*** **ronde et large ; petites oreilles bien situées et bien fournies ; nez court et large ; joues rondes et pleines.**
- ***Yeux :*** **grands et ronds, jaunâtres ou cuivre.**

Standard de la Fédération Internationale Féline

Identique à celui du GCCF, mais donne des yeux cuivre ou orange foncé.
Remarques : un sous-poil gris exclut le CAC. Le menton et l'extrémité de la queue trop clairs ou blancs sont des fautes, ainsi que des poils clairs épars dans les parties noires.
Autres variétés décrites : ticketé, dessin lilas foncé net. Bon contraste. Truffe : rose cerclé de rose lavande. Coussinets : lavande rose. Yeux : cuivre ou orange foncé cerclé de rose.

Jusqu'à la Première Guerre mondiale les Brown Tabby ont été très populaires. Actuellement, ils ne sont pas très nombreux en Europe, mais en revanche très bien représentés aux États-Unis.

Si l'on croise des « Brownies » entre eux, le type s'en ressent. Le croisement avec le Red Tabby n'intensifie pas les marques. Celui avec des Bleus et des Noirs donne des résultats, ou encore le mariage du Brown Tabby avec l'Écaille de Tortue ou le Bleu-Crème. De temps en temps, des Brown Tabby apparaissent dans des portées issues de Bleu et de Chinchilla ou de Red Tabby et Bleu.

Les petits naissent noirs. Il faut parfois plusieurs mois pour que les marques apparaissent distinctement. Les chatons Brown Tabby sont pleins de vie et ont beaucoup de succès.

Persan Blue Tabby n° 8a

La fourrure présente un dessin identique à celui du Silver Tabby. Couleur de base : ivoire tacheté de bleu-gris foncé, avec un net contraste. Truffe : vieux rose cerclé de bleu-gris foncé. Coussinets : bleu-gris. Couleur de l'œil : cuivre ou orange foncé, avec les paupières cerclées de bleu-gris foncé.

Remarque : un sous-poil gris ou bleu exclut le CAC. Des poils blancs ou clairs épars dans les parties foncées sont des fautes.

Persan chocolat Tabby n° 8b

Dessin identique au Silver Tabby. Couleur du corps : brun ticketé, marqué par un dessin net brun foncé, bon contraste. Truffe : rouge brique cerclé de couleur chocolat. Yeux : cuivre ou orange foncé cerclé de brun.

Remarque : comme pour le précédent.

Persan lilas Tabby n° 8c

Fourrure : dessin identique au Silver Tabby. Couleur du corps : lilas.

Persan Golden Shell n° 8G SL

Fourrure : ton abricot clair (pastel), un peu plus soutenu sur la face et le dos. Ton clair sur le ventre, les flancs, la face intérieure de la queue, le menton et les plumets. Les babines, le menton et la poitrine peuvent être crème clair jusqu'à crème foncé. Un tipping noir est réparti régulièrement sur le dos, les flancs, la tête, les oreilles et la face supérieure de la queue. L'extrémité de la queue est noire. La face et les pattes peuvent être marquées légèrement par le tipping. Dans l'ensemble le chat apparaît plus clair que le Golden Shaded.

Truffe : rouge brique cerclé de noir. Coussinets : noir ou seal. Couleur des yeux : vert ou vert bleuté (vert de préférence), cerclé de noir.

Remarques. Sont des fautes : un ton trop gris ou trop clair de la fourrure, des marques nettes de tabby sur le dos. On donnera la préférence à un Golden dont la fourrure a un ton chaud et ne montre pas des marques de tabby.

Persan Golden Shaded n° 8G SD

Fourrure : ton brun chaud jusqu'à abricot. Ton plus soutenu sur la face et le dos. Ton plus clair sur les flancs, le ventre, le dessous de la queue, le menton et les plumets. Les babines, le menton et la poitrine peuvent être crème clair jusqu'à crème foncé. Un tipping noir et régulier s'étend sur le dos, les flancs, la tête, les oreilles et le côté supérieur de la queue. L'extrémité de la queue est noire. La face peut être légèrement marquée par des spirales, et les pattes peuvent montrer de légères rayures. Le dessous des pieds, de même que la face plantaire des pattes arrière, sont noirs.

Truffe : rouge brique cerclé de noir. Coussinets : noir ou seal. Yeux : vert ou vert bleuté (vert de préférence), cerclé de noir.

Remarques. Identiques à celles du précédent.

Persan Golden Shaded

Persan Red Tabby

LE PERSAN RED TABBY

Le Red Tabby a toujours fasciné de nombreux éleveurs. Un beau sujet avec une riche couleur de robe, soutenue, et des marques tabby plus sombres est véritablement superbe. Lors des premières expositions félines les Brown et Red Tabby, avec ou sans blanc, étaient jugés dans la même classe. Autrefois, on préférait le terme orange à rouge, car la couleur du chat approchait celle de l'orange bien mûre.

Beaucoup de bons chats rouges ont été obtenus en croisant Persan noir et Écaille de tortue, du Noir et du Rouge, et bien sûr du Rouge et du Rouge. Actuellement, les Persans rouges ont un beau type et des yeux couleur cuivre profond.

Il est encore difficile d'obtenir un rouge riche, profond, avec des marques qui se distinguent bien du sous-poil, lequel est d'un rouge riche et brillant.

Les marques de la face sont généralement bonnes mais, sur le dos, il est parfois difficile de distinguer la marque du papillon. On rencontre aussi des mentons blancs, du blanc sur la queue et un ventre pâle, qui sont considérés comme des fautes.

La perfection de la robe se voit très tôt chez les chatons.

Persan crème Tabby n° 9f

Dessin identique au Silver Tabby. Couleur crème marquée par un dessin crème foncé. Contraste net.

Truffe : rose cerclé de rose foncé. Coussinets : rose. Yeux : cuivre ou orange foncé cerclé de rose foncé.

Remarque. Sont considérés comme fautes : des poils blancs épars dans les parties crème foncé ; des moustaches noires ; des taches de pigmentation sur la truffe.

Échelle des points
Manteau : 50 ; corps : 15 ; tête : 20 ; yeux : 15 ; total : 100.

STANDARD

Standard officiel du Governing Council of the Cat Fancy
Red Tabby n° 9

- ***Couleur :*** **rouge riche, profond, marques bien nettes. Pas de blanc au bout de la queue.**
- ***Yeux :*** **cuivre foncé.**

Standard de la Fédération Internationale Féline

Il est identique à celui du GCCF.
Remarques : l'extrémité de la queue blanche exclut le CAC. Des taches de pigmentation sur les babines et des moustaches noires, des poils décolorés (*brindling*) éparpillés dans les parties rouges sont des fautes.

LE PERSAN CHINCHILLA

Beaucoup d'amateurs considèrent le Chinchilla comme le plus séduisant des Persans. C'est à tort que l'on a donné à ce chat le nom de Chinchilla, petit rongeur d'Amérique du Sud, car le pelage de cet animal, sombre à la racine et plus clair aux extrémités, est en effet l'inverse de celui du chat dit « Chinchilla ».

Le premier Chinchilla serait apparu dans une portée issue du mariage d'un Écaille de tortue et d'un Silver Tabby ou d'un Bleu. Les premiers sujets étaient beaucoup plus sombres que ceux d'aujourd'hui. Quelques-uns, couleur lavande, avaient des poils très tiquetés, des rayures sur les pattes et des marques de tabby sur la face. Dans les portées, certains chatons étaient sombres, d'autres clairs. On préféra les clairs. Une classe fut réservée aux sombres, que l'on baptisa Shaded Silver.

Dès 1911, les Chinchillas étaient bien établis en Grande-Bretagne et aux États-Unis. Avec des yeux d'un vert sombre et brillant approuvés par tous les spécialistes, alors que pour les premiers Chinchillas il y avait eu désaccord au sujet de la couleur des yeux. Les marques de tabby étaient à peu près éliminées.

Les chatons naissent sombres, souvent avec des marques de tabby qui disparaissent quand la fourrure pousse. Les chatons les plus sombres donnent généralement les meilleurs adultes.

FICHE PRATIQUE

Le toilettage avant une exposition doit être très soigné. Il faut être sûr que tous les poils de la robe soient bien éloignés du corps. La collerette est brossée vers le haut pour faire un encadrement doux à la face.

Persans Chinchilla

STANDARD

Standard officiel du Governing Council of the Cat Fancy
Persan Chinchilla n° 10

• *Couleur :* le sous-poil est d'un blanc pur, la robe, sur le dos, les flancs, la tête, les oreilles et la queue porte un tipping noir qui doit être régulièrement distribué et donne l'apparence caractéristique d'argent brillant. Les pattes peuvent être très légèrement ombrées par le tipping, mais le menton, les plumets, l'estomac et la poitrine doivent être d'un blanc pur. Toute marque tabby, brune ou crème est un défaut. Le bout du nez est rouge brique, la bordure de l'œil et les coussinets noir ou brun foncé.
• *Tête :* large et ronde, large entre les oreilles, petites et bien fournies, museau large, nez aplati.
• *Yeux :* grands, ronds et très expressifs, émeraude ou bleu-vert.
• *Forme :* trapu, pattes courtes et épaisses.
• *Robe et condition :* robe de texture fine et soyeuse, longue et dense, collerette très longue.
• *Queue :* courte et fournie.
Remarque : une mâchoire prognathe est un défaut.

Standard de la Fédération Internationale Féline

Identique à celui du GCCF. Il note que le tipping représente environ le huitième de la longueur du poil.
Sont des fautes : un reflet jaune ou brun dans le poil ; des marques tabby sur les pattes, la tête et la queue ; des yeux couleur noisette ou jaune ; un tipping gris ou bleu ; la face plantaire des pattes arrière noire ; un tipping irrégulier ; des poils unicolores.

Échelle des points
Couleur : 25 ; tête : 20 ; forme : 15 ; yeux : 15 ; robe et condition : 15 ; queue : 10 ; total : 100.

Chinchilla Golden et Shaded Golden

Ces chats créés aux États-Unis ont un sous-poil d'un crème riche plutôt que blanc avec un tipping et des ombres brun seal plutôt qu'argent. Les yeux sont verts ou bleu-vert, ce qui est très inhabituel avec ces couleurs de robe.

Persan bleu Chinchilla n° 10a

Standard de la FIFe. Fourrure : identique à celle du Persan Chinchilla mais avec le tipping bleu ou gris. Truffe : rouge brique cerclé de bleu gris. Coussinets : bleu gris. Yeux : vert ou vert bleuté, de préférence vert. Paupières cerclées de bleu gris.

Persan chocolat Chinchilla n° 10b

Fourrure : comme le Persan Chinchilla mais avec le tipping chocolat. Truffe : rouge brique cerclé de brun. Coussinets : cinnamome jusqu'à couleur chocolat. Yeux : vert ou vert bleuté, vert de préférence. Paupières : cerclées de brun.

Persan lilas Chinchilla n° 10c

Même fourrure que le Persan Chinchilla mais avec le tipping lilas (blanc de glace avec un léger reflet rose). Truffe : rouge brique cerclé de lavande rose. Coussinets : lavande rose. Yeux : vert ou vert bleuté (vert de préférence). Paupières cerclées de rose.

Persan Silver Shaded. Ph. © J.-P. Ferrero-Nature.

STANDARD

Standard de la Fédération Internationale Féline
Persan Silver Shaded nº 10SS

• ***Fourrure :*** **le sous-poil est blanc pur avec un tipping noir s'étendant du dos vers les flancs ainsi que légèrement sur la face et les pattes. Des anneaux non fermés aux pattes sont permis. La face, ainsi que la partie supérieure de la queue, doivent montrer un tipping.**
• ***Couleur :*** **menton, poitrine, plumets, ventre, face interne des pattes, dessous de la queue sont d'un blanc pur.**
• ***Truffe :*** **rouge brique cerclé de noir.**
• ***Coussinets :*** **noir ou seal.**
• ***Couleur des yeux :*** **vert ou vert bleuté, vert de préférence. Paupières cerclées de noir.**
• ***Remarque.*** **Sont des fautes : des marques tabby ; des anneaux fermés aux pattes ; des taches sur le ventre et la poitrine ; les yeux jaunes ou noisette ; un reflet de brun ou crème dans le poil ; un tipping irrégulier ; des poils unicolores.**

LE PERSAN SILVER SHADED

Cette ancienne variété est très populaire aux États-Unis. La différence entre le Silver Shaded et le Chinchilla tient à une nuance de ton. Chez ce dernier, le tipping donne une apparence étincellante caractéristique, alors que le Shaded Silver a un aspect beaucoup plus sombre.

Les deux variétés peuvent apparaître dans une même portée. Pour les différencier, il faut attendre que les chatons grandissent un peu. Il est plus difficile d'obtenir des Silver Shaded que des Chinchillas.

L'aspect général est un chat plus foncé que le Persan Chinchilla. Le tipping peut couvrir environ le tiers de la longueur du poil. Il doit être aussi régulier que possible. Sur la face plantaire des pattes arrière, le noir doit s'étendre jusqu'aux talons.

Le Persan bleu Silver Shaded est identique mais avec le tipping bleu-gris.

Le Persan chocolat Silver Shaded a un tipping chocolat.

Le Persan lilas Silver Shaded présente un tipping lilas blanc de glace légèrement nuancé de rose.

FICHE PRATIQUE

Beaucoup d'éleveurs baignent leur chat quelques jours avant une exposition pour donner au poil une apparence immaculée ; d'autres préfèrent baigner le Silver Shaded la veille même de l'exposition.

Persan Écaille de tortue

LE PERSAN ÉCAILLE DE TORTUE

Échelle des points
Robe : 50 ; corps : 15 ; tête : 20 ; yeux : 15 ; total : 100.

STANDARD

Standard officiel du Governing Council of the Cat Fancy
Persan écaille de tortue n° 11

- *Couleur :* trois couleurs — noir, rouge et crème —, bien réparties en taches. Les couleurs doivent être riches et brillantes, bien réparties sur la face.
- *Robe :* longue et flottante, très longue sur la collerette et la queue.
- *Corps :* trapu et massif; pattes courtes.
- *Tête :* ronde et large ; petites oreilles bien situées et bien fournies ; nez court et large ; joues rondes et pleines. Grands yeux ronds orange foncé ou cuivre.

Standard de la Fédération Internationale Féline.

Il est identique à celui du GCCF. Il ajoute qu'une flamme rouge est souhaitée sur la face.
Remarques : les chatons ont souvent un sous-poil gris, qui est toléré car il disparaît en grandissant. Ces chatons deviennent souvent les meilleurs adultes.
Des marques de tabby sur la face et dans les parties rouges ne sont pas tolérées. De grandes et de petites taches sont permises pour la répartition des couleurs.

Persan Écaille de tortue et blanc

On a dit du Persan écaille de tortue que c'était un chat sans origine. Dans cette variété « féminine », les mâles sont stériles. L'Écaille de tortue est une variété très populaire dont l'apparition est imprévisible. De nombreux croisements ont été tentés donnant des Noirs, Rouges, Crème, Bleu-crème et occasionnellement des Écaille de tortue. Actuellement, obtenir une chatte écaille de tortue à partir d'unicolores reste une question de chance. Les croisements avec des Tabby rouge ne sont pas recommandés, parce qu'ils introduisent des marques tabby difficiles à éliminer.

La texture de leur robe rend celle-ci plus facile à entretenir que celle des autres Persans.

Persan écaille de tortue et blanc n° 12

Autrefois, ces chats s'appelaient « Chintz » en Grande-Bretagne et « Calico » aux États-Unis. Les couleurs sont les mêmes que pour l'Écaille de tortue, avec du blanc supplémentaire. Les Anglais ne veulent pas qu'il y ait trop de blanc. Des poils blancs sur les taches colorées sont considérés comme une faute, ainsi que des marques tabby.

La FIFe note qu'il faut un maximum de deux tiers de couleur solide et un minimum de la moitié, le restant étant blanc ; que du blanc sur le dos est souhaité, ainsi qu'une flamme blanche sur la face.

Remarque : pas de marques tabby dans les parties colorées.

LE PERSAN BICOLORE

Ces Persans, nés du croisement de variétés unies, n'ont pas été appréciés au début. Ils n'obtinrent un standard définitif qu'en 1971 et, dès lors, leur nombre augmenta rapidement dans les expositions. Quelques Bicolores sont même devenus des champions.

Le Persan bicolore est un chat solide, très robuste. Les femelles sont d'excellentes mères.

Persan écaille bleu et blanc n° 12b

Fourrure : description identique à celle du n° 12, mais en remplaçant le « noir » par « bleu-gris » et le « rouge » par « crème ».

Truffe : rose ou bleu-gris ou les deux. Coussinets : rose ou bleu-gris ou les deux. Yeux cuivre ou orange foncé.

Persan écaille chocolat et blanc n° 12Ch

Description identique à celle du n° 12 à l'exception des couleurs qui sont ici « chocolat au lait » et « crème ».

Truffe : chocolat au lait, rose, ou rose tacheté de couleur chocolat au lait. Coussinets : cinnamome jusqu'à la couleur chocolat rose, ou rose tacheté de couleur chocolat. Yeux : cuivre ou orange foncé.

Remarque. De grandes et petites taches sont permises pour la répartition des couleurs.

Échelle des points
Couleur : 25 ; robe : 15 ; corps : 15 ; queue : 5 ; tête : 25 ; yeux : 15 ; total : 100.

Persan écaille noir et blanc

STANDARD

Standard officiel du Governing Council of the Cat Fancy
Persan bicolore n° 12a

- ***Couleur et distribution :*** **toute couleur solide et du blanc ; les taches de couleur doivent être nettes, uniformes et bien distribuées. La fourrure ne doit pas être colorée au plus des deux tiers et le blanc ne doit pas en couvrir plus de la moitié. La face doit comporter du blanc et de la couleur.**
- ***Manteau :*** **de texture soyeuse, long et flottant, très long à la collerette et la queue.**
- ***Tête :*** **ronde et large avec un bon espace entre les oreilles qui doivent être petites, bien situées et fournies. Petit nez large, joues pleines, museau large et menton ferme.**
- ***Corps :*** **trapu et massif, petites pattes épaisses.**
- ***Queue :*** **courte et pleine.**
- ***Yeux :*** **grands et ronds, bien écartés, orange foncé ou cuivre.**
- ***Fautes sérieuses :*** **des marques tabby, une queue longue, des yeux verts ou jaunes.**

Standard de la Fédération Internationale Féline.

Identique à celui du GCCF, il précise les six variétés reconnues : Noir et Blanc (n° 12a), Bleu et Blanc (n° 12a bl), Chocolat et Blanc (n° 12a ch). Lilas et Blanc (n° 12a l), Rouge et Blanc (n° 12a r), Crème et Blanc (n° 12a cr).

- ***Remarques.*** **Sont des fautes : des taches de pigmentation sur la truffe, des moustaches noires (pour les Rouge et Blanc et les Crème et Blanc).**

Persan écaille lilas et blanc n° 12L

Description identique à celle du n° 12 à l'exception des couleurs qui sont ici « lilas » et « crème pâle ». Truffe lavande rosé, rose ou rose pâle, coussinets tachetés de couleur lavande rosé, yeux cuivre ou orange foncé.

Même remarque que pour le précédent.

Persan écaille bleu et blanc

Persan écaille blanc et roux

Persan bleu-crème

LE PERSAN BLEU-CRÈME

Le Persan bleu-crème n'a été reconnu en Grande-Bretagne qu'en 1930. Le croisement du Bleu et du Crème s'avère très positif. Il donne des chats avec des têtes parfaites et de grands yeux ronds orange ou cuivre. Dans la fourrure, les deux teintes pastel bleu et crème doivent être mêlées délicatement. Des taches bleues ou crème, nettes, apparaissent sur les pieds et la face. Elles sont considérées comme des fautes en Europe, pas aux États-Unis. Des chatons bleu-crème peuvent apparaître à l'occasion dans des portées issues d'Écaille de tortue.

Une femelle bleu-crème, accouplée à un mâle bleu, peut donner des mâles crème, bleus, des femelles bleues et bleu-crème.

Une femelle bleu-crème accouplée à un mâle crème donne des femelles crème, des mâles crème, des mâles bleus et des femelles bleu-crème.

Un mâle crème et une femelle bleue donnent des femelles bleu-crème et des mâles bleus. Une femelle crème et un mâle bleu donnent des femelles bleu-crème et des mâles crème.

STANDARD

Standard officiel du Governing Council of the Cat Fancy
Persan bleu-crème n° 13

- ***Couleur et marques :*** **la robe est un mélange de bleu et de crème pastels, régulièrement entremêlés.**
- ***Robe :*** **dense, très douce et soyeuse.**
- ***Corps :*** **court, trapu et massif, pattes courtes et épaisses.**
- ***Tête :*** **large et ronde, petites oreilles, bien placées et bien fournies ; nez court et large, couleurs mélangées sur la face.**
- ***Yeux :*** **cuivre ou orange foncés.**

Le standard de la Fédération Internationale Féline est identique.

Échelle des points
Couleur : 30 ; manteau et condition : 20 ; corps : 15 ; tête : 20 ; yeux : 15 ; total : 100.

LE PERSAN PEWTER (ÉTAIN)

Ces chats ont un sous-poil blanc et un poil ombré noir uniforme donnant l'apparence d'un manteau d'étain. On les appela d'abord Chinchilla bleus car ils étaient issus de croisements entre des Chinchillas et des Bleus et plus tard des Noirs. La couleur des yeux du Pewter — orange doré, orange ou cuivre — le dissocie nettement du Chinchilla ou du Shaded Silver, qui ont les yeux verts.

STANDARD

Standard provisoire du Governing Council of the Cat Fancy Persan Pewter

• *Couleur :* blanc ombré de façon uniforme par du noir donnant l'impression d'un manteau d'étain. Sous-poil blanc, pattes ombrées, menton, plumets et estomac blancs. Truffe rouge brique cerclé de noir, bord des paupières et coussinets noirs ou brun foncé.
• *Tête :* large et ronde avec un nez large, aplati ; bonne largeur entre les oreilles ; menton ferme.
• *Corps :* trapu, massif ; pattes courtes et fermes.
• *Yeux :* orange ou cuivre cerclé de noir. Grands et ronds avec une expression agréable. Un cercle vert autour de l'œil est considéré comme une faute.
• *Queue :* courte et bien fournie.
• *Fautes :* des marques tabby nettes, du brun ou du crème ternissant la fourrure, un nœud à la queue.

Échelle des points
Couleur : 30 ; manteau et condition : 10 ; tête : 25 ; corps et pattes : 15 ; yeux (forme et couleur) : 10 ; queue : 10 ; total : 100.

L'HIMALAYEN COLOURPOINT À POIL LONG

Des éleveurs ont souvent essayé d'obtenir des chats à poil long portant les marques du Siamois. L'un d'eux y réussit en 1925 et ces chats furent baptisés Persans Himalayens. L'expérience n'a pas eu de suites. C'est finalement un Britannique, Brian Stirling Webb qui, après des années d'efforts et à grands frais, réussit à fixer la race. Après de nombreux croisements et en pratiquant une sélection sévère, il fit naître trois générations de chats Seal Colourpoint à poil long.

A leur tour, les Américains réussirent à fixer la race, reconnue par le CFA en 1957, et en 1960 par tous les autres clubs. Les Himalayens sont actuellement très populaires aux États-Unis et considérés comme une race à part entière, malgré des croisements successifs avec le Persan.

Ce chat (appelé Colourpoint à poil long en France et en Grande-Bretagne, Khmer en Allemagne fédérale) a été reconnu officiellement par le Governing Council of the Cat Fancy. Il a de plus en plus de succès en France, où l'on apprécie sa beauté et son caractère.

La FIFe classe le Colourpoint dans les Persans (n° 13b). Son standard précise que les marques comprennent : le masque, les oreilles, les pattes et la queue. Un net contraste entre la couleur des marques et celle du corps est important. La couleur des marques doit être aussi égale que possible. Le masque ne peut s'étendre sur toute la tête. La couleur de l'œil est bleu pur, foncé. La couleur du corps s'estompe légèrement, devient plus claire vers la poitrine et le ventre.

Toute autre couleur d'yeux que le bleu, des taches et des doigts blancs, toute tendance au strabisme entraînent la disqualification.

Pour le **Persan Colourpoint tabby-point** : la couleur du corps est claire, si possible sans ombres, le masque marqué

Chaton Colourpoint Seal

Colourpoint écaille de tortue

Colourpoint bleu

nettement, surtout autour des yeux et du nez. On voit des rayures marquées sur les joues et les babines. La queue est irrégulièrement annelée, terminée par un bout unicolore. Les oreilles ne portent pas de marques excepté le *thumbmark* (« marque du pouce ») de tous les Tabby. Les pattes portent des rayures de différentes longueurs ; la face plantaire des pattes arrière est unicolore. Différentes couleurs : Colourpoint tabby seal, tabby bleu, tabby chocolat et tabby lilas

Les Torties : Colourpoint seal tortie, blue tortie, chocolate tortie, lilac tortie.

Même échelle des points que pour le Persan.

Échelle des points
Robe : 15 ; points et couleur du corps : 10 ; tête : 30 ; forme des yeux : 10 ; couleur des yeux : 10 ; corps : 15 ; queue : 10 ; total : 100.

COMPORTEMENT ET CARACTÈRE

Le Colourpoint tient de ses ancêtres Siamois une certaine vivacité de caractère et possède en même temps la placidité du Persan. On dit de lui qu'il allie les qualités des deux races. Très calme, il recherche la tranquillité, mais sait cependant se montrer patient avec les enfants. Fortement attaché à son maître, il réclame comme le Siamois beaucoup d'attention et de caresses.
Le Colourpoint a besoin de liberté et d'activité.

STANDARD

Standard officiel du Governing Council of the Cat Fancy
Himalayen Colourpoint n° 13b

• *Manteau :* long, épais et léger, de texture douce.
• *Couleurs :* (i) Seal-point : corps beige, marques seal • (ii) Blue point : robe blanc glacé, marques bleues • (iii) Chocolate point : corps ivoire, marques chocolat au lait • (iv) Lilac point : corps magnolia, marques gris rosé • (v) Red point : corps blanc légèrement teinté, marques orange chaud • (vi) Tortie point : avec corps crème • (vii) Crème • (viii) Bleu crème • (ix) Chocolat crème • (x) Lilas crème.
• *Tête :* large et ronde, grand espace entre les oreilles, face courte, nez court avec un stop marqué, petites oreilles velues, joues bien développées. Grands yeux ronds, saillants, clairs, brillants et bien bleus.
• *Corps :* cob (trapu) et bas sur pattes.
• *Queue :* courte et non effilée ; un nœud est un défaut.
Toute ressemblance avec le type siamois est un défaut.

LE BIRMAN OU CHAT SACRÉ DE BIRMANIE

Birman Seal

Dans le temple de Lao-Tsun, en Birmanie, cent chats blancs montaient la garde autour de la déesse Tsun Kyan Tsé aux yeux de saphir. L'un d'entre eux, Sinh, était le fidèle compagnon du vieux bonze Mun-Ha à la barbe dorée. Un jour, des bandits attaquèrent le temple. Mun-Ha fut tué tandis qu'il était en prière devant la statue de la déesse. Le chat Sinh sauta alors sur le corps de son maître et l'âme de ce dernier intégra le corps du chat. Dès cet instant, le pelage blanc de Sinh devint doré, ses yeux jaunes tournèrent au bleu saphir, ses pattes au brun terreux, mais leur extrémité qui touchait le corps du bonze resta blanche, en signe de pureté. Le jour qui suivit, tous les chats du temple subirent la même métamorphose que Sinh ; lequel, refusant toute nourriture depuis la mort de son maître, mourut sept jours plus tard, emportant l'âme du saint homme au paradis. Telle est, selon la légende, l'origine des gants blancs qui font l'originalité du Chat Sacré de Birmanie.

Au début du siècle, le temple de Lao-Tsun fut à nouveau pillé. Deux hommes, Auguste Pavie et le major Gordon Russel, se portèrent au secours des bonzes. De retour en France où ils vivaient, ils reçurent en signe de gratitude un cadeau royal : un couple de Chats Sacrés. C'était en 1919. Le mâle mourut. La femelle, qui était pleine, donna naissance à la première portée de Birmans née sur le sol européen. Cette thèse sur l'origine du Birman ne fait pas l'unanimité. Un certain nombre d'éleveurs soutiennent que la race ne vient pas directement du Sud-Est asiatique, mais qu'elle est née en France, du croisement de Siamois et de chats noirs et blancs à poils longs. Quoi qu'il en soit, le Chat Sacré de Birmanie est une grande réussite. A l'origine des Birmans français, on trouve un couple : Orloff et Xena de Kaabaa. Ils prospérèrent et la race fut reconnue en France en 1925. Bien que peu nombreux, ces très beaux chats furent vite populaires.

Pendant la seconde guerre mondiale, la population de Birmans fut décimée au point qu'il n'en resta que deux ou trois représentants. Ils se reproduisirent et, quelques années plus tard, la race se développa à nouveau. En 1950, le Birman fut baptisé « Chat Sacré de Birmanie » pour éviter toute confusion avec le Burmese, qui venait d'être introduit aux États-Unis. En Angleterre, vers les années soixante, des éleveurs se mirent à élever des Birmans et la race y fut reconnue en 1966. L'année d'après, elle fut reconnue aux États-Unis. (Les Américains ont créé le « Snow-Shoe », un chat à poil court, ganté de blanc, avec les marques du Birman. Très rare, il n'a jamais été populaire et n'a été reconnu que par deux ou trois petites associations.)

Chez toutes les races, les chats parfaits sont exceptionnels, mais les défauts sont plus vite apparents chez le Birman, une irrégularité dans le gantage blanc étant directement visible. Il faut donc sélectionner pour l'élevage les chats présentant la plus grande régularité, sans oublier toutefois les autres qualités de l'ensemble. Ce qui fait la beauté d'un Sacré de Birmanie, c'est l'harmonie de l'ensemble et c'est dans ce sens qu'il devra être jugé. Des taches blanches sur les parties de couleur entraînent la disqualification. Les sujets présentant cette tare ne conviennent pas pour l'élevage. L'absence de pointes est éliminatoire pour le CACIB.

La tête, dans son ensemble, ne peut trop ressembler à celle d'un Persan, ni tomber dans l'autre extrême et ressembler à celle d'un Siamois.

FICHE PRATIQUE

C'est un chat solide. Pas de régime particulier. Il faut brosser la robe régulièrement, mais son entretien est facile, car le poil ne se noue pas.
Les chatons souffrent parfois d'ostéoporose.

COMPORTEMENT ET CARACTÈRE

Sous ses airs majestueux, le Birman est un chat doux, très affectueux avec son maître, plutôt distant avec les étrangers. D'un tempérament assez calme, il est moins nerveux que le Siamois, mais plus vif que le Persan. C'est un chat intelligent et précoce, plutôt bavard. Il aime sortir, mais ne s'attarde pas trop dehors. Au moment des chaleurs les femelles ont souvent un caractère un peu difficile, deviennent agitées et bruyantes ; leur activité sexuelle est intense. Ce sont de bonnes mères, qui s'occupent en général très bien de leurs petits. Les portées sont de quatre chatons en moyenne.

STANDARD

Standard officiel du Governing Council of the Cat Fancy
Chat Sacré de Birmanie n° 13c

• *Corps :* long et massif, bas sur pattes, pieds trapus et solides. Quatre gants blancs. Le blanc des pieds arrière doit monter jusqu'en haut du jarret, comme un gant.
• *Tête :* large et ronde, bonne ossature, joues pleines. Oreilles de longueur moyenne, bien séparées. Nez de longueur moyenne (pas de stop). Menton plein bien développé.
• *Fourrure :* longue et soyeuse, légèrement bouclée sur le ventre.
• *Queue :* touffue, de longueur moyenne, en proportion avec le corps.
• *Yeux :* bleu, le plus intense possible.
• *Couleurs :* identiques à celles du Siamois seal et bleu, mais la face, le masque, la queue et les pattes sont brun foncé chez les seal et bleu-gris chez les bleus. Le beige de la robe est légèrement doré. Les pieds portent des gants blancs, caractéristiques du Chat Sacré de Birmanie.

Standard de la Fédération Internationale Féline

• *Corps :* mi-lourd, légèrement allongé, pattes courtes et fortes, bien proportionnées, pieds arrondis.
• *Tête :* forte ossature, joues pleines et rondes, front légèrement bombé, nez moyen, pas de stop, menton fort ; les oreilles, si possible petites, pas trop arrondies, ne doivent pas être placées trop droit sur le crâne. Yeux : bleu foncé, légèrement ronds ou ovales.
• *Fourrure :* longue jusqu'à mi-longue selon les parties du corps, très longue sur le dos et les flancs. Peu de sous-poil. Texture soyeuse. Sur la face, les poils sont courts mais ils deviennent graduellement plus longs sur les joues ; collerette abondante.
• *Couleur :* le Chat Sacré de Birmanie possède les mêmes caractéristiques que le Siamois sur la face, les pattes, les oreilles et la queue. Par exemple : brun (*seal*). Le reste de la robe est d'une teinte coquille d'œuf très clair. Le dos est beige doré chez toutes les variétés. Le ventre est parfaitement blanc. Gantage : la particularité du Chat Sacré de Birmanie est d'avoir les pieds blancs, appelés « gants ». Le blanc est absolument pur. Il peut s'arrêter à la naissance des doigts ou à l'articulation, mais ne s'étend pas sur les pattes. Le blanc se termine en pointe au talon, sur la face plantaire des pattes arrière. Des gants légèrement plus hauts aux pattes arrière peuvent être tolérés. L'important dans le gantage est la répartition régulière et symétrique des gants, soit entre les deux pattes avant d'une part, soit entre les deux pattes arrière d'autre part, soit — ce qui est encore mieux — que le blanc soit réparti régulièrement sur les quatre pattes.
• *Queue :* de longueur moyenne ; présente une forme élégante, mince à la naissance, étoffée à l'extrémité.

Sacré de Birmanie Seal Point n° 13c SP

Même corps. Marques : seal foncé. Truffe : seal. Coussinets : de préférence rose, sinon seal ou les deux.

Sacré de Birmanie Blue Point n° 13c BP

Même corps. Marques bleu-gris. Truffe : bleu-gris. Coussinets : de préférence rose, sinon bleu-gris ou les deux.

Sacré de Birmanie Chocolate Point n° 13c CHP

Marques : couleur chocolat au lait-brun. Truffe : chocolat au lait. Coussinets : de préférence rose, sinon cannelle jusqu'à chocolat au lait, ou les deux.

Sacré de Birmanie Lilac Point n° 13c LP

Marques : lilas (blanc glacial, nuancé de rose). Truffe : lavande/rose. Coussinets : de préférence rose, sinon lavande/rose ou les deux.

Échelle des points du GCCF
Corps : 20 ; tête : 10 ; fourrure et gants : 35 ; yeux : 10 ; queue : 5 ; couleur et condition : 10 ; total : 100.

Échelle des points de la FIFe
Corps : 20 ; tête et yeux (forme et couleur) : 20 ; couleur du corps et marques : 15 ; gants pattes avant : 5 ; gants pattes arrière : 5 ; pointes à l'arrière : 5 ; régularité : 5 ; queue : 10 ; fourrure : 10 ; condition : 5 ; total : 100.

Chatons Birmans bleus

LE CHAT TURC (TURC VAN)

Ce chat roux et blanc, aux marques très caractéristiques — le roux est autour des oreilles et sur la queue —, est né dans la région du grand lac de Van dans le sud-est de la Turquie. Domestiqué depuis des siècles dans son pays, le Van y est très populaire. Surnommé « chat nageur », il a l'habitude de se baigner dans les ruisseaux ou les lacs. Ce qui n'est pas très surprenant car il devait tirer de l'eau l'essentiel de sa nourriture.

Le Chat Turc possède le même poil long et soyeux que le Persan, mais n'a pas de sous-poil laineux. Il a la tête un peu moins longue que l'Angora et des oreilles plus petites. Les éleveurs britanniques ont essayé de conserver au maximum les caractères de cette race naturelle. Le Chat Turc a été reconnu en 1969 par le Governing Council of the Cat Fancy. Il est peu représenté en Europe.

Échelle des points du GCCF
Couleur et fourrure : 35 ; tête : 25 ; yeux : 10 ; corps : 10 ; queue : 10 ; condition : 10 ; total : 100.

Échelle des points de la FIFe
Couleur et fourrure : 25 ; tête incluant la forme des yeux : 25 ; couleur des yeux : 10 ; corps et queue : 25 ; oreilles (grandeur et couleur) : 10 ; condition : 5 ; total : 100.

COMPORTEMENT ET CARACTÈRE

C'est un chat très félin. Il n'aime pas qu'on le prenne dans les bras, mais vient volontiers sur les genoux de ceux qu'il aime. Très intelligent, le Chat Turc s'adapte bien. Affectueux avec son maître, il aime que l'on s'occupe de lui. C'est un bavard qui adore jouer, griffe peu, mais mord à l'occasion.

FICHE PRATIQUE

D'une race très solide, le Chat Turc a un bon appétit. Les portées s'élèvent sans problème, mais la race est peu prolifique. L'été, ce chat mue au point de ressembler à un Poil court, ce qui s'explique par la forte chaleur qui règne à cette saison dans son pays d'origine, où les hivers sont par ailleurs très rigoureux.

STANDARD

Standard officiel du Governing Council of the Cat Fancy
Chat Turc n° 13d

- ***Couleur :*** **blanc de craie, sans traces de jaune, taches marron rouge sur la face avec une flamme blanche, oreilles blanches, bout du nez, coussinets et intérieur de l'oreille rose coquille délicat.**
- ***Robe :*** **longue fourrure douce et soyeuse jusqu'à la racine, pas de sous-poil laineux.**
- ***Tête :*** **en triangle écrasé, grandes oreilles bien recouvertes de poils, rapprochées et dressées, nez long, yeux ronds ambre pâle, cerclés de rose.**
- ***Corps :*** **long mais ramassé, pattes de longueur moyenne, pieds ronds, nets, avec des doigts touffus. Le mâle doit avoir le cou et les épaules particulièrement musclés.**
- ***Queue :*** **pleine, de longueur moyenne, brun rouge avec des anneaux.**

Certains chats ont des marques brun rouge irrégulières, mais cela ne doit pas pour autant disqualifier un bon sujet.
La Fédération Internationale Féline juge le Chat Turc selon le même standard.

L'ANGORA TURC (TURKISH ANGORA)

L'Angora, qui porte le nom de l'ancienne ville d'Ankara, est sans doute le premier chat à poil long arrivé en Europe. On pense que le gène poil long est apparu par mutation dans un groupe de Chats Turcs. Ceux-ci se reproduisant entre eux, le pelage long a finalement été fixé.

Au XVIe siècle, les Angoras importés en France et en Grande-Bretagne eurent beaucoup de succès. Dans son *Histoire naturelle* éditée en 1756, Buffon décrit ce chat à la longue robe soyeuse. Rares aujourd'hui dans le monde occidental, les Angoras prospèrent toujours dans leur Turquie natale. Aux États-Unis, depuis les années 70, les Angoras blancs sont admis à concourir dans les expositions du CFA. Aujourd'hui, ils sont acceptés dans une large gamme de couleurs par toutes les associations. En Grande-Bretagne, l'Angora, depuis 1977, est enregistré sous le même standard que le Chat Turc, mais dans toute une gamme de couleurs. Les éleveurs d'Angora se sont efforcés d'obtenir le même pelage et la même morphologie que ceux des chats vivant en Turquie.

L'Angora Turc a été défini par le standard américain du CFA. On le trouve dans les variétés suivantes : blanc pur, noir dense uniforme, bleu, crème, rouge, fumé noir, fumé bleu, tabby classique, tabby mackerel (tigré), silver tabby, tabby brun, bleu, crème, écaille de tortue, calico, calico dilué, bleu-crème, bicolore noir et blanc, bleu et blanc, rouge et blanc ou crème et blanc.

Chat Turc

Angora Turc

les chats à poil court

LE SIAMOIS

Ce super-chat aux allures extrêmement félines se reconnaît facilement à son élégante silhouette sinueuse, à ses yeux bleus superbes et aux marques colorées contrastant avec sa robe.

Les origines du Siamois se perdent dans la nuit des temps. Il est né en Extrême-Orient, probablement dans la cité d'Ayuthia, ancienne capitale du Siam, fondée en 1350 et incendiée en 1767 par des envahisseurs birmans. De très beaux Siamois seal-point sont représentés sur d'anciens manuscrits provenant d'Ayuthia. Ce chat, très apprécié, chanté par les poètes, était à l'origine l'hôte privilégié des familles royales, qui seules en possédaient.

Le Siamois existait sans doute aussi sur les bords de la mer Caspienne. L'explorateur et naturaliste allemand Pallas a décrit des Siamois rencontrés dans ces régions à la fin du XVIIIe siècle.

On ne sait pas très bien à quelle date exacte les premiers Siamois sont arrivés en Europe. On en parlait déjà en Grande-Bretagne en 1871. En 1885, un couple de Siamois-point, exposé au Crystal Palace de Londres, connut un grand succès de curiosité. A cette époque, les chats avaient la tête très ronde. Wankie, le premier Champion de Grande-Bretagne, avait un « nœud » à la queue, ce qui était admis par les premiers standards. Cette queue courbée, alors fréquente chez les Siamois, a donné lieu à de curieuses légendes : les Siamois qui gardaient les vases sacrés des temples les entouraient de leur queue qui avait fini par se courber. Autre version : les princesses du Siam enfilaient leurs anneaux précieux sur la queue des Siamois, lesquels la gardaient courbée pour les empêcher de tomber.

Un gène récessif est à l'origine de la couleur des marques du Siamois. Celles-ci sont situées dans des régions du corps bien définies : le masque, les oreilles, la queue, le bas des pattes et les pieds. Dans la robe de la variété originale (Seal-point), chez les meilleurs sujets le contraste doit être très marqué entre la couleur pâle du corps et les marques foncées. A l'origine, seule la variété Seal-point était connue. Par la suite, d'autres couleurs apparurent et furent développées : le Blue-point, le Chocolate-point et le Lilac-point, cou-

Siamois Seal

COMPORTEMENT ET CARACTÈRE

Le Siamois est le plus extraverti des chats : démonstratif, bruyant, bavard, actif, il n'est vraiment pas fait pour les gens avides de tranquillité. Ce chat très intelligent a un caractère exclusif. Il exige de son maître beaucoup d'attention et de dévouement. On ne s'ennuie pas avec un Siamois. Il a l'esprit curieux, adore jouer à cache-cache, se montre drôle, facétieux. C'est un comédien, volontiers cabotin. Agile, il grimpe aux arbres et aux rideaux avec une grande maestria. Il lui arrive de lacérer les meubles avec un plaisir évident. Il se montre cependant assez obéissant et accepte même de marcher en laisse. Le Siamois suit volontiers son maître, comme un chien. Il peut se montrer amical ou indifférent avec les étrangers. Nerveux, fragile psychiquement, il a horreur du bruit.

FICHE PRATIQUE

Les femelles, très précoces, ont des chaleurs bruyantes et répétées. Les chatons naissent tout blancs, la pigmentation des marques apparaissant d'abord au bord des oreilles, sur les coussinets, au bout du nez et de la queue. La couleur définitive ne s'affirme que lorsque le chat est presque adulte. Après trois ans, la couleur du corps fonce et les champions cessent en général leur carrière. L'entretien du Siamois est très facile. Il suffit de le brosser légèrement de temps en temps et de lisser sa robe avec une peau de daim.

leurs dues à des mutations naturelles ou dilutions. D'autres variétés comme le Red-point, le Tabby-point, le Cream-point et le Tortie-point ont été créées artificiellement par le croisement de chats de la couleur désirée, en pratiquant la sélection et le « line-breeding ».

Le Blue-point a été la deuxième variété reconnue en Grande-Bretagne. Elle y est actuellement aussi populaire que le Seal-point. La race a été fixée par le major et Mme Randall. Leurs chats possédaient des robes très claires et des marques parfaites. Certains avaient cependant la tête trop ronde, défaut auquel on a remédié par des croisements avec des Siamois d'autres couleurs.

Certains éleveurs pensent qu'il existe un lien génétique entre la pureté de la robe et le contraste idéal des couleurs et une tête légèrement ronde. Actuellement, les Blue-point ont la même qualité que les Seal et les deux variétés peuvent apparaître dans une même portée.

Le Chocolat-point à la robe ivoire est apparu en Grande-Bretagne en 1900. A cette époque-là, certains éleveurs l'accusaient de n'être qu'un mauvais Seal-point. On a démontré depuis que sa couleur résulte d'une mutation du gène *B* dominant présent chez le Seal-point. (Les Américains, contrairement aux Britanniques, n'admettent pas que la robe ait des nuances dans le même ton que les marques.)

Les premiers chatons Lilas-point à la robe blanc glacé sont nés en Grande-Bretagne en 1960. Le Lilas-point n'a pas de gènes dominants et possède simultanément les gènes récessifs bleu délavé et chocolat. Pour que les marques soient lilas uniforme, les deux composantes de la couleur doivent exister dans la bonne proportion, ce qui est difficile à réaliser. On y réussit uniquement par le « line-breeding » (accouplement consanguin).

Échelle des points

Type et forme. Tête : 15 ; oreilles : 5 ; yeux : 5 ; corps : 15 ; pattes et pieds : 5 ; queue : 5 ; total : 50.

Couleur. Yeux : 15 ; points : 10 ; couleur du corps : 10 ; texture de la robe : 10 ; condition : 5 ; total : 50.

Chatte et chaton Siamois Seal

STANDARD

Standard officiel du Governing Council of the Cat Fancy
Siamois Seal-point n° 24

- ***Forme :*** corps long et svelte, de taille moyenne, pattes minces, en proportion, postérieures légèrement plus hautes que les antérieures, petits pieds ovales, queue longue, effilée au bout, sans nœud (un nœud visible disqualifie le chat). Corps, pattes, tête et queue doivent être bien proportionnés pour donner une apparence équilibrée.
- ***Tête et oreilles :*** longue tête bien proportionnée, large entre les yeux, allant en diminuant et en droite ligne vers un museau fin ; profil droit, menton fort. Oreilles plutôt grandes et dressées, larges à la base.
- ***Yeux :*** clairs, brillants, d'un bleu profond, de forme orientale, s'inclinant vers le nez. Pas de tendance au strabisme.
- ***Couleur du corps :*** crème s'ombrant délicatement vers un faon pâle sur le dos. Les chatons sont plus pâles.
- ***Marques :*** sur le masque, les oreilles, les pattes, les pieds, et la queue, un brun seal bien défini. Les marques du masque sont reliées aux oreilles par des lignes (sauf chez les chatons).
- ***Manteau :*** très court, de texture fine, brillant et lustré.

Le Standard de la FIFe est identique à celui du GCCF.

On a parlé pour la première fois du Siamois Tabby-point en 1902. Mais les éleveurs britanniques ne s'y sont pas intéressés avant 1960. Au départ de la lignée : une femelle Seal-point a été saillie par un chat ordinaire Tabby. La chatte Tabby née de ce croisement a été accouplée avec un Seal-point. Elle eut six petits dont quatre Tabbys qui eurent beaucoup de succès. Cinq ans après, la variété était officiellement reconnue. (Les Américains appellent ces Siamois « Lynx-point ».)

Les Siamois écaille de tortue (Tortie-point), autre variété, ont été enregistrés dans le même groupe que les Tabbys, plutôt que dans la vraie Écaille de tortue.

Les Siamois sont arrivés aux Etats-Unis peu de temps après leur importation en Grande-Bretagne et y connurent un succès rapide. Le standard américain diffère du nôtre. Il inclut seulement les couleurs classiques : seal, chocolat, bleu et lilas, alors que le standard du GCCF inclut en plus d'autres couleurs comme le crème, le rouge, le tabby qui portent le n° 32. Les Américains les classent à part : dans les Colourpoint à poil court.

Siamois Chocolate-point

Siamois Blue-point n° 24a

Même standard que le Seal-point, avec les exceptions suivantes : couleur : marques bleues ; les oreilles, le masque, les pattes, les pieds et la queue doivent être de la même couleur. Les marques des oreilles plus sombres que les autres. Yeux clairs, brillants, bleu vif. Couleur du corps : blanc glacé, allant graduellement vers un bleu de la même couleur que les marques, mais d'un ton plus clair.

Siamois Chocolate-point n° 24b

Même standard que le Seal-point, avec les différences suivantes : couleur : marques chocolat au lait ; les oreilles, le masque, les pattes, les pieds et la queue sont de la même couleur. Les marques des oreilles ne doivent pas être plus sombres que les autres. Le corps est couleur ivoire, pouvant s'ombrer dans la nuance des marques.

Siamois Lilac-point n° 24c

Même standard que le Seal-point avec les différences suivantes : yeux clairs, bleu clair vif, mais non pâle. Couleur : blanc cassé (magnolia) pouvant s'ombrer dans la nuance des marques ; points gris rosé, truffe et coussinets lilas fané.

Siamois Tabby-point n° 32

Type et forme identiques au Siamois Seal-point. Couleur : manteau pâle sans marques sur le corps, la nuque et le cou. Les marques ont toutes les couleurs de base du Siamois. Pour les points, une teinte unie est essentielle : seal, bleu, chocolat, lilas, rouge et crème. Les oreilles doivent être sans rayure, avec la marque du pouce aussi nette que possible.

Échelle des points (n° 32)
Type et couleur : 50 ; corps : 10 ; truffe, marque, oreilles, pattes et pieds, queue : 10 ; yeux : 15 ; manteau : 10 ; condition : 5 ; total : 100.

Siamois Lilac-point

Siamois Tabby-point

Siamois Red-point n° 32a

Type identique à celui du Seal-point. La couleur est limitée aux marques. Corps : blanc éventuellement dégradé, de teinte abricot sur le dos, (les chatons sont plus pâles) ; truffe : rose ; oreilles : or rougeâtre brillant ; masque : or rougeâtre brillant ; pattes et pieds : or rougeâtre brillant ou abricot ; queue : or rougeâtre brillant ; yeux : bleuf vif brillant.

Siamois Tortie-point n° 32b

Type identique à celui du Seal-point. La couleur est limitée aux marques, comme chez tous les Siamois. Couleur de base : seal, bleu, chocolat ou lilas, comme dans les variétés précédentes. Masque et oreilles ont les mêmes couleurs de base,

Siamois Red-point

parfois mêlées ou tachées de rouge et/ou de crème. Il en est de même pour les pattes et la queue. Les yeux sont bleus.

Siamois Tortie Tabby-point

Même standard que le précédent avec les différences suivantes : oreilles : mouchetées ; truffe et coussinets : mouchetés, mouchetage possible sur la queue. Points : taches rouges et/ou bleu sur fond tabby.

Ces chats ressemblent davantage aux Tabby-point qu'au Tortie-point. L'échelle des points diffère légèrement de celle du Seal-point.

Siamois Cream-point n° 32c

Type identique à celui du Seal-point. Couleur limitée aux marques. Corps blanc, pouvant aller vers un crème pâle ; truffe rose ; masque : crème avec des traits vers les oreilles, sauf chez les chatons ; oreilles, pattes et pieds : crème ; queue : crème. Yeux bleu vif et brillant. Le manteau, très fin et court doit être brillant et lustré. Un crème chaud n'est pas souhaité.

Autres couleurs en cours chez le Siamois : cinnamone (cannelle) et silver-point avec les dérivés des Torties et Tabbys.

Siamois Tortie-point

L'ORIENTAL OU « ÉTRANGER »

Ce chat à poil court a la morphologie du Siamois, mais ne possède pas comme lui des extrémités colorées. Il a été « fabriqué » par les éleveurs anglais.

Les premiers Siamois que l'on pouvait voir dans les expositions britanniques avaient parfois une robe uniforme et des yeux verts ou jaunes. Avant la fin des années vingt, le club Siamois de Grande-Bretagne décida d'encourager uniquement l'élevage du Siamois aux yeux bleus. Les unicolores aux différents yeux ne furent plus autorisés à concourir avec le type Siamois. Ils sombrèrent donc dans l'oubli. Une poignée d'éleveurs, cependant, ne désarma pas et continua à élever des unicolores qui allaient donner plus tard l'Oriental à poil court. Ces chats qui avaient failli disparaître pendant la seconde guerre mondiale connurent un essor définitif dès les années soixante. En 1962, des éleveurs britanniques réussirent à obtenir une race de chats blancs aux yeux bleus, puis, par la suite, des chats noirs, bleus, lilas. On eut aussi des Orientaux rayés, à taches rondes : des « Spotted-tabbys ».

Les Orientaux unicolores ont été baptisés « Foreign » (étrangers) : Étranger noir (ebony), blanc, bleu, chesnut havana (à ne pas confondre avec le Havana brown), lilas (ou lavande).

Ceux à robe composée : Tabbys tachetés (spotted), marbrés (blotched), rayés (mackerel) et écaille de tortue (tortie) gardèrent le nom d'Orientaux.

Les Orientaux présentent des robes extrêmement variées. En Hollande on trouve actuellement l'Oriental tiqueté qui a le ticking de l'Abyssin.

La Fédération Internationale Féline classe les Orientaux dans les Siamois de type oriental.

Elle note : couleur du corps uniforme, sans marques ni rayures. Moustaches et sourcils en harmonie avec la couleur du corps. Couleur des yeux : vert vif lumineux à l'exception du type Oriental blanc (Étranger blanc), qui a les yeux bleu vif. Les yeux plus jaunes que verts excluent le CAC ; il ne doit pas y avoir de marques ni rayures à l'exception des Tabbys. Des taches blanches entraînent une disqualification.

Oriental Self lavender

STANDARD

Standard officiel du Governing Council of the Cat Fancy
Étranger noir (ou Ebony) n° 37

- ***Corps :*** **de taille moyenne, long et svelte, pattes minces, en proportion, les postérieures légèrement plus hautes que les antérieures, petits pieds ovales, longue queue amincie à l'extrémité, sans nœud (un nœud visible est disqualificatoire).**
- ***Robe courte :*** **de texture très fine, brillante, couchée.**
- ***Tête :*** **longue et bien proportionnée, large entre les yeux, se rétrécissant en ligne droite jusqu'au museau fin ; profil droit, menton fort ; oreilles plutôt grandes, dressées, larges à la base ; yeux verts de forme orientale, inclinés vers le nez, sans strabisme.**
- ***Couleur :*** **robe noir intense jusqu'à la racine, pas de reflets ; truffe noire ; coussinets noirs ou bruns.**

Étranger blanc n° 35

- ***Corps :*** **bâti légèrement, long, mince et agile, bien musclé. Le chat doit avoir une apparence gracieuse, être bien proportionné. Dans l'ensemble, il doit être de type Siamois. Croupe plus haute que les épaules.**
- ***Tête :*** **longue, profil cunéiforme, face étroite, se rétrécissant en ligne bien droite vers un museau fin ; menton fort, port de tête gracieux. Yeux clairs, bleu brillant, en amande à l'orientale, placés en oblique. Grandes oreilles pointues, larges à la base, bien écartées.**
- ***Manteau :*** **complètement blanc ; coussinets et truffe roses. Des poils de couleur et des taches sur les coussinets et la truffe sont des fautes entraînant la disqualification.**
- ***Robe :*** **blanc pur, courte, soyeuse, près du corps.**
- ***Pattes :*** **longues et minces, proportionnées, pieds nets et ovales.**
- ***Queue :*** **longue et mince au bout, en fouet, sans nœud.**

Étranger lilas ou Foreign lavender n° 29c

Ce chat, proche parent du Havana, a le même standard et la même échelle des points, excepté pour la couleur de la robe, d'un gris glacé, avec une nuance apparente de rose. Truffe et coussinets rosés. Une robe trop bleue ou fauve est un défaut.

Les autres couleurs de l'Oriental

Bleu : bleu, une teinte claire est préférée (Foreign Blue).

Rouge : rouge profond, riche, clair et brillant, sans ombres, marques ou ticking.

Crème : crème chamois, uniforme ; sans marques.

Argent (Silver) : sous-poil blanc, manteau à bout noir donnant l'apparence caractéristique de l'argent brillant. La face et les pattes peuvent être d'un tipping plus sombre.

Cameo : sous-poil blanc, poil à bout rouge donnant une apparence brillante ; la face et les pattes peuvent être ombrées.

Noir fumé (Smoke) : sous-poil blanc qui apparaît quand le chat est en mouvement.

On trouve aussi des Orientaux bleu fumé, noisette fumé, lavande fumé, cameo fumé.

Échelle des points du n° 37
Tête : 15 ; oreilles : 5 ; yeux : 5 ; corps : 15 ; pattes et pieds : 5 ; queue : 5 ; sous-total : 50. Couleur des yeux : 5 ; texture du manteau : 10 ; sous-total : 50.

Échelle des points du n° 35
Manteau, texture : 10 ; couleur : 5 ; tête : 20 ; yeux : forme : 10, couleur : 10 ; corps : 15 ; pattes et pieds : 10 ; queue : 10 ; condition : 10 ; total : 100.

Oriental Écaille de tortue

Noir : tacheté de rouge et de crème. Les taches sont nettes et bien définies sur tout le corps et les extrémités. Une flamme rouge ou crème sur la face est désirée.

Bleu-crème : bleu avec des taches crème soutenu, nettes et bien définies sur tout le corps et aux extrémités.

Chocolat : brun noisette avec des taches rouges et crème. Une flamme rouge ou crème sur la face est désirable.

Lavande : lavande avec des taches crème soutenu, bien définies et nettes.

Autres couleurs en cours : cinnamome (cannelle) et silver (argent) joint avec les dérivés tabbys et torties.

Oriental Tabby

Tabby noir : corps brun chaud doré jusqu'à la racine, ticketé de noir et marqué de lignes noires. Les marques sont denses, bien nettes et larges. Les pattes nettement marquées de bracelets. La queue porte des anneaux réguliers. Une marque en forme de M inversé se trouve sur le front. La poitrine porte deux lignes continues. On voit un dessin de papillon sur les épaules. Sur le dos, une ligne noire part des épaules, s'étire le long de l'épine dorsale jusqu'à l'extrémité de la queue. Parallèlement à cette ligne, se trouve de chaque côté une ligne noire. Une double rangée de points noirs marque la poitrine et le ventre.

Outre le Tabby noir, il existe des Tabbys chocolat (ou Brown tabby), lavande, rouge, argent (silver) et cameo. On trouve des Tabbys rayés (mackerel), mouchetés (spotted), tiquetés et classiques (blotched).

L'Oriental Tabby moucheté (Spotted Tabby)

Ce chat, qui ressemble beaucoup au Mau égyptien élevé aux États-Unis, a été créé à partir d'un chat tabby de type Siamois croisé avec des Brun noisette. On obtint ainsi des Tabbys mouchetés de type Siamois, d'abord baptisés Mau égyptien ; puis Oriental tabby moucheté, race reconnue en 1978.

Échelle des points

Type et forme. Tête : 15 ; oreilles : 5 ; yeux : 5 ; corps : 15 ; pattes et pieds : 5 ; queue : 5 ; sous-total : 50.

Couleurs et marques. Yeux : 5 ; couleur du corps et mouchetures : 30 ; texture de la robe : 10 ; condition : 5 ; sous-total : 50.

STANDARD

Standard du Governing Council of the Cat Fancy
Oriental tabby moucheté n° 38

Identique à celui de l'Oriental noir, pour tout ce qui n'est pas la robe.

- ***Robe :*** **sur le front on doit voir nettement un dessin en forme de scarabée, des lignes pleines partent des bords extérieurs de l'œil, des arabesques marquant les joues. La marque du pouce sur la face extérieure des oreilles est souhaitée. Des taches clairement réparties sont essentielles sur le corps. Le dos porte trois raies de la tête à la base de la queue, formées de petits points de la couleur des taches. Les pattes sont rayées ou tachetées. Une ligne dorsale brisée est désirable. La queue doit être annelée.**
- ***Couleur brune :*** **des taches noires denses sur un fond agouti, sable brun. Truffe noire ou rose bordée de noir, coussinets noirs ou bruns, bordure des yeux noire, yeux verts.**
- ***Couleur bleue :*** **des taches bleues sur un fond beige agouti. Truffe bleue ou rose bordée de bleu. Coussinets et bord des yeux bleus. Yeux verts.**
- ***Couleur chocolat :*** **des taches d'un riche brun chocolat sur un fond bronze agouti. Truffe chocolat ou rose bordée de chocolat, bordure des yeux chocolat, coussinets chocolat. Yeux verts.**
- ***Couleur lilas :*** **taches lilas sur un fond agouti beige ; truffe : lilas fané ou rose bordé de lilas fané. Coussinets et bord des yeux lilas fané, yeux verts.**
- ***Couleur rouge :*** **tache d'un roux soutenu sur un fond abricot. Truffe : rose ou rose bordé de rouge, coussinets roses, bord des yeux rose ou rouge. Yeux : toutes les nuances du cuivre au vert.**
- ***Couleur crème :*** **taches crème chaud sur un fond crème plus pâle ; coussinets roses, truffe rose ou rose bordé de crème, bord des yeux crème ou rose. Yeux : toutes les nuances du cuivre au vert.**

Oriental Tabby moucheté bleu

Oriental Tabby moucheté rouge

LE HAVANA BROWN

Havana Brown

Le Havana Brown, à la belle robe noisette foncé, aux yeux verts, chat porte-bonheur du Siam où il fut chanté par les poètes a fait partie des premiers Siamois arrivés en Europe. En 1888, en Grande-Bretagne, un Havana du plus beau brun remporta le premier prix d'une exposition féline.

A l'origine des Havana actuels, on trouve un chat créé en Grande-Bretagne par la baronne von Ullman au début des années 50, en croisant un Siamois seal-point porteur d'un gène chocolat et un chat noir à poil court, issu lui aussi de même croisement. Le Havana ainsi obtenu est à l'origine des lignées actuelles. Il fut exposé pour la première fois en 1953. La race, d'abord appelée « Étranger brun noisette », fut rebaptisée Havana. Un nom bien porté par ce chat dont la robe a l'apparence mate et la couleur du cigare de la Havane. Le Havana a été officiellement reconnu en 1958. Dans les années 50, des éleveurs américains développèrent également des Havana. Ceux du type anglais sont devenus de plus en plus Siamois, alors qu'aux États-Unis, la tête du Havana est légèrement plus longue que large et le nez moins droit que celui du Siamois.

Gai, vivant, le Havana est un chat plutôt espiègle. C'est aussi un animal très doux, charmant, fidèle et sociable. On le dit aussi intelligent que le Siamois.

STANDARD

Standard Officiel de la Cat Fancier's Association Inc. (américain)

Le Havana Brown doit être un chat de taille moyenne à la robe d'une riche couleur brun uniforme. La forme particulière de son museau, sa robe et ses oreilles pointées en avant lui donnent des caractéristiques différentes de celles des autres races.

- ***Tête :*** **plus longue que large vue de dessus, elle se rétrécit vers un museau rond avec une cassure de chaque côté, derrière les babines. Vu de profil, on note un stop distinct à l'endroit des yeux. Le bout du museau apparaît presque carré. Cette illusion est renforcée par un menton bien développé dont le profil est plus carré que rond.**
- ***Oreilles :*** **assez grandes, arrondies au bout avec un léger duvet à la face interne ou externe, écartées, pointées légèrement en avant, donnant au chat une expression alerte.**
- ***Yeux :*** **ovales.**
- ***Manteau :*** **poil court à moyen, doux et lustré.**
- ***Corps :*** **ferme et musclé, de longueur moyenne. Cou de longueur moyenne, en proportion avec le corps. La conformation générale de ce chat est à mi-chemin entre celle des races trapues et celle des races sveltes. Idéalement le chat doit être relativement haut sur pattes ; celles-ci sont droites. Celles de la femelle sont plus minces que celles du mâle. Pieds ovales et compacts. Queue de longueur moyenne en proportion avec le corps, mince, pas trop large à la base, se terminant en pointe.**
- ***Couleur :*** **une teinte de brun chaud riche et unie sur tout le corps allant plutôt vers un brun rouge que vers un brun sombre. Truffe marron avec un reflet rosé. Moustaches brunes, en accord avec la couleur de la robe. Pour les yeux, toutes les nuances de vert. La couleur la plus sombre est préférée.**

La FIFe classe le Havana dans les Siamois de type oriental.

Échelle des points

Manteau : 10 ; couleur : 35 (couleur de la robe, des coussinets, de la truffe : 25 ; couleur des yeux : 5 ; des moustaches : 5) ; corps et cou : 15 ; yeux : 5 ; pattes et pieds : 5 ; queue : 5 ; total : 70.

FICHE PRATIQUE

Comme tous les chats à robe courte, il ne demande que peu d'entretien. Pendant l'été, s'il reste dehors, sa fourrure se tache et sa queue blanchit. Mais la mue d'automne lui fait retrouver sa couleur habituelle. C'est un chat qui a besoin de prendre de l'exercice.

La chatte est une excellente mère. Elle a en moyenne cinq petits par portée. Les chatons sont précoces et s'élèvent facilement.

L'ABYSSIN

Hiératique, un corps élancé, haut sur ses pattes fines, bien proportionnées, une tête longue, en triangle, des oreilles style fennec, l'Abyssin aux grands yeux ressemble fort au chat sacré des pharaons de l'Égypte ancienne. En est-il le descendant ? Vraisemblablement pas. En comparant la structure ostéologique des chats momifiés et celle de l'Abyssin, les scientifiques n'ont pas pu établir d'analogie entre les deux.

En fait, les origines lointaines de ce chat à la morphologie originale — aucun Poil court actuel ne lui ressemble — restent mystérieuses. Certains zoologues lui ont trouvé comme ancêtres le chat des marais (*Felis chaus*) de la Vallée du Nil et *Felis libyca*, autre chat sauvage africain. Mais le chat des marais, avec ses 40 cm au garrot, est plus proche du lynx que du chat domestique. Autre fait à l'encontre de cette hypothèse : l'indice crânien de la race abyssine est sans rapport avec celui du chat sauvage d'Afrique. Selon le professeur Condé, spécialiste des chats sauvages, l'examen des valeurs de l'indice crânien démontre que la race dite abyssine se situe aux environs de 3,6, soit en pleine domesticité et sans rapport avec le type sauvage africain.

Autre hypothèse, plus vraisemblable, pense-t-on aujourd'hui, celle avancée par Mme Ravel, présidente du Cat Club de Paris : l'Abyssin descendrait d'un chat de Cafrerie, originaire d'Abyssinie (aujourd'hui Ethiopie) et arrivé en Angleterre en 1868. Ce chat, baptisé « Zula », du nom du port d'Abyssinie où l'expédition anglaise qui le découvrit avait débarqué, fut croisé avec des femelles rousses et silver-tabby. Les premiers spécimens roux furent appelés chats lièvres ou chats lapins, la couleur de leur robe rappelant celle de ces animaux sauvages. En 1899, les premiers Abyssins présentés en exposition en Grande-Bretagne étaient décrits comme des chats d'un beau marron, tiquetés de noir, comme le dos de certains lapins, et sans taches blanches. Certains chats étaient problablement argent au début. Cette couleur, qui avait presque disparu, renaît aujourd'hui grâce aux efforts de quelques éleveurs britanniques, mais cette variété n'est pas encore reconnue officiellement.

La première guerre mondiale faillit être fatale à la race abyssine qui, presque éteinte, remonta cependant la pente de façon spectaculaire, pour connaître à nouveau une situation critique après la seconde guerre mondiale. En Grande-Bretagne, dans les années soixante-dix, un virus a décimé les Abyssins, et les éleveurs ont dû réintroduire des sujets sains de l'étranger.

Aux États-Unis, où l'Abyssin est connu depuis 1917, plusieurs champions importés dans les années trente sont à l'origine des belles lignées actuelles. En France, où l'Abyssin a été reconnu en 1929, la race n'était pas très répandue jusqu'ici. Son élevage, interrompu pendant la guerre, connaît actuellement un renouveau, dû en partie à l'intérêt de plus en plus grand du public pour les Poils courts.

CARACTÈRE ET COMPORTEMENT

Ce chat au physique exceptionnel a aussi un caractère très particulier. Il est d'une rare discrétion, à tel point qu'il miaule rarement, sans forcer. Même en période de chaleurs, son cri n'est pas désagréable. Réservé, très digne, il se montre plutôt indépendant et garde souvent ses distances, surtout avec les étrangers. Certains Abyssins, cependant, sont très sociables. Ce chat est un tendre, passionnément attaché à son maître, très fidèle. Il se montre volontiers jaloux à l'égard des autres chats du foyer, mais c'est un pacifique qui se bat rarement et se contente souvent de cracher pour montrer son mécontentement. Il n'aime pas que son maître le laisse seul, et manifeste sa rancune si on l'abandonne trop longtemps.

Ce chat très vif, encore un peu sauvage, est un sportif fait pour grimper, courir et monter aux arbres. Il s'est cependant bien adapté à la vie en appartement, surtout si on le laisse grimper et sauter où il veut.

FICHE PRATIQUE

Comme tous les Poils courts, l'Abyssin est facile à entretenir. L'idéal serait de le brosser tous les deux jours, mais une ou deux fois par semaine suffit à son entretien. Utilisez une brosse en caoutchouc et passez-la à rebrousse-poil d'abord, puis dans le sens du poil ; passez un peigne fin métallique aux dents un peu serrées. Avant une exposition on lustre la fourrure avec un gant de velours uni.

L'Abyssin aime particulièrement la viande de bœuf, et n'apprécie généralement pas le poisson. Il n'est pas grand amateur de légumes, mais vous pouvez lui donner de temps en temps des petits pots légumes-viande pour bébés, qu'il accepte. Il supporte assez mal le lait et présente une certaine fragilité au niveau de l'intestin. Rationnez-le car il a tendance à beaucoup manger. C'est un chat solide, qui vieillit très bien, à condition d'être bien soigné.

Méticuleux, l'Abyssin a besoin d'un bac à sable toujours très propre. Il est capable de se retenir 48 heures, plutôt que de salir la maison.

Amoureuse discrète, la chatte Abyssine est aussi une excellente mère, qui d'un coup de patte rappelle ses petits à l'ordre à la moindre incartade. Les chatons, turbulents et curieux, ne sont d'ailleurs pas de tout repos. Fermez bien les fenêtres de la pièce où ils se trouvent et ne les laissez pas seuls sur le balcon. Ils risqueraient de passer par dessus bord.

Les portées d'Abyssins sont peu nombreuses, 2, 3 chatons en général, 5 au maximum. Solides, les jeunes s'élèvent bien. Si le bébé-chat hésite à sauter, a les articulations gonflées, pensez à l'ostéoporose.

Abyssin lièvre

STANDARD

Standard officiel du Governing Council of the Cat Fancy
Abyssin

- ***Corps :*** de taille moyenne, ferme, souple et musclé. Un chat « cob » est indésirable.
- ***Queue :*** large à la base, assez longue et fuselée. Une queue en fouet ou nouée est indésirable. Les pieds sont petits et ovales.
- ***Tête :*** plutôt triangulaire, de proportions moyennes, le profil est doux, le stop léger, le museau sans pointe vive, le menton bien ferme. Les oreilles sont bien écartées, droites, larges à la base, relativement grandes, arrondies au bout et de préférence garnies d'une touffe de poils. Les yeux, bien écartés, grands, brillants et expressifs sont en forme d'amande. Ils sont de couleur ambre, noisette ou vert. Une couleur pâle est indésirable. Le strabisme est un défaut.
- ***Robe :*** courte, fine, serrée, elle est couchée et porte un double ou de préférence triple ticking, c'est-à-dire deux ou trois bandes de couleur sur chaque poil.
- ***Marques :*** la couleur sombre appropriée s'étend à l'arrière des pattes postérieures et apparaît bien au bout de la queue. Les yeux sont cerclés de noir (l'absence de ce cercle est un défaut). Des rayures sur les pattes, la poitrine et la queue sont indésirables. L'Abyssin a tendance à avoir du blanc près des lèvres et sur le menton. Ce blanc ne doit pas s'étendre au cou. Un médaillon ou d'autres marques blanches ne sont pas admis.

Abyssin courant ou Abyssin lièvre n° 23

Le corps doit être d'un riche brun chaud, avec un ticking noir, la base étant orange foncé ou abricot foncé. Une couleur pâle est un défaut.

Le ventre et l'intérieur des pattes sont orange foncé ou abricot foncé, en harmonie avec la couleur de base du reste du corps. Toute ombre sur l'épine dorsale doit être d'une nuance plus soutenue. L'extrémité de la queue et l'extérieur des pattes arrière sont noirs. La truffe est brune et les coussinets noirs.

Abyssin roux n° 23a (Sorrel)

De couleur cuivre rouge brillant, avec un ticking chocolat, couleur de base abricot foncé. Une couleur pâle est un défaut. Le ventre et l'intérieur des pattes sont abricot foncé, en harmonie avec la couleur de base. Toute ombre sur l'épine dorsale doit être d'une nuance plus soutenue. Le bout de la queue et l'arrière des pattes postérieures sont chocolat. La truffe et les coussinets sont roses.

Abyssin bleu n° 23c

Couleur du corps : bleu-gris chaud, ticking bleu acier dense. Sous-poil crème pâle ou farine d'avoine (beige). Ventre et intérieur des pattes crème pâle ou farine d'avoine, en harmonie avec la couleur de base du reste du corps. Le bout de la queue et la couleur forte des pattes arrière sont bleu acier. La truffe est rose foncé, les coussinets bleu mauve.

Échelle des points (n° 23)
Couleur du corps : 25 ; ticking : 20 ; type (corps, queue, pattes, aspect général) : 30 ; tête et oreilles : 15 ; yeux : 10 ; total : 100.

Abyssin roux

Chatons Abyssins roux

Abyssin beige faon n° 23fa

Cet Abyssin est reconnu par la FIFe. Fourrure : la couleur du corps est beige terne ticketé par un crème chaud foncé. Couleur de base : crème pâle. Truffe rose, cerclée ou non de vieux rose. Coussinets vieux rose.

Sont exclus du CAC, les chats ayant : un médaillon blanc, du blanc s'étendant trop fort sur la poitrine, le collier fermé, un sous-poil épais ou clair, un manque de ticking, des rayures sur les pattes, des marques sur le ventre, un type siamois, une tête ronde.

Échelle des points (n° 23fa)
Corps, queue et pattes : 20 ; tête et oreilles : 15 ; yeux : 10 ; couleur du corps : 25 ; ticking : 15 ; texture : 10 ; condition et présentation : 5 ; total : 100.

Chatte et chaton Somali

LE SOMALI

Ce chat, qui ressemble en tout à un Abyssin en robe longue au ticking très apparent, est apparu pour la première fois au Canada. Selon certains, il serait le résultat d'un croisement entre l'Abyssin et le Persan, mais on admet en général qu'il est issu d'une mutation spontanée apparue chez l'Abyssin, où certaines lignées sont porteuses d'un gène récessif, responsable du poil long, et cela depuis plusieurs générations.

Le Somali fut fixé en Amérique, à la fin des années 60, et il est actuellement reconnu aux États-Unis. Les Allemands ont été les premiers à l'importer en Europe, en 1977.

Somali roux

Robe d'un roux très chaud, brillant, tiqueté de brun chocolat ; les nuances les plus profondes de roux sont préférées. Oreilles et queue se terminant par du brun chocolat, coussinets roses avec du brun chocolat entre les doigts, truffe rose, yeux dorés ou verts, de préférence d'une couleur soutenue.

STANDARD

Standard provisoire de la Cat Fancier's Association Inc. (américain)

Chat de taille moyenne à grande, bien proportionné, bien musclé, souple, vif ; doit donner l'apparence d'un chat actif et vigoureux.
- ***Tête*** **aux contours délicats, menton plein ; le museau ne doit pas être en pointe vive ; grandes oreilles larges, modérément pointées, tapissées de poils, avec une touffe au bout. Yeux en amande, grands, brillants et expressifs.**
- ***Corps :*** **torse de longueur moyenne, gracieux, montrant bien la force musculaire, cage thoracique ronde, dos légèrement arqué, donnant l'apparence d'un chat prêt à sauter. Pattes en proportion avec le torse, pieds ovales et compacts, cinq doigts à l'avant, quatre à l'arrière.**
- ***Queue :*** **épaisse à la base et légèrement en pointe, longueur en proportion avec le corps ; forme un plumet.**
- ***Robe :*** **de texture très douce au toucher, très fine et double ; une fourrure très dense est souhaitée. Le poil est de longueur moyenne, excepté sur les épaules où un poil un peu plus court est permis.**
- ***Couleurs :*** **brun roux, donnant l'impression d'un orange brun ou roux tiqueté de noir, couleur brillante ; une ombre plus sombre le long de l'épine dorsale est permise. Le dessous du corps, l'intérieur des jambes et la poitrine roux s'harmonisent avec le dessus du manteau. Le bout de la queue est noir. Celle-ci ne doit en aucun cas porter d'anneaux. Les oreilles sont noires ou marron foncé au bout, la truffe rouge brique, les coussinets noirs ou marron. Les yeux sont dorés ou verts, de préférence d'une couleur soutenue et profonde.**

COMPORTEMENT ET CARACTÈRE

Comme l'Abyssin, il est doux et affectueux, très vif. Les portées sont de 3 chatons en moyenne. Les petits naissent très sombres et la robe prend sa couleur définitive après dix-huit mois. Le pelage, épais sans être laineux, est facile à entretenir.

LE CHARTREUX

Chartreux

Si les Anglais ignorent ce chat qui, à leurs yeux, n'est qu'un British-Blue, en France on revendique le Chartreux comme une race connue dans le pays depuis des siècles. Quand le poète Joachim du Bellay, qui séjournait à Rome, écrivit un poème à la gloire de son chat Belaud, il fut sans doute le premier à faire allusion au Chartreux :

« Doncques Belaud, premièrement
Ne fut pas gris entièrement
Ni tel qu'en France on les voit naître
Mais tel qu'à Rome on les voit être.
Couvert d'un poil gris argentin,
Ras et poli comme satin,
Couché par ondes sur l'échine
Et blanc dessous comme une ermine. »

Après lui, d'autres auteurs parleront d'un chat gris-bleu, mais le nom de « Chat des Chartreux » n'apparaîtra qu'au XVIIIe siècle. Le pauvre chat intéressait essentiellement les pelletiers, comme le révèle la définition d'un dictionnaire technique paru en 1723 et destiné aux commerçants : « *Le Chartreux* : le “vulgaire” nomme ainsi une sorte de chat qui a le poil tirant sur le bleu. C'est une fourrure dont les pelletiers font négoce. » Une pratique qui aura la vie longue. Dans un livre paru en 1896, le docteur de Beauregard écrit au sujet de la fourrure du Chartreux : « Rasée à mi-poil et teinte, elle est donnée comme fourrure de loutre. »

En 1736, Linné distingue le chat des Chartreux du chat domestique et le baptise *Catus caeruleus* (chat bleu).

Plus tard, Buffon décrit le Chartreux avec précision comme étant un chat bleu au poil court et laineux, différent de l'Européen et de l'Angora. Après lui, on trouve encore d'autres descriptions du Chartreux dans différents ouvrages de sciences naturelles.

Au début du XXe siècle, ce beau chat commence à intéresser les amateurs pour autre chose que pour la valeur marchande de sa fourrure. La race doit beaucoup à l'écrivain Colette, grande amie des chats en général et du Chartreux en particulier : « Mon petit museau à grosses joues... Fine-Fine chatte. Mon pigeon bleu. Démon couleur de perle », écrit-elle, émerveillée par cet animal au pelage « mauve et bleuâtre comme la gorge des ramiers ».

COMPORTEMENT ET CARACTÈRE

Sous ses airs doux et paisibles, le Chartreux cache une forte personnalité. C'est un chat très attaché à son maître, qu'il suit volontiers comme un chien. Il a besoin de beaucoup de tendresse. Sa préférence va aux gens calmes. Silencieux, discret et confiant, le Chartreux est un compagnon très agréable. Il griffe rarement et se laisse facilement manipuler. Dans la nature, c'est un redoutable chasseur de rongeurs.

FICHE PRATIQUE

De santé robuste, le Chartreux s'élève sans problèmes. Quand il est sédentaire, il a cependant tendance à l'obésité. La base de son alimentation est la viande de bœuf crue, coupée en petits morceaux — cela entretient ses bonnes joues rondes — ou hachée. Son régime n'a rien de particulier. Il aime bien le poisson cuit et le gruyère. La robe doit être régulièrement brossée et peignée pour enlever le poil mort. Si votre Chartreux l'accepte, baignez-le, cela rend le pelage plus gonflant. Sinon, un champooing sec suivi d'un bon brossage suffit.

Chaton Chartreux

On pense que le chat des Chartreux serait arrivé en Europe dans les bagages des croisés. On l'appelait d'ailleurs autrefois « chat syrien », « chat maltais » ou encore « cypriote ». La texture de sa robe, épaisse et laineuse, permet de penser que, si ce chat vient du Moyen-Orient, il vivait sans doute dans des régions froides et montagneuses, peut-être dans le massif de l'Anti-Liban.

Le premier élevage de Chartreux en France remonte aux années trente. Les demoiselles Léger découvrirent à Belle-Ile, où elles venaient de s'installer, des Chartreux en liberté. Séduites par ces chats, elles décidèrent d'en pratiquer l'élevage. Leur chatte « Mignonne » fut le premier Chartreux primé en France, en 1933. En même temps, des éleveurs du Cat Club, en Région parisienne et dans le Massif Central suivirent l'exemple des demoiselles Léger. Les Chartreux furent ensuite croisés avec le Persan pour renforcer la couleur dorée de l'œil, jugée trop pâle. On obtint ainsi de beaux yeux cuivrés, sans modifier la robe et la morphologie. Le développement de la race s'annonçait bien. Malheureusement, dans les années 65, 70, certains éleveurs pratiquèrent des croisements répétés entre le Chat des Chartreux et le British Blue. Une initiative contre laquelle d'autres éleveurs se sont insurgés. Jean Simmonet, spécialiste du Chartreux, écrit : « Le British Blue, s'il a l'apparence proche du Chartreux, est profondément différent, puisque c'est une simple variété de la couleur bleue du chat à poil court que les Anglais appellent British, lesquels peuvent descendre de chats crème, noirs, etc. » La couleur, caractéristique essentielle du Chartreux, ne serait donc qu'un caractère secondaire chez eux. « Le British Blue a pris beaucoup du Persan : la face courte, le stop du nez, le poil très fin », ajoute ce spécialiste qui souligne enfin le dimorphisme sexuel marqué chez le Chat des Chartreux ; la femelle en effet est nettement plus petite que le mâle, moins joufflue et moins large de poitrine.

En 1970, la Fédération Internationale Féline décida cependant d'assimiler le Chartreux au British Blue, au risque de voir disparaître le Chartreux. Devant les protestations des éleveurs attachés à la race, elle décida, en 1977, de séparer le Chartreux du British Blue. Depuis, le Chat des Chartreux se développe à nouveau en France. Il n'en reste pas moins que certains spécialistes soutiennent que le vrai Chartreux n'existe plus.

STANDARD

Standard de la Fédération Internationale Féline
Chartreux n° 16F

• *Corps :* moyen, massif, ferme, musclé et lourd, poitrine large et bien développée, pas trop haut sur pattes.
• *Pattes :* courtes, fortes et musclées, pieds ronds et forts.
• *Tête :* large à la base, c'est-à-dire côté menton, joues bien pleines. Ne peut avoir le menton qui ressort (*pinch*). Les bajoues donnent à la tête la forme d'un trapèze renversé. Nez large et droit. Oreilles de grandeur moyenne, placées haut mais pas droites sur le crâne. Crâne rond et pas plat. Yeux grands, ouverts, vifs, orange ou cuivre, pas de trace de vert, pas de ton délavé. La couleur doit être pure.
• *Fourrure :* lustrée, dense, ne peut être couchée, mais légèrement relevée ; fourrure serrée, laineuse, comme celle de la loutre. Toutes les teintes sont permises, mais la préférence ira au bleu-gris clair.
• *Couleur :* pas de différence de ton avec le sous-poil qui doit être bien fourni, c'est-à-dire une double fourrure donnant le relèvement du poil. La texture est douce et soyeuse. Pas d'ombre, de reflet brun ou roux, pas de rayures et pas de « tipping ». Le ton doit être uniforme, des poils blancs sont des fautes.
• *Queue :* pas trop longue, proportionnelle au corps ; légèrement arrondie, de couleur identique à celle du corps.
• *Truffe et coussinets :* bleu-gris.

Échelle des points
Forme du corps : 25 ; tête (incluant yeux et oreilles) : 25 ; couleur des yeux : 10 ; fourrure texture et couleur : 25 ; queue : 10 ; condition : 5 ; total : 100.

LES EUROPÉENS À POIL COURT

Européen (ou British) blanc

Ces descendants des chats de gouttière, que les Britanniques ont élevés et sélectionnés sous la dénomination de British Shorthair, sont aujourd'hui officiellement reconnus, et, comme tous les chats de pure race, doivent répondre à des critères précis.

Dans son *Livre du Chat* publié en 1903 — un classique —, France Simpson raconte qu'un grand nombre de chats à poil court étaient présents lors de l'exposition du Crystal Palace de Londres en 1895.

Mais, l'année suivante, ces chats furent éclipsés par les Poils longs, en particulier par le séduisant Persan. Dès lors, ils devinrent de moins en moins populaires. En 1930, cependant, les efforts d'un petit nombre d'éleveurs permirent de relancer les Poils courts. A l'origine, les couleurs solides, rares chez ces chats, ont été préférées, tendance qui persiste aujourd'hui. Le bleu, couleur du British Blue (certains juges considèrent le Chartreux comme un British Blue) est la couleur souvent plébiscitée. Le British Blue est d'ailleurs le Poil court le plus populaire et le plus réussi. Actuellement, les Britanniques reconnaissent dix-sept variétés de couleurs pour le British Shorthair, lequel, selon certains éleveurs, est plus gros et plus trapu que l'Européen.

La seconde guerre mondiale faillit être fatale à la race. En effet, faute d'un nombre suffisant d'étalons, après la guerre, on croisa l'Européen à poil court avec des chats exotiques à poil court et il devint moins massif. Cette tendance a disparu dans les années cinquante, grâce à des croisements avec le Persan.

Les premiers British à poil court sont sans doute arrivés aux États-Unis avec les premiers colons du Mayflower. Ils sont vite devenus populaires car on appréciait beaucoup leurs talents de chasseurs de rongeurs. L'Américain à poil court a pris son essor vers la fin des années trente. De taille moyenne, très musclé, le pelage court et rude, il est moins trapu que l'Européen. Sa tête est plus oblongue que ronde, et il a des oreilles et des pattes plus longues.

COMPORTEMENT ET CARACTÈRE

L'Européen est un chat calme qui semble fait pour ronronner au coin du feu, ce qui ne l'empêche pas d'aimer la nature et la chasse. S'il sort volontiers, il revient vite dès qu'il entend de loin le bruit de son assiette. Il miaule plutôt discrètement et s'adapte très bien partout. Généralement très affectueux, il s'entend bien avec les enfants et les chiens. Même s'il est bien nourri, il chasse avec passion. C'est un chat intelligent, qui fait souvent preuve de beaucoup d'astuce.

FICHE PRATIQUE

Ce chat robuste supporte très bien les intempéries. Les portées de quatre chatons en moyenne s'élèvent facilement. Avant une exposition, il faut brosser l'Européen noir régulièrement pour éliminer les pellicules et faire briller sa robe. Un régime avec beaucoup de viande crue en morceaux et du jaune d'œuf est bon pour son poil. Chez tous les Européens, il suffit de brosser la robe de temps en temps et, à l'époque de la mue, on enlèvera les poils morts au peigne fin.

Échelle des points
Tête : 20 ; yeux : 10 ; corps : 20 ; pattes et pieds : 10 ; queue : 10 ; manteau, couleur et condition : 30 ; total : 100.

STANDARD

Standard officiel du Governing Council of the Cat Fancy British Shorthair

Le British à poil court est un chat compact, bien équilibré, puissant, à la poitrine large. Les jambes sont courtes, fortes, les pieds ronds. La queue, épaisse à la base, a le bout rond. La tête est ronde, avec une bonne largeur entre les oreilles. La fourrure est courte et dense.
• *Tête :* ronde et massive, avec une bonne largeur de crâne, face ronde, ossature ronde, cou court et épais. Nez court, large et droit.
Menton ferme et bien développé. Petites oreilles arrondies au bout, bien fournies de poils, bien espacées. Grands yeux ronds, bien ouverts, écartés. Corps bien construit, puissant, dos droit, poitrine large et profonde.
• *Manteau :* court et dense.
• *Condition :* chat dur et musclé.
• *Fautes :* des défauts dans la queue, stop marqué, manteau trop long ou duveteux.

British blanc n° 14

— Aux yeux bleus : couleur blanc pur, sans nuances de jaune. Des marques sombres sont autorisées chez les chatons. Yeux bleu saphir très profond ; pas de bordure ou de taches vertes. Truffe et coussinets roses.

— Aux yeux orange (n° 14a) : même couleur de robe. Yeux orange ou cuivre, non cerclés ou tachés de vert.

— Aux yeux vairons (n° 14b) : même couleur de robe. Un œil doré, orange ou cuivre, l'autre bleu. Ni cercle ni tache verte.

British noir n° 15

Noir corbeau jusqu'à la racine du poil, sans trace de rouille ni poils blancs.

Yeux : cuivre ou orange foncé, sans trace de vert ; truffe noire ; coussinets marrons ou noirs. Une couleur d'yeux incorrecte, ou un cercle vert excluent du certificat.

British Blue n° 16

Bleu clair à moyen, couleur uniforme, sans marques de tabby ni poils blancs. Yeux cuivre ou orange, truffe et coussinets bleus.

British crème n° 17

Les teintes plus claires sont préférées. La couleur est uniforme et sans aucune marque. Pas de traces de blanc nulle part.

Yeux cuivre ou orange, truffe et coussinets roses.

Européen (ou British) noir

British Silver Tabby (blotched) nº 18

Couleur de base : argent pur ; marques d'un noir dense. Yeux verts ou noisette, truffe rouge brique de préférence, mais le noir est admis, coussinets noirs. Une couleur d'yeux incorrecte, de mauvaises marques tabby et du blanc excluent le certificat.

British Tabby rouge nº 19

Couleur de base : rouge avec des marques rouge foncé. Lèvres et menton rouges, côtés du pied rouge sombre, yeux cuivre brillant, truffe rouge brique, coussinets rouge foncé.

British Tabby brun nº 20

Couleur de base cuivre brun brillant, marques d'un noir dense. L'arrière des pattes jusqu'aux jarrets doit être noir. Yeux orange, noisette ou jaune foncé, truffe rouge brique, coussinets noirs ou bruns.

British Tabby « mackerel » (tigré)

Tête, pattes et queue du Tabby classique. Une ligne étroite, continue, du dos de la tête à la base de la queue. Le reste du corps doit être couvert de lignes étroites verticales à partir de la ligne du dos et continues. Les rayures doivent être aussi étroites et nombreuses que possible.

British écaille de tortue nº 21

Noir avec des taches brillantes crème et rouge. Toutes ces couleurs doivent être nettes et bien définies sur le corps et les pattes. Une flamme rouge ou crème sur la tête est souhaitée. Truffe rose et ou noire, yeux cuivre brillant ou orange.

Européen bleu (British Blue)

British Silver Tabby

Européen Tabby brun

British écaille de tortue et blanc n° 22

Noir, crème, rouge, et blanc, également répartis en taches. Les couleurs doivent être brillantes. Les taches tricolores doivent couvrir le haut du crâne, les oreilles et les joues, le dos, la queue et une partie des flancs. Les taches doivent être nettes. Une flamme blanche est souhaitée. Yeux cuivre ou orange, nez rose et/ou noir, coussinets roses et/ou noirs.

British bleu-crème n° 28

Couleur : bleu et crème mélangés délicatement, pas de flamme. Yeux cuivre ou orange, truffe bleue, coussinets bleus et/ou roses.

British tabby spotted (tacheté) n° 30

Marques de la tête : celles du Tabby classique. Sur le corps et les pattes des petites taches nettes sont essentielles. Taches aussi nombreuses et distinctes que possible. Sur la queue, des taches ou des anneaux sont souhaités. Couleurs : argent avec des taches noires, brun avec des taches noires, rouge avec des taches rouge sombre. Toute autre couleur de base est acceptée, avec un mouchetage approprié.

Les yeux du Silver spotted sont verts ou noisette. Ceux du Brun tacheté : orange, noisette ou jaune foncé ; du rouge tacheté : cuivre brillant. Les coussinets et la truffe sont les mêmes que chez le Tabby classique.

British bicolore n° 31

Toute couleur admise et blanc. Les taches de couleur doivent être nettes et bien distribuées. Il ne doit pas y avoir plus des deux tiers du chat colorés et pas plus de la moitié blanche. La face doit être marquée de couleur. Une flamme blanche est souhaitée, ainsi que la symétrie du dessin de la robe. Yeux cuivre brillant ou orange.

British fumé n° 36

Couleur : noir ou bleu, sous-poil argent pâle. Yeux jaunes ou orange, truffe et coussinets, bleus ou noirs, doivent correspondre à la couleur de la robe.

British tipped n° 39

Couleur : le tipping peut être de n'importe quelle couleur admise dans les races British, avec également le chocolat et le lilas. Le sous-poil est aussi blanc que possible, la robe sur le dos, les flancs, la tête, les oreilles et la queue porte un tipping de couleur ; celui-ci doit être uniforme pour donner un effet brillant. Les pattes peuvent être légèrement ombrées par le tipping, mais le menton, l'estomac, la poitrine et le dessous de la queue doivent être aussi blancs que possible.

Dans toutes les couleurs, celle de la truffe et des coussinets doit correspondre à la couleur du tipping. Les yeux : les chats avec un tipping noir doivent avoir les yeux verts, sinon la couleur va de l'orange au cuivre.

Échelle des points du British tipped
Tête : 20 ; yeux : 10 ; corps : 20 ; pattes et pieds : 10 ; queue : 10 ; robe et condition : 30 ; total : 100.

Autres couleurs, relevées dans les standards de la Fédération Internationale Féline, qui donne des standards identi-

British Tipped

ques pour le British Shorthair et pour l'Européen, désigné sous le même numéro auquel est accolée la lettre E.

- British chocolat n° 15b : uniforme dans toutes les nuances de brun.
- British lilas n° 15c : lilas fané légèrement nuancé de rose, uniforme.
- British n° 14x : toutes les variétés de chats « British » dont la couleur n'est pas encore reconnue.
- British rouge n° 17d : rouge foncé uniforme jusqu'à la racine.
- British bleu silver tabby blotched n° 18 btch : le même que le Silver tabby n° 18, excepté pour la couleur bleu gris prononcé.
- British chocolat silver tabby blotched n° 18b btch : le même que le Silver, excepté pour la couleur brun prononcée.
- British lilas silver tabby blotched n° 18c btch : même chat, mais couleur lilas prononcée.
- British silver tabby tigré (n° 18 tig) : pur argent, tippé de noir afin de marquer un net contraste. Il existe aussi un British blue silver tabby tigré (18a tig), un British chocolat tabby tigré (n° 18b tig), un British lilas silver tabby tigré (n° 18c tig).
- British red tabby blotched n° 19 btch : couleur rouge avec un dessin rouge net plus foncé.
- British crème tabby blotched n° 19f btch : crème pastel marqué d'un dessin crème plus foncé.
- British rouge tabby tigré n° 19 tig.
- British crème tabby tigré n° 19f tig.
- British Blue tabby blotched (n° 20a btch).
- British chocolate tabby blotched (n° 20b btch).
- British lilac tabby blotched (n° 20c btch).
- British noir tabby tigré (n° 20 tig).
- British bleu tabby tigré (n° 20a tig).
- British chocolat tabby tigré (n° 20b tig).
- British Lilac tabby tigré (n° 20c tig).
- British écaille : chocolat (n° 21b), lilas (n° 21c), bleu et blanc (n° 22bl), chocolat et blanc (n° 22ch), lilas et blanc (n° 22l).

Pour le British tabby spotted (n° 30) les différentes couleurs sont : le spotted bleu (30a), le chocolat (30b), le lilas (30c), le rouge (30d), le crème (30f).

- British silver spotted : noir (n° 30S sv), bleu (n° 30B sv), chocolat (n° 30CH sv), lilas (n°30L sv).

Pour le British bicolore (n° 31) on trouve, outre le noir et blanc : le bleu et blanc (n° 31bl), le chocolat et blanc (n° 31ch), le lilas et blanc (n° 31l), le rouge et blanc (n° 31r), le crème et blanc (n° 31cr).

Pour le British Smoke (n° 36), les autres couleurs sont : bleu (n° 36a), chocolat (n° 36b), lilas (n° 36c).

British Chinchilla n° 37

Sous-poil blanc pur, la robe, sur le dos, la tête, les flancs, les oreilles et la queue, a un « tipping » noir régulièrement distribué donnant l'apparence caractéristique d'argent brillant. Les pattes et la face sont légèrement ombrées par le tipping. Menton, poitrine, plumet intérieur des pattes, dessous de la queue blanc pur, le tipping couvre environ le huitième de la longueur du poil. Truffe rouge brique, cerclée de noir, coussinets noirs ou seal, yeux verts ou vert bleuté (le vert étant préféré), paupières cerclées de noir.

Échelle des points n° 37
Type : forme du corps, grandeur, ossature, hauteur et grandeur des pattes longueur et forme de la queue : 25 ; tête : forme de tête et du cou, grandeur et emplacement des oreilles, forme et emplacement des yeux : 25 ; texture de la fourrure : 10 ; couleur des yeux : 10 ; couleur de la fourrure et dessin : 25 ; condition : 5 ; total : 100.

Autres couleurs : British chinchilla bleu (n° 37a), chocolat (n° 37b), lilas (n° 37c).

British silver shaded (argent ombré) n° 37SS

Sous-poil blanc pur, tipping noir s'étendant du dos jusqu'aux flancs et un peu sur la face et les pattes. Tipping sur la partie supérieure de la queue et sur la face. Plus foncé que le British Chinchilla. Le tipping doit être aussi régulier que possible.

Autres couleurs : British silver shaded bleu (37 SS a), chocolat (37 SS b), lilas (37 SS c).

LE BURMESE

COMPORTEMENT ET CARACTÈRE

Ce chat « parfait » a l'intelligence du Siamois, mais se montre beaucoup plus stable... Le Burmese a une personnalité particulièrement attachante. Gai, joueur, très sociable, il est assez remuant. Dans un groupe de chats, c'est souvent lui le dominant. Sans se montrer trop exclusif, il a énormément besoin de relations avec son maître. Il aime bien sortir, mais revient vite quand on l'appelle. C'est un chat assez bavard, qui s'adapte bien. Un malin qui sait très bien ouvrir les portes. Il ne griffe pas et on peut le recommander à des gens qui ont des enfants.

FICHE PRATIQUE

Les chatons sont de cinq en moyenne par portée. Robustes, ils s'élèvent facilement. Ce chat à poil court se brosse surtout au moment de la mue. Il ne pose pas de problèmes de santé particuliers. On note cependant une certaine fragilité des voies respiratoires chez certains chatons. La race a une bonne longévité : 18 ans, parfois plus.

Encore un chat dont les origines sont controversées. Pour les uns, le Burmese est une race originale, d'autres pensent qu'il serait né du croisement de deux ou trois variétés de chats — dont le Siamois vraisemblablement — (communs en Inde et en Birmanie).

Le premier Burmese exporté était une femelle, baptisée Wong-Tau. Née à Rangoon, en Birmanie, elle arrive aux États-Unis en 1930, en compagnie de son maître, le docteur Joseph Thomson, psychiatre de la marine américaine. Il présenta Wong-Tau dans les expositions, mais, malgré sa superbe robe couleur zibeline, au poil lisse et glacé, elle n'eut guère de succès : on la considérait comme un Siamois à la robe ratée. Le docteur Thomson entreprit quand même l'élevage du Burmese. Faute de mâle de la race, il maria sa femelle avec un Siamois. Les petits furent ensuite croisés entre eux, puis accouplés avec la mère. Dans les portées apparurent des chatons unicolores, marron foncé : les premiers Burmese. Une étude génétique de la race permit d'établir l'existence d'un gène burmese. Tous les Burmese sont homozygotes pour ce gène.

D'autres Burmese furent par la suite importés de Rangoon pour éviter une trop grande consanguinité de la lignée. On poursuivit quand même des croisements avec le Siamois.

L'Europe accueillit ses premiers Burmese en 1949. Le Burmese Cat Club de Grande-Bretagne fut fondé en 1954 par M. Watson, éleveur et juge connu qui possédait un très beau couple de ces chats. En 1952, le Governing Council of the Cat Fancy reconnut le Burmese brun, et le bleu en 1960. Les Européens préfèrent que le Burmese ait une tête triangulaire et des yeux plus ovales que ceux des chats élevés en Amérique. Ils reconnaissent aussi une plus grande variété de couleurs que les Américains.

Le Burmese a été introduit en France, en 1957, par Madame Poirier qui en importa un couple de Grande-Bretagne. Ce chat, bien que très apprécié, est encore assez peu représenté en France.

Il existe en Amérique un Burmese à poil long, couleur zibeline, baptisé « Tiffany ».

Burmese chocolat

Burmese brun n° 27

D'un brun seal, riche et chaud chez l'adulte, allant de façon presque invisible vers une teinte légèrement plus claire sur le dessous du corps. Oreilles et masque légèrement plus sombres. Il ne doit pas y avoir d'ombre ou de taches d'aucune sorte. Une couleur très sombre tirant sur le noir est incorrecte. Truffe brun riche, coussinets bruns.

Burmese bleu n° 27a

L'adulte doit être gris argent doux, légèrement plus sombre sur le dos et la queue avec un net reflet argent sur les oreilles, la face et les pieds. Truffe gris sombre, coussinets gris.

Burmese lilas

Burmese crème

STANDARD

Standard officiel du Governing Council of the Cat Fancy
Burmese n° 27

Chat élégant, de type étranger, à la morphologie caractéristique. Toute ressemblance avec le type siamois ou européen doit être considérée comme un défaut.
Corps, pattes et queue : corps de longueur et de taille moyenne bien musclé, vigoureux, plus lourd que son apparence ne l'indique. Poitrine puissante, ronde vue de profil, dos droit des épaules à la croupe. Pattes minces, en proportion avec le corps, les postérieures légèrement plus longues que les antérieures, pieds nets, de forme ovale. Queue droite, de longueur moyenne, pas épaisse à la base, légèrement effilée au bout qui est arrondi. Sans défaut osseux.
Tête, oreilles et yeux : le haut de la tête doit être légèrement arrondi, bien large entre les oreilles. Joues pleines qui s'effilent en un triangle court et émoussé, mâchoire large, menton prononcé. Une mâchoire pincée est un défaut grave. Les oreilles, de taille moyenne, sont bien écartées sur le crâne, larges à la base, le bout est légèrement arrondi. Les bords extérieurs de l'oreille suivent la ligne de la partie supérieure de la tête. Ce qui n'est pas toujours possible chez les mâles adultes qui ont de fortes joues. Vues de profil, les oreilles penchent légèrement vers l'avant. Le nez porte une cassure à la base.
De profil, le menton doit montrer une forte mâchoire inférieure. Les yeux, très bien séparés, doivent être grands et brillants ; la ligne supérieure de l'œil va en oblique vers le nez, à l'orientale, la ligne inférieure reste arrondie. Les yeux ronds ou de type oriental sont un défaut. Toutes les teintes de jaune, de chartreuse à ambre, le jaune doré étant l'idéal. Des yeux verts sont une faute grave chez le Burmese zibeline.
Fourrure : courte, fine, avec une texture de satin, bien couchée sur le corps. Un pelage brillant est un trait caractéristique du Burmese et un signe de bonne santé.
Condition : le chat doit être bien musclé, vif et alerte.
Couleur de la robe : dans toutes les variétés, le dessous du corps est plus clair que le dos. Chez les chatons et les jeunes, on peut admettre de légères marques tabby et dans l'ensemble une couleur plus claire que chez l'adulte. La présence de quelques poils blancs peut être négligée chez un sujet par ailleurs excellent ; mais un nombre trop grand de poils blancs ou une tache blanche sont des défauts graves.

Le standard de la FIFe est pratiquement identique.

Burmese chocolat n° 27b

Chocolat au lait, oreilles et masque légèrement plus sombres, pattes, queue et mâchoire inférieure de la même couleur que le dos. Truffe chocolat brun, coussinets brique tirant sur le chocolat.

Burmese lilas n° 27c

Gris pigeon pâle, délicat, avec un reflet légèrement rosé. Oreilles et masque peuvent être un peu plus soutenus. Truffe lavande rosé, coussinets rose lavande.

Échelle des points du GCCF
Corps, forme, pattes,queue et pieds : 30 ; couleur du corps, texture du poil et condition : 25 ; tête et oreilles : 20 ; forme et emplacement des yeux : 15 ; couleur des yeux : 10 ; total : 100.

Échelle des points de la FIFe
Forme du corps, pattes, queue et pieds : 20 ; couleur : 15 ; texture : 15 ; tête et oreilles : 25 ; forme et couleur des yeux : 20 ; présentation et condition : 5 ; total : 100.

Burmese rouge n° 27d

Orange léger (abricot). De petites marques tabby peuvent exister sur la face et de petites taches un peu partout sauf sur les flancs et le ventre sont admises chez un chat par ailleurs excellent. Les oreilles doivent être nettement plus sombres que le dos. Truffe et coussinets roses.

Burmese écaille de tortue Seal n° 27e

Robe : mélange de brun et de rouge sans rayures évidentes. La répartition des couleurs et des taches est moins importante que le reste des particularités de la couleur. Truffe et coussinets brun rose ou rose tacheté de brun.

Burmese crème n° 27f

Crème riche, de petites marques tabby peuvent apparaître sur la face, d'autres taches indéfinies partout, sauf sur les flancs et le ventre, sont admises chez un chat par ailleurs parfait. Oreilles légèrement plus sombres que le dos, truffe et coussinets roses. Il existe aussi un Burmese écaille bleu n° 27g, un Burmese écaille et chocolat, n° 27h et un Burmese écaille lilas n° 27j.

LE BOMBAY

En croisant un Burmese brun et un Américain noir à poils courts, les Américains ont obtenu un chat noir jais, superbe, aux yeux cuivrés, qui ressemble un peu à la panthère noire des Indes en miniature, d'où son nom de Bombay.

LE BLEU RUSSE

Jusqu'en 1939, on l'appelait souvent « Archange Bleu » nom qu'il devait au port d'Arkhangelsk, dans la Baltique, d'où ce chat aurait été embarqué pour l'Angleterre et à la couleur de son poil bleu argent, un poil superbe, doux et soyeux comme la robe du castor.

Le Bleu Russe, arrivé en Angleterre en 1860, a d'abord été confondu avec les autres chats bleus à poil court et, pendant plusieurs années, il a été battu dans les expositions par le British Blue, plus trapu et à la tête plus ronde. En 1912, le Bleu Russe fut jugé dans une classe séparée et commença à devenir populaire.

La seconde guerre mondiale faillit lui être fatale. Heureusement, un éleveur, M. Rochefort, réussit à sauver trois Bleus Russes, ce qui permit à la race de ne pas s'éteindre. En 1944, les Scandinaves commencèrent à s'intéresser au Bleu Russe. Ils croisèrent une petite chatte venue de Finlande à un Siamois porteur du facteur bleu. De nombreux croisements semblables suivirent, notamment en Grande-Bretagne où les éleveurs, en croisant les Bleus Russes avec le Siamois blue-point, obtinrent un chat au type beaucoup plus oriental que l'actuel Bleu Russe. Celui-ci a retrouvé son type d'avant la guerre à partir de 1965, quand plusieurs éleveurs décidèrent que le type siamois était indésirable.

En Amérique du Nord, le Bleu Russe, souvent appelé *Maltese* (maltais), est connu depuis 1900. Son élevage a véritablement débuté en 1947 et les premiers Bleus Russes sont apparus dans les expositions en 1967. Il existe une variété blanche de ce chat, mais elle n'a jamais été populaire et se rencontre rarement.

On trouve aujourd'hui dans les régions froides de l'URSS beaucoup de chats très proches du Bleu Russe. En Europe, ce chat est peu représenté. Il est rare en France.

COMPORTEMENT ET CARACTÈRE

Le Bleu Russe, très affectueux, est un compagnon charmant et discret : ses miaulements sont particulièrement doux. C'est un chat qui n'a peur de rien. Les mâles sont parfois très agressifs entre eux. La femelle est bonne mère ; elle a quatre chatons, en moyenne.

FICHE PRATIQUE

Bien protégé par son épaisse fourrure, le Bleu Russe supporte les grands froids. C'est un chat robuste, rarement malade. Il a besoin d'exercice et risque de dépérir si on le laisse enfermé.
Le poil doit être entretenu avec soin ; brossé, puis lissé légèrement dans le sens du poil à la peau de chamois. Il ne faut pas aplatir le pelage. Avant une exposition, on peut le poudrer pour rendre le bleu plus intense.
Son régime doit être assez riche en viande crue.

Bleu Russe

STANDARD

Standard officiel du Governing Council of the Cat Fancy
Bleu Russe 16a

• *Couleur :* bleu net, bien uniforme, sans reflets ou marques tabby chez l'adulte. Un bleu moyen est préféré. La truffe et les coussinets sont bleus.
• *La robe* est courte, épaisse et très fine, plantée de telle façon qu'elle paraisse douce et soyeuse comme de la peau de phoque. Le poil est double, c'est pourquoi il possède un net reflet argenté. La texture et l'apparence du pelage sont les critères essentiels du Bleu Russe.
• *Le corps* est long, la silhouette et le maintien gracieux, l'ossature est moyenne. La queue est longue et effilée. Les pattes sont longues, les pieds petits et ovales.
• *La tête* forme un triangle court, le crâne est plat, le front et le nez droits forment un angle, les babines sont proéminentes, le menton est fort. Les yeux vert vif, plutôt écartés, sont en forme d'amande. Les oreilles, longues et pointues, larges à la base, sont plantées droites sur la tête. Leur peau doit être fine et transparente. Elles sont très peu fournies de poils à l'intérieur.
• *Fautes :* des marques blanches ou tabby, un corps massif ou ramassé (cobby), une tête carrée, des yeux jaunâtres ou bleus. Le type siamois est indésirable.

Standard officiel de la FIFe

Il est identique à celui du GCCF, mais l'échelle des points est différente.

Échelle des points du GCCF
Couleur : 20 ; robe et condition : 25 ; corps et queue : 25 ; yeux : 15 ; tête et oreilles : 15 ; total : 100.

Échelle des points de la FIFe
Corps et queue : 30 ; tête et oreilles : 25 ; couleur des yeux : 10 ; fourrure : 20 ; couleur de la robe : 10 ; condition et présentation : 5 ; total : 100.

CHAT DES FORÊTS NORVÉGIEN (SKOGATT)

Ce superbe chat au regard farouche, enveloppé dans une épaisse fourrure qui le protège parfaitement de la neige, de la pluie et du froid, ressemble beaucoup au Maine Coon américain. Seules différences visibles : un pelage plus épais et des pattes postérieures légèrement plus longues que celles de devant.

On ne connaît pas les origines lointaines de ce chat, baptisé « chat fée » et qui apparaît dans les contes scandinaves dès 1837. On sait qu'il a été apprivoisé par des fermiers norvégiens.

Dans les années trente, quelques éleveurs ont entrepris de développer la race qui a été présentée en exposition à Oslo, avant la seconde guerre mondiale. Le Chat des Forêts a commencé à devenir vraiment populaire dans les années soixante-dix, et en 1983 la FIFe l'a reconnu officiellement. On en compte environ trois cent cinquante enregistrés en Norvège et encore davantage en Suède.

Chat des Forêts norvégien

Échelle des points
Type : 25 ; tête : 20 ; yeux et forme : 5 ; oreilles : 10 ; queue : 10 ; fourrure : 25 ; condition : 5 ; total : 100.

STANDARD

Standard officiel de la FIFe
Chat des Forêts norvégien n° 13NF

• *Type :* solide et souple, corps long, pattes longues.
• *Tête :* triangulaire, long nez droit, profil droit sans interruption, menton solide. Yeux grands, ouverts, toutes les couleurs sont permises. Oreilles : hautes, avec des extrémités à la lynx (portant une touffe de poils) placées haut sur le crâne de sorte que le bord de l'oreille suive la ligne du côté de la tête vers le menton.
• *Fourrure :* longue, avec le sous-poil laineux recouvert d'un poil luisant, brillant et imperméable à l'eau. Les poils des joues descendent en triangle, formant une barbe. Il porte des pantalons (knickers) aux pattes arrière. La collerette est longue. La queue est longue et très fournie.
• *Couleur :* toutes les couleurs de robe sont permises, même les variétés avec du blanc. Elles sont distribuées comme chez les bicolores et tricolores. La truffe est en rapport avec la couleur du corps, cerclée chez les agouti. Les coussinets sont en rapport avec la couleur du corps.
• *Défauts :* une fourrure sèche et feutrée, une queue courte, des pattes courtes, un profil cassé, le nez court, la tête ronde ou carrée, de petites oreilles, une distance trop grande entre les oreilles, l'absence du poil supérieur. Des sujets trop minces ou délicats.

FICHE PRATIQUE

C'est un chat très robuste, dont la fourrure s'entretient assez facilement. La fourrure d'été semble courte, elle ne porte ni collerette, ni plastron, ni barbe. Ceci provient du fait que le sous-poil est peu développé en été. Seule la longueur des poils de la queue indique qu'il s'agit d'un Poil long. La fourrure d'hiver commence à pousser à l'automne et le sous-poil laineux apparaît. Les « pantalons » des pattes arrière n'ont pas de poils supérieurs mais sont protégés par les poils de la queue. La couche supérieure du poil pousse vers l'âge de 4, 5 mois. Le type et la qualité de la fourrure sont primordiaux chez cette race, alors que la couleur et les dessins sont d'importance secondaire.
Il aime tout et a une prédilection pour les fromages très forts et les fruits.

Scottish Fold

COMPORTEMENT ET CARACTÈRE

Ce chat est resté très sauvage et d'une grande indépendance. Il aime beaucoup les gens calmes et se montre très câlin avec son maître. C'est un exclusif. Il veut absolument dominer son propriétaire et même le chien de la maison, avec lequel il fait cependant bon ménage. C'est un malin, capable d'ouvrir un réfrigérateur. Il peut être dangereux pour les enfants, il manque de patience et griffe aux yeux. En Norvège, on l'utilise comme chat de garde. Il sait très bien avertir et défend les poulaillers contre les prédateurs. Il n'est pas recommandé de le laisser en liberté, car il prendrait vite le chemin des bois.

LE SCOTTISH FOLD

Ce curieux chat aux oreilles repliées a fait récemment son apparition en France, à l'occasion d'une exposition du Cat Club.

Issu d'une mutation génétique fort rare, ce chat a été baptisé Scottish Fold, les Écossais en ayant revendiqué la paternité. Il existait pourtant au XVIIIe siècle en Chine, où le malheureux était élevé pour être mangé. Il disparut ensuite de ce pays peu hospitalier sans laisser de traces.

En 1961, une chatte aux oreilles pliées, baptisée « Susie », naquit dans une portée de chats européens, appartenant à un couple de bergers, William et Mary Ross. Séduit par l'apparence curieuse de ce chat à l'air étonné et timide, M. Ross fit reproduire sa chatte et, comme il l'espérait, elle donna naissance à deux chatons aux oreilles repliées. Des éleveurs généticiens s'intéressèrent ensuite à l'expérience et, par divers croisements, réussirent à fixer ce caractère. Le pli de l'oreille est dû à un seul gène dominant. Tous les Scottish Fold doivent donc avoir au moins un parent aux oreilles repliées. Cette particularité n'apparaît pas avant la fin de la quatrième semaine d'existence du chaton.

Certains sujets naissant avec la queue relativement épaisse et courte, des éleveurs entreprirent de fixer également ce caractère, pour accentuer l'originalité de la race. Mais l'idée fut abandonnée, ce genre de queue s'accompagnant d'un épaississement des pattes, source de handicap. Les éleveurs ont réussi à éliminer ce caractère en n'employant pas des chats aux pattes épaisses pour la reproduction.

Le Scottish Fold divise les amateurs britanniques en deux camps. Le Governing Council of the Cat Fancy a refusé d'enregistrer ce chat, qui ne figure donc pas dans ses expositions. En revanche, le Scottish Fold a été reconnu officiellement aux États-Unis par la Cat Fancier's Association et y connaît beaucoup de succès.

On peut penser qu'il finira par être également reconnu en Europe, étant donné que ses amateurs ne manquent pas.

COMPORTEMENT ET CARACTÈRE

Ce chat à la physionomie particulièrement sympathique est plein de qualités : il est affectueux, paisible, très sociable, reste gai et joueur durant toute son existence.

FICHE PRATIQUE

Le Scottish Fold résiste particulièrement bien aux intempéries. Il est rarement malade. Sa fourrure ne demande que peu d'entretien. La race se reproduit bien : trois ou quatre chatons, solides, par portée. Les oreilles repliées favoriseraient l'apparition de parasites, ce que l'on évite très bien par une bonne hygiène. On prétend aussi que ce chat est prédisposé à la surdité. En fait, les premiers Scottish Fold étaient des chats blancs, lesquels sont souvent sourds. Autre problème : le Scottish Fold serait prédisposé aux troubles cérébro-spinaux.

STANDARD

Standard américain de la Cat Fancier's Association Inc.

• *Tête :* ronde, menton et mâchoire fermes, nez court, légèrement incurvé. Le cou est court, on note une apparence joufflue chez les mâles. Yeux grands, ronds, bien séparés, bien ouverts, à l'expression douce. La couleur est en harmonie avec celle de la robe. Oreilles repliées vers l'avant, petites et de préférence bien pliées. Elles doivent donner l'apparence d'une casquette pour accentuer la rondeur du crâne. L'extrémité est ronde.
• *Corps :* court, silhouette arrondie, ferme. Les jambes de longueur moyenne sont proportionnées au corps. L'ossature est moyenne. La queue, de longueur moyenne, doit être proportionnée au corps ; elle est flexible et pointue au bout.
• *Fourrure :* courte, dense et souple.
• *Couleurs :* elles sont pratiquement illimitées :
***Blanc :* avec truffe et coussinets roses, yeux bleus ou doré brillant. Les yeux vairons doivent être l'un bleu, l'autre doré avec la même intensité de couleur.**
***Noir :* avec truffe noire, coussinets noirs ou marrons, yeux dorés brillants.**
***Bleu :* les nuances claires sont préférées, truffe bleue, coussinets bleus, yeux dorés brillants.**
***Roux :* profond, riche, sans ombres, marques ou ticking, truffe rouge brique, coussinets rouge brique, yeux dorés brillants.**
***Autres couleurs :* crème, chinchilla, argent ombré, chinchilla roux, roux ombré, fumé noir, fumé bleu, roux fumé, tabby, mackerel tabby, tabby argent, tabby roux, tabby brun, tabby bleu, tabby crème, cameo, écaille de tortue, calico, calico dilué, bleu crème, bicolore.**

Échelle des points
Oreilles : 30 ; tête : 20 ; yeux : 15 ; corps et queue : 25 ; couleur : 10 ; total : 100.

LE KORAT

Dans son nom thaïlandais, « Si-Sawat », on trouve l'idée de chance et de prospérité. Le Korat fait en effet partie des dix-sept chats porte-bonheur de la Thaïlande. Ce chat y est mentionné dès 1350 et un poème ancien chante sa robe dont « les racines sont des nuages et les pointes de l'argent ». On pense que le Korat serait originaire de la province dont il porte le nom.

Son type rappelle celui du Siamois d'origine. Fait très rare, le Korat est encore élevé aujourd'hui sous sa forme primitive. Il a gardé la silhouette trapue de son ancêtre et la même structure de poil. Tous les Korats présentés en exposition doivent d'ailleurs avoir des ancêtres nés en Thaïlande.

On trouve des Korats aux États-Unis dès les années trente. Le club de la race y a été créé en 1965. En 1972, les Anglais importèrent des Korats américains. Ils n'eurent guère de succès au départ. On les trouvait trop proches des autres races bleues à poil court. En 1975, ils furent reconnus dans les expositions, mais non autorisés à concourir. Le Korat est reconnu aux États-Unis par la Cat Fancier's Association.

COMPORTEMENT ET CARACTÈRE

Très affectueux, le Korat adore se faire câliner par son maître. C'est un chat doux, attentif, intelligent, qui s'adapte facilement à un nouvel environnement. Il miaule discrètement, et déteste le bruit. Le Korat supporte difficilement la compagnie des autres chats, même s'ils sont de sa famille. En Thaïlande les mâles, renommés pour leurs qualités de guerriers, montent la garde autour des villages et avertissent du danger. Les femelles sont bonnes mères, très joueuses. Il faut attendre au moins deux ans pour que les chatons deviennent beaux.

Korat (Photo © Lacz-Lemoine)

FICHE PRATIQUE

Le Korat est un chat robuste, mais qui a toutefois tendance aux maladies respiratoires. Il mue discrètement, sans faire voler de poils. La fourrure est facile à entretenir. Un brossage régulier l'empêchera de trop épaissir.
Ce chat a un régime varié, il adore l'herbe, apprécie les épinards crus en morceaux ou le cresson mélangés à sa viande.

STANDARD

Standard officiel du Governing Council of the Cat Fancy
Korat n° 34

• ***La tête,*** **vue de devant, est en forme de cœur, les yeux sont bien écartés, les lignes douces de la face s'incurvent pour donner un museau bien développé, sans être pointu, le front est large et plat. Les oreilles sont grandes, bien roulées, largement évasées à la base, dressées sur la tête, donnant au chat une expression alerte. A l'intérieur des oreilles, le poil est peu abondant. Le Korat a de grands yeux lumineux, particulièrement proéminents, grand ouverts et disproportionnés par rapport au reste de la face. L'ouverture de l'œil, qui apparaît bien ronde quand les yeux sont complètement ouverts, prend une forme bridée, asiatique, lorsqu'ils sont à demi-fermés. Les yeux sont d'un vert brillant, mais une lueur ambrée est acceptée. Jusqu'à l'âge de deux ans, les chatons ont des yeux jaune, ambre à ambre vert.**
Le nez est court, légèrement incurvé vers le bas. De profil, on voit un léger stop entre le front et le nez. Le menton et la mâchoire sont solides.
• ***Le corps,*** **de taille moyenne, puissant et musclé, est à moitié trapu, l'ossature est moyenne, le dos incurvé. La queue, de longueur moyenne, plus épaisse à la base, va en s'effilant jusqu'à l'extrémité, arrondie. Les pattes sont bien proportionnées au corps, les pieds, ovales, portent cinq doigts à l'avant, quatre à l'arrière. Le Korat doit être musclé, donner l'apparence d'un chat alerte.**
• ***La robe*** **est bleu argenté, avec l'extrémité des poils d'un argent le plus intense possible. Elle ne doit avoir ni ombres, ni marques tabby. Aux endroits où la robe est plus courte, le reflet argent est plus intense. La truffe et les coussinets sont bleus ou lavande nuancé de rose. La robe est simple, courte à moyenne, brillante et fine près du corps. Le long de l'épine dorsale, la fourrure a tendance à se « casser » quand le chat remue.**
• ***Fautes :*** **des taches blanches ou médaillons. Une couleur d'yeux incorrecte.**

Le standard de la Fédération Internationale Féline est identique.

Échelle des points du GCCF
Tête. Largeur de la tête : 5 ; profil : 6 ; largeur entre yeux : 4 ; port et place des oreilles : 5 ; couleur des yeux : 15 ; forme et situation : 15. Corps : 15 ; pattes et pieds : 5 ; queue : 5 ; robe : 10 ; condition : 5 ; couleur : 5 ; total : 100.

Échelle des points de la FIFe
Couleur du poil : 20 ; forme du corps, pattes et queue : 25 ; tête et oreilles : 20 ; forme de l'œil et emplacement : 15 ; couleur de l'œil : 5 ; texture du poil : 10 ; condition : 5 ; total : 100.

LE MAU ÉGYPTIEN

Le Livre des Morts des Égyptiens comprend un papyrus où un scribe royal a représenté Ra, le Dieu soleil, sous la forme d'un chat moucheté, tuant le serpent Apophis. On trouve aussi ce chat sur une peinture murale datant de 1400 ans avant J.-C. Plusieurs bronzes anciens font apparaître nettement le scarabée qui orne le front de l'animal, lequel, marqué de cet insecte sacré, a été, pour cette raison sans doute, vénéré par les Égyptiens.

Le premier Mau Égyptien est arrivé en Europe en compagnie de la princesse Troubetskoy qui l'importa ensuite aux États-Unis, en 1957. Son chat se reproduisit et la race a été officiellement reconnue en Amérique en 1968. Elle n'est cependant reconnue ni par le Governing Council of the Cat Fancy, ni par la FIFe. Les Américains ont produit des chats similaires au Mau en le croisant avec des chats domestiques, mais, en même temps, des éleveurs se sont attachés à maintenir pure la lignée des Maus importés. C'est un chat très rare en Europe.

Ce chat, qui a belle allure, est très calme, affectueux avec son maître. Très content de se faire admirer, il se comporte très bien en exposition.

Le dessin de la robe du Mau Égyptien est commun à toutes les couleurs. Il doit y avoir un bon contraste entre la couleur de base, pâle, et les marques plus sombres. Le front est barré d'un M caractéristique et des marques forment des lignes entre les oreilles jusque dans le bas du cou, idéalement formant des taches allongées le long de l'épine dorsale. Sur les hanches, une bande dorsale continue jusqu'au bout de la queue. Celle-ci porte de grosses bandes et a le bout noir. Les joues sont ornées d'arabesques.

Mau Égyptien

Un ou plusieurs colliers barrent le haut de la poitrine. Ils sont de préférence brisés au centre. Les marques des épaules forment une transition entre les rayures et les taches. Les pattes avant sont bien barrées. Les taches sur le corps ont des formes et des tailles variables ; des taches rondes, bien distribuées, sont recherchées. Sous le corps, la robe est parsemée de taches sombres en bouton de veste.

Il existe des Maus argent, bronze et fumé.

Échelle des points

Museau : 5 ; crâne : 5 ; oreilles : 5 ; forme des yeux : 5 ; corps : 25 (torse : 10, pattes et pieds : 10, queue : 5) ; manteau : 10 ; dessin : 25 ; couleur : 20 (yeux : 5, robe : 15) ; total : 100.

STANDARD

Standard officiel américain de la Cat Fancier's Association Inc.

Le Mau Egyptien est le seul chat tacheté domestique qui soit naturel. Sa conformation est à mi-chemin entre la solidité du type *cob* et la sveltesse de l'Oriental. Il doit donner l'impression d'un chat actif, de taille moyenne, aux muscles très développés, en parfaite condition physique, alerte, bien équilibré physiquement et psychiquement.

• *Tête :* elle forme un triangle légèrement arrondi, l'arcade sourcilière, la joue et le profil formant un contour doux. Le museau n'est pas pointu. Les mâles adultes peuvent être joufflus.

Les oreilles sont grandes, modérément pointées, larges à la base avec une bonne largeur entre elles. Un poil court, près du corps, les recouvre, l'intérieur est presque transparent, parfois duveteux. Yeux grands, ovales, vifs, en amande, légèrement inclinés vers les oreilles.

• *Corps :* de longueur moyenne, gracieux, montrant une bonne musculature, équilibré. Les mâles peuvent avoir le cou et les épaules forts. Pattes et pieds en proportion avec le corps, les pattes arrière sont proportionnellement plus longues que les antérieures. Petits pieds légèrement ovales, presque ronds. Queue de longueur moyenne, épaisse à la base, légèrement en pointe.

• *Manteau :* soyeux, de texture fine, mais dense, poil de longueur moyenne.

• *Couleur des yeux :* vert clair (vert groseille), mais une nuance ombrée est acceptable.

• *Fautes :* une tête courte ou ronde, un museau pointu, de petites oreilles, de petits yeux ronds ou orientaux, un corps cob ou oriental. Queue courte ou en fouet, des taches continues, une mauvaise condition. Un manque de taches, une mauvaise couleur d'yeux sont éliminatoires.

LE MANX (CHAT DE L'ÎLE DE MAN)

Ce chat sans queue, habillé d'une fourrure au sous-poil doux, affublé d'une démarche sautillante, semblable à celle du lapin, vit dans la petite île de Man, en mer d'Irlande.

L'absence de queue du Manx a inspiré de nombreuses légendes. Il aurait été, dit-on, le bon dernier à monter dans l'arche, avant le déluge. Noé, en refermant la porte, lui aurait coupé la queue. Autre version : les seigneurs irlandais auraient eu, jadis, la détestable habitude de tuer tous les chats afin d'utiliser leur queue comme ornement de leur couvre-chef. La race descendrait d'une unique portée, sauvée par une mère astucieuse qui, dès leur naissance, avait, d'un coup de dent, sectionné la queue de ses petits. Les seuls à avoir échappé au massacre... Autre histoire : ce chat aux allures de lapin serait le résultat d'un croisement entre ce dernier et une chatte. Une hypothèse tout à fait invraisemblable.

On sait aujourd'hui que le Manx doit son absence de queue à l'effet d'un gène mutant dominant et qu'il représente une race très ancienne, peut-être arrivée dans l'île de Man à bord des navires de l'Invincible Armada ? D'autres chats sans queue existent d'ailleurs dans le monde : en Extrême-Orient, en URSS. Il y a un peu plus d'un siècle, on a même signalé des chats sans queue en Touraine.

En 1901, les Anglais avaient déjà fondé un « Manx Club ». Dans les années trente, la race a perdu de sa popularité. Elle a ensuite beaucoup souffert de la guerre. Depuis, le Manx a remonté la pente et, l'île de Man ne produisant plus assez de portées pour répondre à la

Échelle des points

Absence de queue : 25 ; texture du poil : 15 ; tête et oreilles : 15 ; forme du corps : 25 ; yeux : 5 ; dos court : 10 ; condition : 5 ; total : 100.

Manx

STANDARD

Standard officiel du Governing Council of the Cat Fancy
Le Manx

• *Tête :* franchement ronde et grande, avec des joues proéminentes, d'apparence joufflue. Le nez plutôt long, au stop très peu marqué n'est pas retroussé. Les oreilles, larges à la base s'affinent doucement vers l'extrémité. Plus grandes que chez le British, elles sont placées davantage sur le dessus du crâne.
• *Corps :* solide et compact, il ne doit pas être trop court et se termine par une croupe bien ronde. Les pattes arrière, plus hautes que celles de devant, font pencher le dos vers l'avant. Les flancs sont très profonds. Les pattes sont solides, les antérieures, bien séparées, montrent la bonne profondeur de la poitrine. Les pattes arrière sont longues, les cuisses bien musclées.
• *Fourrure :* courte, bonne texture. Elle possède un sous-poil épais.
Toutes les couleurs de robe et marques sont admises.
La queue doit être totalement absente, avec un creux à l'endroit d'où elle devrait partir. Un os proéminent à la fin de la colonne vertébrale est considéré comme une faute. Une queue visible et un nombre de doigts incorrect entraînent la disqualification.

Standard de la FIFe (Fédération Internationale Féline)

Le standard de la FIFe note que le coccyx peut se relever légèrement et que ceci ne devrait pas être pénalisé, à moins que cela n'arrête la main du juge quand elle glisse le long de la colonne vertébrale. Dans ce cas, le chat n'est pas reconnu comme sans queue.
Le chat Manx « stumpy » peut participer aux expositions, mais sans CAC.

CARACTÈRE ET COMPORTEMENT

Le Manx est un chat intelligent, facile à vivre et à élever, affectueux, fidèle et curieux de tout. L'absence de queue — qui sert de balancier aux autres chats — ne l'empêche pas d'avoir un bon sens de l'équilibre et de grimper aux arbres avec vélocité pour chasser à l'affût avec une grande efficacité. Le Manx est aussi un chasseur de rats et de souris hors pair. Comme il ne peut pas s'exprimer avec sa queue, il compense son handicap par des attitudes corporelles très éloquentes et une large gamme de miaulements très modulés.

demande, des éleveurs anglais et américains ont pris la relève.

Le Manx n'est pas un chat très prolifique : 2, 3, 4 chatons maximum par portée. Autre problème : le gène Manx est responsable de la mort *in utero* de deux chatons sur huit, en moyenne, et de morts prématurées. Il affecte aussi la colonne vertébrale.

Un certain nombre de chatons porteurs d'une queue apparaissent toujours dans les portées. Les spécialistes ont donc divisé la race en trois groupes : le *rumpie*, sans queue : le seul chat autorisé à concourir dans les expositions, le *stumpie* avec un petit bout de queue, le *longie*, avec une queue normale. Lorsqu'ils croisent leurs chats, les éleveurs choisissent des Manx à queue normale, plutôt que des British, proches des Manx, mais présentant quand même des différences morphologiques.

Le Manx est un chat d'apparence vigoureuse, de taille moyenne, au corps bien musclé, à la croupe très ronde. Il a une tête ronde, légèrement plus longue que large, de grands yeux, en harmonie avec la couleur de la robe. Ses pattes arrière, nettement plus hautes que les antérieures, font pencher son corps vers l'avant. Ses pieds ronds portent cinq doigts à l'avant, quatre à l'arrière. Un petit creux apparaît à l'endroit où part la queue chez les autres chats.

Le poil est court, dense et brillant, doublé d'un sous-poil cotonneux et doux.

Bobtail Japonais

LE BOBTAIL JAPONAIS

Assez rare en Europe, prospère en Orient où il porte bonheur, le Bobtail Japonais, chat doté d'un petit bout de queue aux poils épanouis en forme de chrysanthème, est arrivé récemment en France.

C'est un beau chat, musclé et élancé. Des yeux immenses, en amande, mangent sa tête en triangle aux contours délicats. La variété à la robe « mi-ke » (« trois couleurs » en japonais) : noir, roux et blanc, est la plus recherchée ; ses taches

CARACTÈRE ET COMPORTEMENT

Le Bobtail japonais a un comportement intéressant. L'instinct de clan est très fort chez lui. Mettez-le avec des chats d'autres races, il préfère les ignorer pour jouer et dormir avec ses frères, en grappe bien serrée.
La femelle, mère exemplaire, suit longtemps la croissance de ses petits.
D'un tempérament doux et serein, ce chat philosophe est d'excellente compagnie. Il est sage, tendre, intelligent et sociable. C'est un « bavard » qui émet des miaulements divers, modulés, doux, joyeux, insistants, répond quand on lui parle et tient de véritables conversations avec son maître. Très propre, il fait sa toilette dès qu'on l'a caressé. Son élevage ne pose pas de problèmes particuliers.La race est robuste. C'est un chat un peu frileux.

de couleur, précises et fines, rappellent la finesse des dessins nippons. Le « Mi-Ke » figure d'ailleurs souvent dans les œuvres d'art. Sur la façade du temple Cotokuju de Tokyo, on en voit un, la patte levée, symbole de chance.

Les premiers Bobtails, venus de Chine ou de Corée, sont arrivés au Japon il y a au moins 1000 ans. Aujourd'hui, la race y prospère. Les Américains, qui ont découvert ce chat pendant la seconde guerre mondiale, l'apprécient beaucoup. A partir d'une quarantaine de sujets importés, il y a une quinzaine d'années, ils ont créé de nombreux élevages. Aujourd'hui, le Bobtail peut concourir dans les championnats de toutes les associations félines américaines. Très rare en Europe. Il existe un élevage en Suisse au Felin's club Helvétique de Genève. Son élevage commence en France.

Échelle des points
Tête : 20 ; type : 30 ; queue : 20 ; couleur et marques : 20 ; robe : 10 ; total : 100.

STANDARD

Standard de la Cat Fancier's Association Inc. (extraits)
Bobtail Japonais

- ***Allure générale :*** **c'est un chat de taille moyenne, élancé. Son profil diffère nettement de celui de tous les autres chats orientaux. Sa queue courte, qui ressemble un peu à celle d'un lapin, est dotée de poils allant dans toutes les directions et a l'apparence d'un pompon.**
- ***Tête :*** **elle a la forme d'un triangle équilatéral presque parfait. Les pommettes sont saillantes. Le stop marqué, le nez long, bien dessiné. Les oreilles sont grandes, bien séparées, dressées et expressives. Les yeux sont grands et ovales.**
- ***Corps :*** **long et mince ; il est bien proportionné et musclé. Les jambes sont longues, minces et hautes, mais ne doivent pas sembler fragiles. Les pattes arrière sont sensiblement plus hautes que les antérieures. Mais comme le chat les tient fléchies, l'arrière train n'est pas relevé. Les pieds ovales portent cinq doigts devant et quatre derrière. La queue est longue de 5 à 6 cm, en position normale, de 10 à 12 quand elle est déroulée. Les poils, un peu plus longs et épais que ceux du corps poussent dans toutes les directions créant un effet de pompon qui commence à la base de la colonne vertébrale et camouffle l'ossature de la queue.**
- ***Robe :*** **de longueur moyenne, le poil est doux et soyeux. Le Bobtail ne mue pratiquement pas.**
- ***Couleur :*** **la plus recherchée est le noir, roux et blanc. Dans les robes bicolores et tricolores, n'importe quelle couleur peut prédominer, la préférence étant donnée à des marques très contrastées. Le nez, les coussinets et la couleur de la robe doivent être en harmonie.**
- ***Autres couleurs :*** **blanc pur, noir, roux, noir et blanc, roux et blanc, « Mi-Ke » (noir, roux et blanc) ou écaille de tortue et blanc, écaille de tortue noir, roux et crème.**
- ***Fautes :*** **une tête courte et ronde ; un corps bâti en « cob ». L'os de la queue absent ou allant trop loin du corps, une queue sans pompon, ou un pompon précédé de trois ou quatre centimètres de queue normale au lieu de commencer à la base, entraînent la disqualification.**

LE REX

Toute l'originalité de ce chat tient dans sa robe courte et frisée, sans poils de jarre, uniquement constituée d'un sous-poil doux. Cette fourrure semblable à celle de l'Astrakan est le résultat d'une mutation spontanée, connue depuis une cinquantaine d'années chez le lapin et apparue pour la première fois chez le chat en 1946.

L'événement s'est produit en Basse-Saxe, dans une portée appartenant à Mme Scheuer Karpin, médecin et éleveur. Séduite par ce pelage original, elle le fixa et baptisa Rex les chats de cette variété, pour la similitude de leur fourrure avec celle du lapin.

Mme Scheuer Karpin expédia deux chatons Rex en France, au professeur Étienne Letard de l'école vétérinaire de Maisons-Alfort. Ce spécialiste de génétique était en effet le mieux placé pour développer le chat Rex en France. Il avait été l'un des premiers chercheurs à démontrer que le caractère très particulier de la fourrure du lapin Rex pouvait être greffé sur n'importe quelle race de lapin, y compris l'angora. Ainsi naquit la notion de *fourrure* Rex et non pas de *race* Rex.

Les chatons allemands qui venaient d'au-delà du rideau de fer voyagèrent dans de très mauvaises conditions, durant quatre jours. Seul le mâle survécut à l'aventure. Il avait deux mois. A l'âge adulte, le professeur Létard le fit s'accoupler avec une femelle Burmese zibeline. La portée ne donna que des chatons au poil ordinaire. A la suite d'un accident survenu dans le laboratoire, le chat Rex dut être stérilisé. On fit donc couvrir les femelles de la première portée par leurs frères et le poil Rex réapparut, dès la première portée, sur un chaton mâle. Baptisé Lisko, celui-ci fut ensuite accouplé à sa mère et à sa sœur. La moitié des chatons nés de ces unions étaient des Rex. La lignée était lancée. On vit apparaître un jour un Rex brun, résultat de la grand-mère Burmese, un autre bleu, d'autres gris fer. Un superbe Rex blanc, né du croisement d'un Rex noir et d'une chatte blanche ordinaire obtint en 1970 le grand prix d'honneur de l'exposition féline de Bordeaux. On peut obtenir des Rex à poil long, mais les éleveurs n'y tiennent pas.

Devon Rex

L'élevage du Rex reste limité en France. En Grande-Bretagne, en revanche, il passionne les éleveurs. Ils ont sélectionné deux types de Rex : le **Cornish** (Rex de Cornouailles) et le **Devon** (Rex du Devon). Le premier Rex cornish connu est né à Badwin Moor, en 1947. On le baptisa « Kallibunker ». Croisé avec sa mère, il donna une portée composée pour moitié de chatons Rex. On découvrit le premier Devon Rex dans une mine d'étain désaffectée. Accouplé avec une chatte de gouttière écaille de tortue et blanc, il donna un chaton nommé « Kirlee ». Celui-ci fut croisé avec un Rex Cornish, sans résultat : tous les chatons de la portée avaient le poil lisse (en fait, le Rex Cornish et le Devon Rex sont deux races différentes). Croisé ensuite avec ses filles, « Kirlee » donna des portées comportant 50 pour cent de chatons à fourrure Rex.

Les premiers Rex sont apparus dans les expositions félines de Grande-Bretagne dans les années 50. En 1957, des Rex Cornish firent souche aux États-Unis où, un peu plus tard, des Rex d'origine allemande fondèrent également une lignée. La race est aujourd'hui bien implantée outre Atlantique et très appréciée.

STANDARD

Standard officiel du Governing Council of the Cat Fancy
Rex Cornish n° 33

• *Robe :* poil court et pelucheux, sans poil de jarre, doit friser, former des vagues, en particulier sur le dos et la queue, moustaches et sourcils de bonne longueur et frisés. Toutes les couleurs sont admises.
• *Tête :* moyennement longue, se rétrécissant vers un menton fort ; crâne plat ; de profil, on doit voir une ligne droite allant du front au bout du nez. Yeux ovales, de taille moyenne, couleur en accord avec celle de la robe. Grandes oreilles, plantées plutôt haut sur la tête, larges à la base, légèrement arrondies au bout, bien recouvertes d'un poil fin.
• *Corps :* dur et musclé, mince, de longueur moyenne, longues pattes droites donnant l'impression que le chat est haut sur pattes, petits pieds ovales. Queue longue, fine et pointue, bien recouverte d'un poil ondulé.

Le standard de la FIFe est identique.

Échelle des points du GCCF
Robe : 35 ; moustaches et sourcils : 5 ; forme de la tête : 15 ; yeux : 10 ; corps et pattes : 20 ; queue : 5 ; total : 100.

Échelle des points de la FIFe
Rex Cornish
Fourrure : 35 ; moustaches et sourcils : 5 ; tête (yeux, oreilles) : 25 ; corps, pattes, queue : 25 ; fourrure queue : 5 ; condition : 5 ; total : 100.

Rex Devon
Tête (couleur et forme des yeux : 20 ; oreilles : 10 ; moustaches, sourcils : 5) ; corps (pattes, queue, cou) : 20 ; condition : 5 ; total : 100.

Rex Devon n° 33a

Le poil est très court et fin, ondulé et doux, sans poils de jarre. Moustaches et sourcils frisés, plutôt rudes et de longueur moyenne. Toutes les couleurs sont admises, excepté les bicolores. Toute marque blanche, excepté dans l'écaille de tortue et blanc, est considérée comme un défaut.

La tête est cunéiforme, les joues saillantes, le museau court avec un menton fort ; babines, stop bien marqué, front se courbant vers un crâne plat. Les yeux sont bien écartés, en oblique et leur couleur en accord avec celle de la robe : chartreuse, vert ou jaune. Grandes oreilles, plantées bas, très larges à la base, rondes au bout, bien couvertes de poils, avec ou sans « muffles » (peau poilue derrière la base). Corps ferme et musclé, de longueur moyenne, poitrine large, portée haut sur de longues pattes minces, petits pieds ovales, cou mince. Queue longue et fine, pointue, bien recouverte d'un poil court.
(Le Si-Rex est un chat Rex aux couleurs du Siamois.)

Germain Rex n° 33Gr

Ce chat, reconnu par la FIFe, a la tête arrondie, large entre les oreilles, au menton fort, le nez présentant une légère dénivellation à la base, les yeux assez loin du nez, plutôt vers l'extérieur que vers l'intérieur. Les oreilles sont grandes, les yeux moyens, bien ouverts, le corps fort et musclé, la poitrine forte et arrondie, les pattes de longueur moyenne, la fourrure courte est très soyeuse, ondulée comme de la peluche, la moustache est frisée. Toutes les couleurs de robe sont permises, y compris les variétés avec du blanc.

Devon Rex

COMPORTEMENT ET CARACTÈRE

Particulièrement intelligent, affectueux, intrépide, le chat Rex a une forte personnalité, caractérisée par un esprit d'indépendance marqué. Il aime être seul et supporte assez mal les autres chats. Le Rex sait faire preuve de bonne volonté, apprend facilement à marcher en laisse et se comporte très bien en voyage. On dit de lui que c'est un « chat-chien ». Comme ce dernier, il remue la queue quand il est content. Si les chattes Rex sont de grandes amoureuses, elles ne sont pas toujours très bonnes mères. Les portées solides, de quatre à six chatons, ne posent pas de problèmes. Ceux-ci sont très précoces, plus curieux et plus joueurs que la moyenne des petits chats.

FICHE PRATIQUE

La fourrure du Rex est particulièrement facile à entretenir. Il suffit de lui donner un coup de peigne léger une fois par semaine — jamais de brosse dure — de la passer ensuite au gant de soie ou à la peau de chamois. Il ne perd pratiquement pas de poils. Les oreilles, très grandes, du Devon Rex se salissent facilement et sont souvent envahies de parasites. Il faut les nettoyer doucement, chaque semaine, à l'aide d'un morceau de coton. Attention, si le cérumen, couleur miel, vire au brun foncé, cela indique la présence de parasites. Les chatons sont sensibles au froid et doivent dormir dans un endroit bien chaud.
Le chat Rex n'est pas difficile à nourrir. Il accepte pratiquement tout ce qu'on lui propose.
L'hiver, à la campagne, il est bon d'augmenter la ration de corps gras dans l'alimentation pour compenser les pertes de calories.

LE SPHINX OU CHAT NU

Ce chat sans fourrure, des plus insolites, provoque une première réaction de surprise. On est ensuite frappé par ses grands yeux au regard tendre, interrogateur et confiant. Son expression particulière rappelle celle de « E.T. », le petit extra-terrestre inventé par le cinéma américain.

Le premier Sphinx connu est né en 1966 dans l'Ontario, aux États-Unis. Sa mère était une chatte ordinaire, noire et blanche. Il est certain que d'autres chats nus ont dû voir le jour ici ou là, mais l'instinct de conservation de la race fait qu'une mère se désintéresse, dès la naissance, d'un chaton qui lui semble anormal. Ce chat nu fut recueilli, élevé et accouplé avec sa mère. La race fut ensuite fixée en sélectionnant, de sujet en sujet, les chats qui détenaient le gène « nu » et en les mariant ensemble pour obtenir un sujet Sphinx parfaitement pur. Le gène « nu » responsable de l'absence de poils est un gène récessif, c'est-à-dire que deux sujets qui en sont porteurs pourront donner des chats nus.

Le Sphinx, que l'on peut considérer comme un accident de la nature à l'origine, est aujourd'hui reconnu par quelques associations félines nord-américaines. En Europe, il est élevé aux Pays-Bas. Il est apparu récemment en France.

Sphinx (Chat nu)

STANDARD

De taille moyenne, le Sphinx a une morphologie assez proche de celle du Devon Rex et le corps se juge actuellement selon le standard de ce dernier.

• *La tête* n'est pas trop longue. Un bon menton laisse apparaître la mâchoire inférieure. Les oreilles, grandes, arrondies au bout, larges à la base sont placées bas. Un léger stop est possible entre les yeux ou plus près du nez. Chez l'adulte, la tête est plissée. Les yeux sont entre le rond et l'ovale. Leur couleur doit correspondre à celle de la robe. Toutes les couleurs sont acceptées, sauf le Siamois. Le Sphinx a de minuscules moustaches en petites bouclettes.

• *Le corps* donne l'impression d'être ballonné. Les pattes sont fines, les pieds ovales. La queue, longue et fine, se termine en fouet. Elle ne doit pas avoir de crochet.

• *La robe :* la peau, plissée chez le chaton, se tend chez l'adulte, sauf sur la tête. Elle est particulièrement agréable au toucher : on a l'impression de caresser du daim. Le standard accepte du poil sur les oreilles, au bout du nez, des pattes et de la queue et sur les testicules. Chez les jeunes, il existe un léger duvet le long de la colonne vertébrale, qui disparaît avec la mue.

• *Couleurs* connues à ce jour : bleu et blanc, noir et blanc, tabby et blanc, blanc, noir.

FICHE PRATIQUE

Contrairement aux apparences, c'est un chat solide, facile à élever et qui ne semble pas plus frileux qu'un autre. Sa peau sécrète un sébum protecteur. Il ne faut pas le laver. Le Sphinx ne nécessite aucun entretien, à l'exception du nettoyage des oreilles et des ongles. C'est un animal facile à nourrir. Il aime tout : la viande, le poisson, les légumes.

COMPORTEMENT ET CARACTÈRE

Très proche de l'homme dont il recherche la présence, le Sphinx est un chat excessivement câlin et possessif. Il n'est pas craintif et sa grande curiosité le pousse à d'incessantes explorations. Il est beaucoup moins indépendant que la plupart des chats, s'entend très bien avec le chien et, comme lui, remue la queue quand il est content. Le Sphinx se montre volontiers indiscipliné.

LE MAINE COON

Superbe et puissant, ce chat qui semble échappé d'une forêt serait, selon la légende, le fruit des amours d'un chat sauvage et d'un raton laveur (*coon* en anglais), croisement génétiquement impossible, bien entendu, tout simplement imaginé parce que la robe et la queue du Maine Coon rappellent celles du raton-laveur.

L'histoire de ce chat est associée à celle de la reine Marie-Antoinette. Monsieur de La Fayette aurait offert un Maine Coon à la souveraine qui, pour sauver son chat, lui rendit la liberté pendant la révolution.

On pense aujourd'hui que le Maine Coon, dont la race est fixée depuis plus d'un siècle, descend de chats à poil long rapportés d'Europe par des marins vers 1850 et de chats indigènes à poil court.

A la fin du siècle dernier, ce chat a fait son apparition dans les expositions félines de Boston et de New York, où il connut un grand succès avant d'être éclipsé par les Persans. Un certain nombre de Maine Coon retournèrent alors vivre dans la nature. En 1953, des éleveurs s'intéressèrent à nouveau à la race. En 1968, ils créèrent un club du Maine Coon pour promouvoir ce chat, aujourd'hui connu et apprécié dans tous les États-Unis.

Le Maine Coon est très peu répandu en Europe et rare en France.

Maine Coon

Échelle des points de la CFA
Tête : 30 (forme : 15 ; oreilles : 10, yeux : 5) ; corps : 35 (forme : 20, cou : 5, pattes et pieds : 5, queue : 5) ; robe : 20 ; couleur : 15 (yeux : 5, corps : 10) ; total : 100.

Échelle des points de la FIFe
Forme de la tête incluant yeux et oreilles : 30 ; forme du corps incluant cou, pattes et queue : 35 ; couleur de la fourrure et texture : 25 ; couleur des yeux : 5 ; condition : 5 ; total : 100.

STANDARD

Standard de la Cat Fancier's Association Inc. (extraits)

C'est un grand chat, d'aspect général solide et musclé.
• *Tête :* moyennement large et longue, museau carré, pommettes hautes, menton ferme, nez de longueur moyenne, grandes oreilles, larges à la base, terminées en pointe, placées haut et bien écartées, garnies d'une touffe de poils.
• *Grands yeux* écartés, placés légèrement en oblique. Cou de longueur moyenne.
• *Corps :* musclé, poitrine large. Le corps est long, bien proportionné et s'inscrit dans un rectangle. Les pattes, de longueur moyenne, sont en proportion avec le corps. Le pied est rond, bien fourni de poils, porte quatre doigts devant, cinq à l'arrière. La queue longue, large à la base, s'amincit au bout ; elle est bien fournie de poils longs. La robe est épaisse, plus courte sur les épaules que sur le reste du corps. Elle est de texture soyeuse, lisse. Les yeux sont verts, dorés ou cuivre, bleus ou vairons, sans rapport avec la couleur de la robe.

Standard de la Fédération Internationale Féline

Il est identique. La FIFe note qu'un poil court ou d'égale longueur n'entraînera pas de déduction de points. En revanche, une ossature faible et un menton fuyant sont des fautes.

Couleurs du Maine Coon

Blanc, noir, bleu, roux, crème, tabby classique, « mackerel » tabby, silver tabby, tabby roux, tabby brun, tabby bleu, tabby crème, tabby cameo, écaille de tortue, calico, calico dilué, bleu-crème, bicolore, écaille de tortue et blanc, tabby et blanc, chinchilla, argent ombré, shell cameo (chinchilla roux), shaded cameo (roux ombré), fumé noir, fumé bleu, cameo fumé (roux fumé).

COMPORTEMENT ET CARACTÈRE

Ce chat, utilitaire à l'origine — c'est un excellent chasseur de rongeurs —, est un compagnon aimable, doux et un peu timide, très affectueux. Il est très personnel, mais pas sauvage, très sociable avec les autres chats, les chiens et les hommes. Il s'habitue très bien à la vie de famille et adore jouer, surtout avec les enfants. C'est un chat docile, qui suit volontiers son maître, avec ou sans laisse.

FICHE PRATIQUE

Robuste, le Maine Coon est capable de résister aux hivers les plus rudes, grâce à sa robe bien fournie et à sa solide constitution. C'est un gros chat, on prétend que certains sujets pèsent jusqu'à 18 kilos. La moyenne se situe autour de 7, 8 kilos. Les mâles pouvant être plus gros que les femelles.

Les chatons ne sont pas plus de deux ou trois par portée. La race a un développement relativement lent. La croissance s'achève à quatre ans.

Le Maine Coon est facile à élever et à nourrir. Les poils de sa robe ne s'emmêlant pas, son entretien ne pose pas de problèmes. Un bon brossage tous les quatre ou cinq jours suffit.

RACES AMÉRICAINES

Américain à poil dur

Vu de loin, ce chat ressemble beaucoup aux autres Poils courts. Il possède en fait une fourrure d'une texture particulière, dense et rude au toucher, qui se redresse quand on la caresse. Observé à la loupe, chaque poil a l'air d'avoir été frisé au fer. Ce chat est le résultat d'une mutation spontanée apparue en 1966 dans une portée de l'État de New York. On a effectué divers croisements entre ces chats qui ont permis d'obtenir des robes dures de toutes les couleurs. En 1977, le CFA américain a autorisé la race à participer aux concours. Des chats au pelage identique ont été trouvés au Canada, à Londres et en Allemagne.

Le Balinais

Ce chat est apparu dans les années cinquante aux États-Unis. De type siamois pur, il avait une fourrure mi-longue et bouffante. Les éleveurs ne s'intéressèrent pas tout de suite à ces chatons, mais comme ils apparurent dans de nouvelles portées, ils finirent par les croiser entre eux pour obtenir une lignée de ces Siamois à poil mi-long, qu'ils baptisèrent Balinais. Si on compare ce chat à l'Himalayen, on voit qu'il n'a pas, comme ce dernier, les caractéristiques du Persan, mais bien celles du Siamois.

Le Balinais a la tête en triangle, des grandes oreilles en pointe, les yeux en amande, le corps long et fin, la queue fine, mais bien fournie. Il existe en Seal-point, Chocolate-point, Blue-point et Lilac-point ainsi que dans les variétés Écaille de tortue. On trouve quelques Balinais en Grande-Bretagne.

L'Exotique à poil court

Ce chat américain est le résultat de croisements — assortis d'une rigoureuse sélection — entre des Américains à poil court et de beaux Persans. Les éleveurs voulaient ainsi obtenir un chat de type Persan, mais avec une fourrure mi-longue, plus facile à entretenir. L'Exotique à poil court est aujourd'hui très populaire aux États-Unis. Il existe dans des couleurs variées et possède de très beaux yeux. C'est un chat très robuste, un compagnon agréable, affectueux et gai.

Le Cymric

Ce chat sans queue à la fourrure longue et douce est apparu dans des portées de Manx élevées aux États-Unis, à la fin des années soixante. Baptisé « Cymric » (le Gallois), il a été reconnu dix ans plus tard par quelques clubs félins, mais pas par le CFA, ni par le GCCF. Il est très rare en Europe. Quelques spécimens existent en Grande-Bretagne.

L'Ocicat

La robe tachetée de l'Ocicat aux yeux dorés et aux longues pattes rappelle celle de certains félins sauvages comme l'ocelot. L'Ocicat est le résultat d'un croisement entre une chatte Abyssin et un Siamois chocolat. Il est assez grand, musclé. Sa fourrure est courte et très brillante. Les premiers Ocicats étaient crème, mouchetés de noisette foncé. Ils existent aujourd'hui dans d'autres couleurs.

Le Tonkinois vison

Ce chat aux yeux bleu-vert, à la tête « reptilienne au museau carré », est un hybride de Siamois et de Burmese. Sa robe, généralement zibeline, a des extrémités colorées qui se fondent de façon presque invisible dans la robe. Ce Tonkinois vison est la première race de chats créée au Canada.

Le Ragdoll

Il doit son nom au fait d'être mou comme une poupée de chiffon. Les premiers Ragdoll auraient eu pour mère une chatte, sans doute persane, qui avait été victime d'un accident de la route. Le Ragdoll ne réagit que très peu. Il semble ignorer la peur et la douleur. Bien que cette « race » créée en Californie soit très controversée — ses origines et sa stabilité sont notamment mises en cause — elle a été reconnue par quelques clubs américains.

Balinais

LE CORPS DU CHAT : UNE MÉCANIQUE DE HAUTE PRÉCISION

Une étonnante souplesse caractérise le corps du chat. Sauteur, grimpeur, équilibriste, le petit félin est l'un des plus remarquables sportifs produits par la nature. Le secret de ses performances : un squelette de 230 os, légers et solides, des articulations efficaces ainsi que 617 muscles, qu'il maîtrise parfaitement, en bon chasseur, aussi adroit que rapide (voir p. 33.)

Le chat contorsionniste

Ses particularités morphologiques permettent au chat de se mouvoir dans presque toutes les directions : il s'aplatit comme une limande pour passer sous un meuble, il peut arquer son dos en un U inversé, tourne l'avant de son corps à 180° par rapport à l'arrière, se tortille dans tous les sens pour se lécher sur presque tout le corps, est capable d'effectuer une rotation presque complète de la tête. Le crâne est relié à la colonne vertébrale par des muscles puissants qui maintiennent la tête relevée et lui assurent aussi cette remarquable mobilité, rendue également possible par la forme particulière des deux premières vertèbres cervicales — atlas et axis — et par la grande mobilité des vertèbres suivantes.

Le chat sauteur

Le chat a des gestes rapides et puissants. Les muscles de ses pattes arrière, véritables ressorts, le propulsent tel un projectile sur ses proies, les pattes avant jouant le rôle de support. L'animal peut sauter ainsi jusqu'à cinq fois sa propre hauteur. Il évalue d'abord la distance, grâce à son œil « télescope », se ramasse, bondit, visant toujours un peu au-dessus de son objectif, le haut d'un meuble par exemple. Cela lui donne la possibilité de ramasser ses pattes arrière pour bien se recevoir, les antérieures assurant l'équilibre.

Une fois haut perché, le petit félin a des problèmes pour redescendre : la disposition de ses griffes ne lui permet pas alors de les utiliser pour s'accrocher. Le plus souvent, il se laisse glisser en avant, le plus loin possible, pour réduire la distance qui le sépare du sol avant de sauter. Certains chats choisissent la descente à reculons qui permet d'utiliser les griffes.

La queue, qui lui sert de balancier, joue un rôle très important dans les dons d'équilibriste du chat.

Quand il saute d'une certaine hauteur, le chat ne retombe pas forcément en souplesse sur ses pattes. Pour cela, il faut qu'il ait eu le temps de se redresser avant de toucher terre, performance rendue possible grâce aux canaux semi-circulaires de l'oreille interne (voir p. 116). A partir d'une trop grande hauteur, cependant, ses capacités de réaction sont dépassées et il risque l'accident. Il arrive qu'il retombe quand même sur ses pattes, mais elles peuvent alors se fracturer.

L'exceptionnelle souplesse des articulations du chat lui permet de se mouvoir avec aisance dans presque toutes les directions.

Le chat funambule

Équilibriste-né, le chat possède l'art de se promener sur les corniches les plus étroites, sa clavicule réduite et sa poitrine étroite lui permettant de rapprocher au maximum ses pattes antérieures. La queue, dont les vertèbres se tordent et se raidissent à volonté, joue un rôle important dans l'équilibre. Le chat s'en sert

COMMENT SECOURIR UN CHAT PERCHÉ ?

Le chat a la spécialité de se mettre dans des situations périlleuses : au sommet d'un toit dont il ne sait plus comment redescendre, ou au plus haut d'un arbre. Après plusieurs heures, il finit généralement par s'en tirer seul. On peut l'y inciter en plaçant, par exemple, quelques sardines sur le sol. Pour récupérer un chat, mieux vaut attendre le jour. Prendre la plus grande échelle possible, puis essayer de le faire approcher jusqu'à ce qu'il arrive à portée de la main, en lui parlant doucement pour le rassurer. Si la manœuvre échoue, les pompiers, spécialisés dans ce genre de sauvetage, pourront intervenir.

comme d'un balancier. Coussinets plantaires et griffres interviennent aussi dans ses performances acrobatiques. Certains chats n'ont pas de queue (chat de l'île de Man) ; leur arrière-train est surélevé et leur démarche diffère de celle des autres chats. Cette particularité ne les empêche pas toutefois d'avoir des dons d'équilibriste.

La démarche féline

Digitigrade, le chat repose sur l'extrémité de ses doigts, garnie de coussinets. Une position qui lui permet d'allier vitesse et stabilité. L'animal possède cinq doigts aux antérieures, quatre aux postérieures. Il a cinq coussinets, dont le central, en forme de trèfle, est nettement plus gros que les autres. Certains chats ont un nombre de doigts supérieur ; il s'agit d'une anomalie héréditaire.

Le chat, dont les membres sont harmonieusement attachés au corps, marche l'amble, c'est-à-dire en déplaçant simultanément ses deux pattes d'un même côté, comme certains chevaux dressés. Ses coussinets et ses griffes rétractiles rendent sa démarche tout à fait silencieuse. Quand il trotte, il avance ses pattes par paires croisées ; dans la course, il se déplace par une série de bonds allongés. Sa clavicule étroite augmente la vitesse et la souplesse de ses déplacements. Le chat, grâce à son étonnante maîtrise musculaire, est capable de rester immobile très longtemps.

GARDER UN CHAT EN BONNE FORME

L'exercice est indispensable au chat. Animal énergique, puissant, doté d'une grande tension nerveuse, il a un besoin vital de se dépenser. Or, de nombreux maîtres refusent de laisser leur chat en liberté par crainte des multiples dangers qui le guettent : accidents de la route, empoisonnements, coups de fusil, maladies, ou blessures à la suite de bagarres avec ses congénères. Pour garder quand même la forme, un chat d'appartement doit avoir un bon griffoir à sa disposition : une bûche garnie d'écorce, et accrochée verticalement ; cet objet lui permet à la fois d'user ses griffes et de se détendre. Il faut l'encourager au jeu : accrocher une bobine suspendue par un fil à une poignée de porte, disposer des cartons qui lui donneront envie de pratiquer la course d'obstacles, lui offrir une balle. Autre solution : mettre un grillage à votre balcon. Certains maîtres installent une grande cage grillagée dans le jardin, comportant un petit arbre, des perchoirs divers, où le chat peut se dépenser et prendre l'air en toute sécurité. S'il l'accepte, vous pouvez également promener votre chat en laisse. Siamois, Rex et Chartreux se plient en général volontiers au port de la laisse.

LA CHUTE LIBRE

Le chat qui tombe redresse d'abord la tête, ses pattes antérieures étant rapprochées de la tête, celles de derrière lancées en l'air, vers le haut. Il effectue ensuite un tour complet ; la partie avant du corps vire la première, suivie de la partie arrière. Il se retrouve alors face au sol et se reçoit, le dos arqué, pour amortir le choc. La queue sert à assurer le meilleur équilibre possible pendant la chute.

LES PERCEPTIONS

L'œil et la vision

L'œil du chat, superbe, limpide, est une mécanique parfaite, et l'une des plus grandes réussites de la Nature. De tous les mammifères, le petit félin est celui dont l'œil est le plus important par rapport au corps (le volume du globe oculaire varie de 4,5 à 5,5 cm^3 et son poids de 10 à 11 g).

Anatomie de l'œil. L'œil est situé en avant de la tête, à peu près comme chez l'homme. L'animal doit donc se tourner pour voir ce qui se passe à côté de lui. Son champ visuel total, de 280°, dépasse le nôtre qui ne couvre que 220° — et même celui du chien. La vision binoculaire du chat, de 130°, est également supérieure à celle de l'homme.

Autre caractéristique : l'iris. Il présente une grande variété de couleurs : des nuances du vert, du jaune, du bleu, du mauve, de l'orange. Une palette unique dans le monde animal.

La pupille du chat a la faculté de varier considérablement de forme selon l'intensité lumineuse. Dès qu'un rayon de soleil l'éclaire, elle se rétrécit jusqu'à devenir une simple fente ou, plus même, se fermer complètement, ne laissant passer la lumière que par deux minuscules ouvertures en haut et en bas. Au contraire, quand la lumière baisse, l'œil, dont la rétine est riche en bâtonnets (cellules photosensibles), s'adapte remarquablement à l'obscurité : la pupille se dilate, occupant presque tout le diamètre de l'iris — elle atteint alors jusqu'à 1,2 cm — pour recevoir les plus infimes rayons lumineux. On dit que les Chinois, dès la tombée du jour, lisent l'heure dans l'œil du chat.

Une membrane spéciale, le *tapetum lucidum*, située au niveau de la rétine, fonctionne comme un miroir et augmente encore la luminosité. Dans la nuit, s'ils sont éclairés par une lanterne, par des phares ou par le faisceau d'une lampe électrique, les yeux du chat deviennent phosphorescents. Les yeux jaunes ou orange ont des lueurs verdâtres, les yeux bleus rougeoient. Ce phénomène, lié au *tapetum lucidum*, a beaucoup contribué à l'image du chat, animal diabolique.

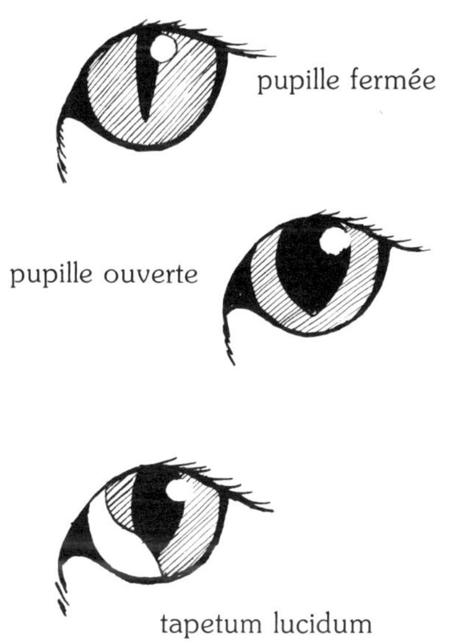

La pupille du chat.

L'œil et la lumière. La sensibilité exceptionnelle de l'œil félin aux ondes lumineuses a été mesurée en laboratoire. Des chats ont été enfermés dans une pièce obscure où se trouvaient deux guichets lumineux. On les a habitués à trouver de la nourriture derrière le guichet le plus éclairé. La différence d'éclairage entre les deux guichets a ensuite été progressivement diminuée, jusqu'à un point tel que l'œil humain ne puisse plus la percevoir. Les chats, eux, ont continué à déceler la lumière. Ils ne se sont trompés qu'à partir du moment où la différence d'intensité a atteint le sixième de celle qui marque le seuil inférieur de la vision humaine.

Si le petit félin a une bonne vision crépusculaire, il ne voit pas dans l'obscurité totale, contrairement à ce que l'on croit souvent. Ce sont ses moustaches qui, fonctionnant comme des radars, lui permettent de se diriger très bien dans l'obscurité.

La distance. Le chat n'a qu'une vision un peu floue des objets situés près de lui. S'ils sont placés entre 2 et 6 mètres, il les distingue plus nettement : il voit les formes. Des expériences de laboratoire ont montré qu'il pouvait faire la différence entre des plans verticaux et horizontaux, ou encore entre un cercle et un triangle. L'œil du chat perçoit aussi les détails ; mais étant donné le nombre limité de ses cellules rétiniennes à cône, il ne les voit sûrement pas aussi bien que nous.

Le mouvement. Quand il s'agit de voir ce qui bouge, la vision du félin devient très efficace. Par un réflexe très rapide, la pupille réagit instantanément et, d'un seul coup de son « œil-télescope », le chat met au point sur l'image en déplacement — une proie, généralement —, évalue son importance, la distance, les obstacles éventuels à contourner pour l'atteindre. Cela, avec une précision remarquable. Tout signe de vie, même le plus furtif, le frémissement d'une moustache de mulot par exemple, est repéré par ce prédateur dont l'œil est l'arme de chasse numéro un. Ses victimes en puissance n'ont qu'une solution pour échapper à sa vigilence : feindre la mort.

Les couleurs. Le chat voit-il les couleurs ? On a longtemps pensé qu'il percevait le monde en noir et gris. Erreur. Si la pauvreté de sa rétine en cellules à cône ne lui permet pas une vision aussi colorée que la nôtre, il est cependant capable de distinguer certaines couleurs dans une gamme entre le bleu et le jaune vert, avec des nuances. Au-delà, il voit l'orange, le rouge, de la même façon, comme du blanc. Il ne distingue pas non plus l'indigo et le violet. Cette vision des couleurs a pu être déterminée dans les années soixante, en couplant des tests du comportement avec des tests électrophysiologiques.

Cette vue exceptionnelle, les chats ne la possèdent pas en venant au monde. Les chatons naissent aveugles et n'ouvrent leurs jolis yeux bleus qu'au bout de

7 à 10 jours. Pendant les trois premiers mois de leur existence leur vision est nettement moins bonne que celle de l'adulte ; elle s'affine par la suite.

Durant toute son existence, le chat économise ses yeux. Il les utilise uniquement à des fins précises : pour le jeu, la chasse ou pour déceler un danger. L'image de la télévision, par exemple, le laisse indifférent. Il semble, en revanche, très sensible aux ondes, aux sons et à la chaleur émis par le récepteur.

Quand le chat vieillit, sa vue reste généralement excellente. Même le Siamois, souvent affligé de strabisme, voit parfaitement. Il est très rare que l'on rencontre chez les chats âgés cette cataracte dont souffrent, à des degrés divers, 90 pour 100 des très vieux chiens. Il arrive quand même qu'un chat soit atteint de cécité à la suite d'une maladie ou d'un traumatisme. Il parvient heureusement à surmonter ce handicap, grâce à son sens tactile et à son oreille, qui deviennent encore plus performants et compensent la vue défaillante.

Les yeux du félin, situés bien en avant sur la tête, lui permettent une vision à trois dimensions.

L'œil du chat n'est pas seulement un remarquable instrument, il exprime aussi les émotions du petit félin. S'il est en colère, ou sous l'effet de l'excitation sexuelle, sa pupille s'ouvre largement. Lorsqu'on le caresse, l'animal cligne des yeux de plaisir. Quand il se prépare à attaquer, ses yeux se réduisent à une simple fente. Bien d'autres choses passent encore dans le regard inquisiteur et énigmatique du chat.

L'oreille et l'audition

Avec son oreille mobile, ultra-sensible, son sens aigu de l'interprétation des bruits, le chat vit dans un univers sonore beaucoup plus riche que le nôtre.

Comment fonctionne cette oreille perfectionnée ? Le pavillon auditif ou « pinna », en forme de cône, se redresse, se couche, s'oriente dans toutes les directions, grâce à 27 muscles hautement spécialisés, et parvient ainsi à recueillir les moindres vibrations sonores de l'environnement.

Les ondes sonores arrivent ensuite jusqu'au tympan par le canal auditif. Sous leur impulsion, le tympan, fine membrane qui sépare l'oreille externe de l'oreille interne, se met à vibrer. Ses vibrations sont ensuite transmises à la cochlée — ou limaçon osseux — par l'intermédiaire de trois petits os : le marteau, l'enclume et l'étrier. Ceux-ci amplifient les vibrations et les transmettent à l'oreille interne. De là, elles sont conduites au cerveau par le nerf auditif.

Grâce à la structure particulière de la cochlée, le chat réagit à des sons bien plus aigus que ceux que nous pouvons entendre. Il perçoit des ultrasons jusqu'à environ 45 000 Hz (vibrations par seconde), alors que peu d'hommes entendent au-delà de 20 000 Hz, son correspondant à la note aiguë d'un violon. S'il ne diffère pas beaucoup du nôtre dans les basses fréquences, le champ auditif du chat est beaucoup plus étendu dans la gamme des hautes fréquences.

Une oreille ultra-sensible. Autre particularité de l'oreille féline, sa sensibilité. Le chat est capable de distinguer deux sons émis en même temps et au même endroit. Ainsi, dans la campagne, entre mille bruits, il discernera le froissement de l'aile d'un oiseau ou encore le trottinement d'un mulot. Il est maître dans l'art de sélectionner les bruits qui l'intéressent.

Même quand il dort, ce prédateur reste à l'écoute de tout, ne laissant jamais en repos son ouïe, si précieuse pour la chasse. Un sens si développé que l'on peut comparer la sensibilité auditive du petit félin domestique à celle de ses frères sauvages.

Cette oreille très sensible redoute les cris. Dans une famille où le ton monte facilement, on rencontre souvent des chats névrosés. Des bruits trop violents terrorisent cet animal au psychisme fragile. Certains bruits, comme les vibrations de l'aspirateur, l'incommodent.

La surdité. Étrangeté de la nature : les chats blancs aux yeux bleus sont souvent sourds. Curieusement, ceux qui ont des yeux de couleur différente — l'un bleu, l'autre orange par exemple — entendent du côté de l'œil orange et sont sourds de l'autre.

L'acuité auditive du chat diminue quelquefois avec l'âge, mais moins fréquemment que chez le chien. Quand un chat devient sourd, on peut attirer son attention en frappant des mains. Heureusement, la vision, l'odorat, l'hypersensibilité aux vibrations compensent en grande partie cette infirmité.

Le langage sonore. Les communications sonores jouent un grand rôle dans la vie sociale des chats. Dès sa naissance, le chaton s'exprime en ronronnant. Les cris de détresse qu'il pousse sont captés de très loin par les oreilles maternelles.

Devenus adultes, les chats s'expriment au moyen de 63 sons différents, sans compter le ronronnement. En modulant ses miaulements, du grave à l'aigu, le chat exprime beaucoup de choses. Pour communiquer, il dispose également de feulements et de grognements. Les scientifiques ont constaté que son langage — contrairement à ce qui se passe chez l'oiseau — était le même sur toute la terre. Un chat japonais interprète parfaitement les miaulements de ses congénères européens.

Au moment des amours, mâles et femelles miaulent de façon très particulières. L'ouïe joue donc un rôle important dans les relations sexuelles. A certaines périodes de l'année, les chats se réunissent, la nuit, sous la lune, pour des concerts au sens mystérieux.

L'oreille du chat lui sert aussi à communiquer avec l'homme. Il répond à l'appel de son nom, comprend des ordres, des mots simples. Le chat est très sensible aux intonations de notre voix quand nous lui parlons. Il sait aussi nous exprimer ses désirs en miaulant de façon particulière. Du fond de l'appartement, l'animal entend le tintement de son assiette et se précipite pour manger. Il perçoit de loin le bruit de la voiture ou des pas de son maître et se poste derrière la porte d'entrée pour l'accueillir, s'il est bien disposé. Le chat, c'est connu, n'entend que ce qu'il veut bien entendre.

L'oreille et l'équilibre. En chute libre, le chat a l'étonnante faculté de retomber sur ses pattes en opérant diverses contorsions durant sa trajectoire. Ce miraculeux sens de l'équilibre a son siège dans l'oreille interne, très développée. Les canaux semi-circulaires perpendiculaires les uns aux autres signalent la direction et l'accélération d'un mouvement dans n'importe quel sens et déterminent des réactions qui maintiennent l'équilibre. Un mécanisme compliqué. Les orifices des canaux débouchent sur de petites outres contenant des récepteurs munis de cils sensibles. Des cristaux de carbonate de

« La Symphonie des chats ». Encre de Chine et lavis, de Moritz von Schwind, 1868. Staatlische Kunsthalle, Karlsruhe. Ph. © J.-M. Labat.

LE CHAT MÉLOMANE

La musique attire les chats. Ils apprécient surtout Mozart, Vivaldi, les voix de soprano. En revanche, Beethoven ne convient pas à leurs oreilles. Le maître Henry Sauguet, auteur de *La Chatte*, ballet célèbre, raconte qu'un morceau de Debussy, « Le Cortège » de la *Petite Suite*, faisait sur son chat Cody un effet surprenant : « En l'entendant, il se roulait sur le tapis en gémissant de joie, sautait sur le piano, et de là, sur mes genoux, léchait mes mains, s'écartait et revenait au grand galop me rejoindre dès que je commençais à égrener les tierces enchanteresses ».
Personne ne connaît les effets de la musique sur les chats. « L'animal essaye souvent d'attraper les sons au vol avec sa patte comme si les sons étaient tangibles, matérialisés », note Henry Sauguet. Les études des physiologistes n'ont pas encore répondu à cette question. Certains sons déclenchent chez le chat de véritables réflexes conditionnés. Ainsi, la note *mi* du quatrième octave entraîne immanquablement la défécation chez le chaton. La même note met un chat adulte dans un état d'excitation sexuelle proche de l'extase. Cette découverte a été faite en 1932 par les docteurs G. Morin et M. Bachrach. Ces phénomènes sont encore inexpliqués aujourd'hui.

Flairer tout ce qu'il rencontre est une façon, pour le chat, d'explorer le monde. Son sens olfactif lui permet de détecter des odeurs que nous ne percevons pas.

calcium, en pesant sur ces cils, fournissent des indications sur l'équilibration verticale.

Quand le chat souffre d'une otite, ou encore s'il subit une anésthésie locale, est atteint d'une affection nerveuse comme une méningite, ou à la suite d'un accident, ce mécanisme subtil peut se détraquer. L'animal a le tournis, vacille, se montre complètement désorienté. Parfois, il n'arrive même plus à marcher.

Le nez et l'odorat

Le chat, au nez minuscule, a un sens olfactif très développé, subtil, qui joue un rôle déterminant dans son comportement alimentaire, sa vie sociale, ses relations sexuelles et ses activités de prédateur.

Une muqueuse olfactive beaucoup plus étendue que celle de l'homme, qui couvre une surface de 20 à 40 cm^2, tapisse le nez du chat. L'air inspiré par l'animal passe à travers cette muqueuse où quelque 200 millions de cellules émettent un signal-réponse à une odeur et le transmettent au cerveau par le nerf olfactif.

Le chat possède aussi un organe particulier, muni de cellules sensorielles spécialisées, l'*organe de Jakobson* : deux conduits, s'ouvrant dans le palais, derrière les incisives supérieures, le mettent en contact avec l'extérieur. La langue, en exerçant une pression sur ces orifices, permet ainsi à l'organe de Jakobson de « pomper » les éléments chimiques odorants de l'atmosphère. A ce moment-là, l'animal retrousse les lèvres et, parfois, salive ; ce qui lui donne une expression particulière, dite *réponse de Flehman*. On observe généralement cette réaction chez le chat qui inspecte l'urine d'un congénère mâle ou femelle. Elle est liée au comportement sexuel et d'agression.

Dès les premiers jours de sa vie, le chaton utilise son sens olfactif. Des phérormones existant chez la femelle en lactation sont perçues par le nez du petit animal, encore sourd et aveugle, et le guident vers les mamelles.

L'odorat et l'alimentation. Observez le chat devant son assiette. Jamais il ne goûte à sa nourriture sans l'avoir reniflée avec soin. L'odorat joue un rôle essentiel dans son comportement alimentaire. Le chat est très attiré par l'odeur du poisson frais, de la viande rouge crue. Il est indifférent à celle de la viande froide. Le fumet d'une proie peut exciter son appétit. Le docteur vétérinaire Fernand Méry raconte l'histoire d'un chat qui, quand il n'était pas inspiré par le contenu de son assiette, filait dans le jardin, tuait une souris, la déposait, sans y toucher, près de son repas. Alors seulement, mis en appétit par le fumet de sa victime, il se mettait à manger. Il s'agirait, pense ce spécialiste du comportement félin, « de l'écho d'une mémoire olfacto-gustative qui, à ce moment-là, revenait au chat. Mémoire gardée en réserve dans l'organe de Jakobson, siège de perceptions olfactives qui ne s'effacent jamais ».

L'odorat, moyen de communication. Dans sa vie sociale, le petit félin fait grand usage de son odorat. Deux chats qui se rencontrent commencent par se renifler sous la queue, puis dans les divers endroits du corps riches en glandes odoriférantes. Le chat qui dépose des gouttes d'urine, des excréments, des sécrétions de ses glandes anales et d'autres glandes en divers endroits signale ainsi sa présence à ses congénères. Ceux-ci, les yeux fermés, la bouche ouverte, pour faire fonctionner l'organe de Jakobson, lisent ces messages.

Quand deux chats se frottent l'un contre l'autre, c'est pour laisser au voisin un peu de l'odeur des glandes qui balisent leur corps. Quand un chat frotte sa tête contre votre main, c'est également pour l'imprégner d'une odeur : celle de ses glandes pariétales. Un signe de reconnaissance, sans doute. Le chat renifle les vêtements du maître qui arrive de l'extérieur, le sac à provision, les bagages, intrigué par les odeurs inconnues.

Odorat et sexualité. A l'époque des amours, le sens de l'odorat est le plus sollicité. En reniflant l'urine et les sécrétions des glandes anales, l'animal reconnaît l'identité d'un partenaire et son état sexuel. Le mâle en rut, parsème son territoire de marques, pour nous fort malodorantes, à tel point que beaucoup de maîtres, pour ne plus avoir à les supporter, font castrer leur chat. La femelle en chaleur dégage de même une odeur spéciale qui prévient de son état tous les mâles du voisinage. Avant l'accouplement, le mâle arrose les alentours d'urine et de sécrétions de ses glandes anales. Autant de messages dont la biochimie nous révélera sans doute un jour les secrets.

Le sens olfactif s'émousse avec l'âge. Il peut être également altéré par des infections des fosses nasales. Une infirmité lourde de conséquences pour l'existence du petit félin.

LE CHAT ET LES ODEURS

Le chat réagit de façon spectaculaire à l'odeur de certaines plantes. La cataire, ou « herbe aux chats », le met en transes. Il la renifle, la mâchouille, puis se roule par terre, surexcité, un peu comme une chatte en chaleur, bien que la plante ne semble avoir aucune influence sur son activité sexuelle. D'ailleurs, le chat castré réagit de la même façon à l'odeur de la cataire.
L'odeur, fade pour nous, du papyrus bouleverse le petit félin. Il aime aussi le parfum de l'œillet, du laurier-rose, du mimosa, de la giroflée, autant de senteurs qui l'excitent. Le parfum de la valériane, du fenouil, de l'oseille, l'attirent. En revanche, l'odeur de la rue fétide le révulse. La marjolaine et l'origan, que nous utilisons comme condiments, rendent les chats agressifs. L'eau de Cologne et les parfums synthétiques le font baver. Le chat aime l'odeur du chlore, de la lessive, de l'ammoniaque et de l'eau croupie. Sa répulsion pour le vinaigre est très nette. Quand un chat a pris la mauvaise habitude d'uriner sur un coin de tapis, on arrive, parfois, à l'en corriger, en versant à cet endroit une bonne dose de vinaigre.

La bouche et le goût

Le chat est un fin gourmet dont le sens gustatif est intimement lié à l'odorat. Pour isoler les sensations gustatives, des chercheurs ont appliqué au pinceau, sur la langue de l'animal, des solutions de saveurs diverses. Ils ont ainsi constaté que le chat goûtait l'amer, le doux, l'acide, le salé. Une lacune dans ses perceptions gustatives : il est l'un des rares animaux, sinon le seul, à ne pas réagir au sucré. En revanche, il perçoit fortement la saveur de l'eau pure.

Les récepteurs du goût permettent au chat de détecter et de reconnaître les substances dissoutes dans l'eau ou la salive. Ils sont localisés dans les organes foliés, situés sur les côtés et à la base de la langue. Leur excitation entraîne l'apparition d'un influx nerveux sensitif qui transmet immédiatement l'impression au cerveau.

L'odeur dégagée par la femelle en chaleur est beaucoup plus discrète que celle du mâle en rut ; nous ne la percevons du reste pas. Mais son partenaire ne s'y trompe pas.

Les papilles gustatives en relief, qui font de la langue du chat un organe rugueux, semblable à une râpe, contiennent également des récepteurs du toucher et de la température. L'animal est donc bien renseigné sur ce qu'il mange. Au centre de la langue, les papilles filiformes ne possèdent pas de bourgeons gustatifs. Elles jouent le rôle de crampons pour maintenir la nourriture et servent aussi au chat quand il nettoie son poil à grands coups de langue.

Le sens gustatif : il fonctionne très tôt. Dès le premier jour de son existence, le chaton est capable de faire la différence entre un liquide pur et un liquide salé.

Le chat adulte est attiré par certains acides aminés qui stimulent ses papilles gustatives et par le lactose. Ce qui pose des problèmes, car de nombreux chats, tels les Siamois, ne supportent pas le lait, qui provoque chez eux des diarrhées. (On trouve maintenant en pharmacie des laits spéciaux, bien tolérés.)

Le petit félin a des goûts alimentaires éclectiques. Il est cependant nécessaire de l'habituer, dès son plus jeune âge, à une alimentation de saveur et de texture variées, afin qu'il ne se fixe pas sur un ou deux aliments. Pour ce qui est des plats, les chats ont chacun leur préférence : l'un raffolera des crevettes, l'autre du thon à l'huile, un troisième des asperges ou des huîtres. En règle générale, les chats détestent la monotonie, d'où la gamme étendue de produits divers, croquettes et

Les moustaches des chats, de longueur variable selon les races, sont très mobiles et pourvues d'une sensibilité tactile extrêmement développée.

pâtées, élaborés scientifiquement par les fabricants d'aliments pour animaux.

Dans la nature, ce petit prédateur avale ses proies toutes entières ; devant son assiette, au contraire, il choisit, repousse certains morceaux. Il apprécie surtout le goût de la viande et du poisson bien frais. Contrairement au chien, il se détourne des morceaux un peu avancés.

Le sens gustatif du chat, comme son odorat, s'affaiblit avec l'âge. Pour solliciter l'appétit de certains vieux chats, on doit leur proposer des aliments à la saveur corsée : boîtes à base de poisson ou de foie, foie grillé, hareng fumé.

La peau et le toucher

Une sensibilité à fleur de peau. Minet est un grand sensuel. Du bout de son nez à l'extrémité de sa queue, son corps est balisé de corpuscules tactiles qui captent le moindre frôlement et l'amplifient, d'où l'effet spectaculaire que les caresses produisent sur lui : des sensations fortes, de toute évidence, et bien mystérieuses.

Le nez, le museau et la face du chat sont particulièrement sensibles au toucher, à la chaleur et au froid. Sur la langue, il possède aussi des récepteurs tactiles précis.

Pattes et coussinets. « Si tu y mets la patte, et ron et ron, petit patapon... », dit la chanson. Le chat tend souvent la patte vers un objet, l'effleure plusieurs fois avant d'y frotter son museau. Ses coussinets plantaires, riches de nombreux récepteurs tactiles, sont en effet très sensibles à la pression. Les messages qu'ils reçoivent et que les nerfs transmettent au cerveau sont interprétés dans une zone importante. Ce qui montre bien le grand rôle des coussinets plantaires dans le toucher. Ils donnent au chat des renseignements essentiels sur son environnement immédiat, lui servent à sentir la texture, la forme, les dimensions des objets. Ils interviennent aussi dans l'équilibration et l'adresse de l'animal.

Parsemé de nombreuses glandes sudoripares, le dessous des pattes réagit sous l'effet de la chaleur ou d'une émotion et devient moite. Un chercheur a eu l'idée de fixer un petit sachet rempli de cristaux de cobalt sous la patte d'un chat. Un bruit violent a fait virer le cobalt au bleu pâle, l'arrivée d'un chien inconnu, au rose.

Des moustaches radar. Les moustaches du chat, ou vibrisses, longues, raides, en éventail quand il explore, sont de véritables petites antennes, qui jouent un rôle important dans la perception et l'examen des objets qu'elles frôlent. Pourvues d'un réseau de nerfs, elles sont sensibles aux moindres variations de pression de l'air ambiant, modifiée notamment par la position des objets dans l'espace. Ces vibrisses radar permettent au chat de se diriger dans le noir sans se heurter aux obstacles. Si on lui coupe les moustaches, l'animal devient incapable de se déplacer avec aisance, il semble désorienté.

Les sourcils. Ils sont également des récepteurs sensibles. S'ils touchent un objet, on constate un battement protecteur des paupières. (Le même réflexe s'observe quand les moustaches rencontrent un obstacle). La face externe des pattes antérieures du chat porte des groupes de poils très sensibles au toucher.

Les poils. En plus de ces endroits précis, chaque poil est un petit organe de sensibilité, un système perfectionné qui fait du chat un sujet privilégié pour les sensations tactiles. On comprend donc qu'il soit avide de caresses, source de plaisir. Quand il se frotte contre vous ou contre des meubles, c'est pour laisser son odeur et en même temps pour éprouver des sensations.

Le chat, un sensuel. Le plaisir du toucher est déjà grand chez le chaton. Sous les coups de langue de la mère ou les caresses, il se détend, son rythme cardiaque ralentit, son souffle devient plus régulier. Un chaton sevré trop tôt est frustré au moins autant, sinon plus, des caresses maternelles que de la cessation de l'allaitement. Avec l'homme, ce sont les caresses qu'il cherche à retrouver. Le docteur vétérinaire Michaël Fox, connu aux États-Unis pour ses études sur le comportement de nos animaux familiers, pense que le chat voit essentiellement dans l'homme un réservoir de caresses et que l'aspect « père nourricier » n'est que secondaire.

Le chat sait très bien nous faire comprendre s'il désire qu'on lui gratte le crâne, le menton, en prenant des poses « parlantes ». S'il a envie qu'on lui chatouille le ventre, il se met sur le dos, les quatre pattes en l'air, et attend. Une caresse sur le bas du dos, zone très sensible, lui fait prendre parfois une position en arc de cercle. Les femelles qui sont subi une opération ne se laissent pas caresser à cet endroit-là.

LE CHAT MÉTÉO

Avant l'orage ou la pluie, le chat fait sa toilette plus que de coutume. On pense que ce comportement a pour but de neutraliser l'électricité qui parcourt sa fourrure et le gêne. Il est si fréquent, en tout cas, que les gens de la campagne en tiennent compte. Dans les Vosges, on assure que le petit félin annonce l'arrivée de la neige s'il tourne le dos au feu ou s'il allonge ses pattes de derrière. Les Provençaux disent que si les chats se frottent derrière l'oreille, le Mistral va se lever. L'animal est incontestablement nerveux avant l'arrivée du vent ou de la tempête : il circule, s'agite, grimpe aux rideaux, fait ses griffes avec frénésie. Les Bretons croient qu'un chat courant autour de la maison est signe de gros temps en mer. S'il joue avec le tablier de sa maîtresse, le grand vent va se lever. A bord des bateaux, les marins commençent à s'inquiéter si leur chat est plus joueur et fait plus d'acrobatie que de coutume, la tempête n'est pas loin. En revanche, on prétend que le chat ne se frotte pas le nez en faisant sa toilette et fait de tout petits yeux si le temps va être au beau.

Un sixième sens ?

Le chat est capable de performances difficiles à expliquer. Il voit des choses qui nous échappent totalement, semble « lire » l'avenir, parcourt des milliers de kilomètres pour retrouver son maître. Mystérieux comportements qui ne sont pas étrangers au caractère diabolique que certains lui attribuent.

Comment l'animal a-t-il la prescience du retour de son maître, même aux heures les plus inopinées? Cinq bonnes minutes avant que la voiture se soit engagée dans la rue, ce Siamois de trois ans est à son poste, derrière la porte d'entrée. Il attend, la queue dressée en signe de bienvenue. Ce comportement peut s'expliquer : l'ouïe très fine du chat, ses vibrisses, perçoivent sans doute de très loin l'arrivée du véhicule.

Autre particularité de l'animal : un sens de l'heure très précis. Quel que soit le moment où vous avez décidé de lui donner à manger, il arrive, même de loin. Que penser de ce chat qui, chaque matin, avait l'habitude de réveiller son maître, trois minutes avant la sonnerie du réveil? Un jour celui-ci avança le réveil d'une heure. Le chat le réveilla quand même trois minutes avant la sonnerie. Comment avait-il eu connaissance de ce nouvel horaire ? Mystère.

On raconte de nombreuses histoires de chats « héroïques », qui ont sauvé leur maître d'une mort certaine en l'avertissant à temps d'un danger. Cas typique : celui de l'animal qui se met à miauler, cherche par tous les moyens à sortir d'une pièce, juste avant que la maison s'enflamme. Le chat, qui a tout simplement senti l'odeur du feu bien avant l'homme, cherche à sauver sa peau et s'il prévient le maître, c'est probablement involontaire.

Avant un tremblement de terre, comme les chiens, les bovins ou les chevaux, les chats s'agitent, cherchent à sortir. Leurs sens perfectionnés leur permettent de déceler les signes avant-coureurs d'une

UNE PILE ÉLECTRIQUE

La fourrure du chat, si douce sous la main, renferme un étonnant potentiel électrique qui le transforme en une véritable petite pile. Phénomène particulièrement sensible par temps sec et chaud, avant l'orage. Caressez alors Minet et vous le sentirez crépiter sous vos doigts. Mis sans doute mal à l'aise par les courants électriques qui le parcourent, il se lèche, mouille sa patte et la passe derrière son oreille. Un moyen, sans doute de les neutraliser. Ce pelage électrique est peut-être à l'origine de l'aversion du chat pour certains tissus synthétiques, qu'il évite soigneusement. L'électricité statique qu'ils contiennent lui font sans doute un effet désagréable.

secousse tellurique. Les coussinets, ultrasensibles aux pressions, jouent certainement un grand rôle dans ce processus.

Par quels sortilèges certains chats, perdus à des centaines de kilomètres de chez eux, retrouvent-ils le chemin de leur maison, se jouant de tous les obstacles, traversent même des rivières, pour atteindre leur but? L'odorat, l'ouïe, les vibrisses radar, si perfectionnés soient-ils, peuvent difficilement guider l'animal sur d'aussi longues distances. Le chat, comme le pigeon voyageur, possède une horloge biologique interne qui lui permet de connaître non pas l'heure, mais le moment de la journée, d'après les déplacements du soleil et les différences d'intensité lumineuse. Quand il s'éloigne de son territoire, il y a décalage entre son horloge biologique et la position du soleil à l'endroit où il se trouve. Pour s'orienter et retrouver son chemin, il se baserait sur ces deux repères. Plus le décalage entre eux diminue, plus il se rapproche de chez lui.

Quand l'animal parvient à retrouver son maître dans un endroit inconnu, le mystère reste total. L'histoire la plus étonnante nous vient des États-Unis. Un chat, en quelques mois, a traversé tout le pays, d'est en ouest, de New-York à la Californie, pour rejoindre son maître vétérinaire, dans une région qu'il ne connaissait pas. Les Soviétiques supposent que des liens télépathiques, très forts, unissent le chat à son maître. Peut-être est-ce la clé de ces comportements inexpliqués.

INSTINCTS ET COMPORTEMENTS

Les chats qui jouent, chassent, se battent, se reproduisent, élèvent leurs petits, obéissent à leurs instincts. Mais ces comportements se modifient, deviennent plus complexes avec l'expérience, l'observation et l'éducation.

L'instinct sexuel et ses manifestations

La vie amoureuse des chats commence de bonne heure. A huit mois, en moyenne, le mâle est capable de procréer, la femelle peut être mère entre trois et neuf mois. Certaines races, Siamois, Burmese étant plus précoces que les autres.

La chatte. Chats et chattes vivent en général des périodes de chaleurs tourmentées. Dès le début, la femelle change de voix, lance des miaulements plaintifs à l'adresse du mâle, sa vulve commence à gonfler, elle devient plus câline, se frotte contre les jambes de ses maîtres, contre les meubles, lève l'arrière-train, porte la queue de coté. Il arrive qu'elle urine n'importe où. Les plus discrètes se contentent de se rouler sur le dos en ronronnant, mais beaucoup d'autres paraissent possédées, bondissent, s'agrippent aux rideaux, poussent des cris insupportables, la palme de l'excitation revenant aux Siamoises. Pour neutraliser ces grandes amoureuses, on peut les enfermer dans une pièce noire et silencieuse. Cela donne généralement des résultats.

La vie sexuelle de la chatte ne semble pas liée à une activité hormonale régulière, comme celle de la chienne, par exemple. On ignore le rythme et la durée des cycles. Toutefois, il est probable que la lune influe sur le déclenchement des chaleurs. Selon une autre hypothèse, elles seraient liées à l'odorat. On peut susciter des manifestations sexuelles chez la chatte en stimulant ses bulbes olfactifs. L'odeur de la valériane, c'est bien connu, provoque chez les chats une sorte d'excitation amoureuse.

Dans la plupart des cas, la femelle a trois cycles par an, à des périodes à peu près fixes : au printemps et en été. Il est cependant fréquent de voir des chattes en chasse cinq fois dans la même année. La présence d'un mâle dans les environs peut aussi déclencher la venue des chaleurs, à n'importe quel moment.

La chatte est fécondable pendant six à dix jours au cours des chaleurs qui durent trois semaines. La période où elle accepte le mâle peut aller de deux à quarante-huit heures. C'est l'accouplement qui déclenche l'ovulation. Les chaleurs s'arrêtent dans les jours qui suivent la saillie. Il arrive qu'une chatte refuse le mâle. Quand un chat est inexpérimenté, il vaut mieux, la première fois, le mettre en présence d'une femelle douce. Sinon, il risque d'être traumatisé à vie. Quand on désire qu'une chatte ait des petits, il est préférable de la laisser plusieurs jours en tête à tête avec le mâle choisi, pour assurer l'accouplement. Deux ou trois semaines après une mise bas, la chatte peut recommencer un cycle, alors qu'elle est souvent encore en train d'allaiter.

Le mâle. Quant au mâle, la présence d'une femelle en chaleur le stimule. Il est toujours disponible. Sollicité par les effluves qu'elle dégage, il fugue, s'il en a la possibilité. Enfermé dans un appartement, il miaule désespérément, tente de sauter par la fenêtre, — le fait parfois —, griffe coussins et meubles et dépose ça et là des marques d'urine particulièrement malodorantes. Condamné à l'abstinence, il prend parfois la position d'attente de la femelle au moment des amours ou poursuit un autre mâle. Les mâles en liberté reviennent généralement détendus, mais en piteux état, de leurs fugues amoureuses, les femelles étant l'enjeu de terribles batailles entre tous les chats du voisinage. Essayer de castrer le rival avec ses dents est classique. Les crocs s'enfoncent souvent à la base de la queue, provoquant des abcès.

Quand il fait sa cour, le chat marque le territoire nuptial d'urine et de sécrétions anales, puis entreprend autour de la femelle une sorte de danse poursuite, se place derrière elle, de côté, jusqu'au moment où celle-ci, consentante, prend une posture d'attente qui l'invite à l'accouplement. Le chat la couvre alors, en lui mordant la nuque. La saillie, rapide, brutale, peut se reproduire jusqu'à dix fois en une heure. A la fin de l'accouplement, la chatte pousse un long miaulement de douleur et se retourne parfois contre le mâle pour le griffer. Cette réaction d'agressivité est typique des chats.

Le chat est polygame de nature, ce qui ne l'empêche pas d'avoir des rapports très tendres avec la femelle qui vit sous le même toit. Après l'accouplement, le chat lèche sa femelle avec douceur et celle-ci se laisse faire avec une satisfaction évidente. Les couples de chats connaissent la jalousie. On voit souvent un mâle fugueur accueilli à coups de griffes par sa femelle.

La vasectomie, ou section des vaisseaux conduisant les spermatozoïdes à l'extérieur, est surtout destinée aux chats en liberté que l'on veut stériliser. Malheureusement, elle ne supprime pas les odeurs et autres manifestations intempestives des chaleurs.

La castration se pratique en général de manière systématique chez les chats d'appartement. On peut faire castrer un mâle dès six mois, mais il vaut mieux attendre qu'il ait huit ou neuf mois. A ce moment-là, la formation est achevée, son appareil sexuel bien développé et l'on pense que les risques d'obturation de l'urètre par des calculs diminuent. Cette intervention, très brève, se fait sous anesthésie générale. Le chat se rétablit rapidement. La castration fait disparaître la frustration sexuelle et les problèmes psychiques qui en découlent. L'animal castré devient plus doux, moins agressif, mais l'obésité le guette. Il faut donc réduire sa ration alimentaire d'environ un tiers afin d'éviter l'embonpoint.

L'accouplement.

Les mécanismes de la reproduction

Bien que le système reproducteur des chats ressemble à celui des autres mammifères, leur pratique de l'acte sexuel est assez particulière.

Peu après la naissance, les testicules du chaton descendent dans le scrotum (les bourses). Si cela ne se produit pas l'animal sera stérile.

Les deux ovaires de la femelle se trouvent à l'intérieur du corps, près des reins. Le vagin a la forme d'un Y, avec une partie centrale très courte.

L'extrémité du pénis du chat est hérissée de papilles cornées qui stimulent le vagin de la femelle. Il s'ensuit une série de réactions nerveuses et hormonales. Le cerveau commande à l'hypophyse de libérer l'hormone LH qui provoque l'éclatement des follicules lâchant les ovules : c'est l'ovulation. Les follicules sont transformés en corps jaune qui produit une autre hormone sexuelle : la progestérone. Celle-ci prépare l'utérus de la chatte à l'arrivée d'ovules fécondés et déclenche des changements physiologiques complexes, nécessaires à la gestation. L'ovulation, la formation du corps jaune et la production de progestérone sont donc provoqués par le coït.

Quand le sperme du mâle a atteint le noyau de l'ovule, les noyaux fusionnent. Quand les spermatozoïdes ont fécondé l'œuf, des changements dans sa membrane empêchent l'entrée d'autres spermatozoïdes. L'œuf grossit et se dirige vers l'utérus. Là, sa cellule se divise, passe à deux, quatre, jusqu'à ce qu'elle sorte de l'enveloppe qui l'entoure. Le groupe de cellules forme alors une masse cellulaire intérieure, le futur embryon du chaton, et une enveloppe extérieure, beaucoup plus grande, le trophoblaste, qui formera le placenta. A ce stade, il s'implante dans l'épaisseur de l'utérus. A partir de ce moment-là, la gestation proprement dite commence. Pendant deux semaines, les systèmes physiologiques et les principaux organes des embryons se mettent en place. Environ quatre semaines après l'accouplement, l'utérus de la chatte contient des fœtus de 2,5 à 3 cm de long, ressemblant déjà aux futurs chatons.

Stimuler artificiellement le vagin d'une chatte pendant l'œstrus entraîne l'ovulation. Conséquences pratiques : on peut notamment obtenir ainsi des portées à partir du sperme d'étalons ayant cessé leur carrière de reproducteur. La stimulation artificielle permet aussi d'écourter la période des chaleurs en provoquant une grossesse nerveuse. En effet, tout accouplement, fertile ou pas, provoquant l'ovulation ainsi que la production de progestérone, la chatte présente chaque fois des signes de gestation. On dit qu'elle fait une grossesse nerveuse.

La maternité

Quand une chatte attend des petits, elle change vite de comportement. Elle devient plus calme, recherche les caresses, se montre agressive avec les mâles. La gestation dure en moyenne deux mois, avec des variations de cinquante-huit à soixante-trois jours (soixante-sept chez les Siamois). La chatte s'arrondit assez vite, ses mamelons grossissent. On peut sentir les petits à la palpation dès la quatrième semaine. Une semaine plus tard, ils bougent et on peut les compter.

La mise bas

La chatte peut choisir toutes sortes d'endroits pour installer le nid de sa petite famille ; elle préfère généralement les coins sombres, silencieux et bien protégés : le fond d'un placard par exemple. Certaines chattes mettent bas dans un endroit qu'elles affectionnent : un canapé ou le lit de leur maître.

La veille de la mise bas, la chatte devient nerveuse, inquiète, fait des allées et venues jusqu'à son futur nid. Sa température baisse d'un degré, puis remonte. Le jour « J », la vulve est dilatée, des contractions abdominales apparaissent, le col de l'utérus s'ouvre, la poche amniotique se déchire et les eaux s'écoulent. L'expulsion des petits se fait au rythme d'un chaton tous les quarts d'heure environ et dure de une heure à quatre ou cinq heures.

La première fois, il peut être nécessaire d'aider la mère. On dégage la tête du chaton en tirant tout doucement, puis on le présente à la chatte pour qu'elle le lèche. La chatte coupe le cordon ombilical avec ses dents, avale le placenta, ce qui va favoriser la lactation (assurez-vous, en palpant son ventre, que le dernier placenta a été expulsé). En léchant consciencieusement ses petits de sa langue râpeuse, elle stimule leur respiration. Elle lèche aussi la région anale pour déclencher les fonctions d'élimination et continuera à le faire pendant trois semaines environ. La chatte mange les excréments des chatons ou les dépose hors du nid.

Chez la chatte, la grossesse ne pose généralement aucun problème. Mais elle change de comportement et surtout devient beaucoup plus calme.

Les premiers jours

Après la mise bas, il faut laisser la mère et sa portée seules ; ils ont besoin de tranquillité. Le lendemain, vous pourrez changer la litière. Pendant les premières quarante-huit heures, la chatte s'occupe sans cesse de ses petits et dort très peu. Elle les garde contre son ventre pour les maintenir au chaud. Très bonne mère, elle se met en demi-cercle sur le flanc pour faciliter la têtée. Les petits, très faibles en apparence, réussissent, instinctivement et guidés par leur flair, à trouver le bout de la mamelle.

Le bien-être du chaton

Le jeune chat qui arrive chez vous, en général à l'âge de trois mois, est un orphelin brutalement privé de la chaleur de la portée. Commencez par le sécuriser. Prenez-le dans vos bras, doucement, parlez-lui, caressez-le. Dans la maison, évitez de crier, de claquer les portes, de faire démarrer l'aspirateur dans la pièce où il se trouve. Plus l'ambiance sera calme, plus son intégration sera facilitée.

Mis en confiance, le chaton va très vite explorer la maison, chercher un coin pour dormir, pas forcément celui que vous lui destinez ; laissez-le faire. Il a besoin de se sentir libre. Quand il dort, ne le réveillez surtout pas. Un chaton a besoin de beaucoup de sommeil. Évitez de le manipuler trop souvent. Appelez-le tout de suite par son nom, d'abord au moment des repas, puis le plus souvent possible. Chaque fois qu'il répond, récompensez-le.

S.O.S.

**Lors d'une mise bas, vous n'avez pas à intervenir si tout se passe normalement.
Vous devez appeler le vétérinaire si :**
— le travail se prolonge anormalement : plus de 4 heures ;
— la chatte cesse de pousser. Une piqûre est nécessaire pour faire reprendre les contractions. Le vétérinaire lui injectera de la post-hypophyse ;
— rien ne se produit après la perte des eaux ;
— un liquide vert s'écoule par la vulve et que le terme est dépassé.
Ces signes révèlent la mort d'un fœtus. Il faudra pratiquer rapidement une césarienne.

Tant que ses petits ne marchent pas, la chatte ne les quitte jamais.

Les accidents de parcours

L'éclampsie. Juste avant ou peu après la mise bas, la chatte est parfois prise de violents tremblements, de contractions ou de convulsions, signes d'une crise d'éclampsie. Le vétérinaire lui injectera du calcium et du phosphore par voie intraveineuse et lui donnera un calmant. La crise cesse en une heure ou deux. Il faut poursuivre le traitement quelques jours et arrêter l'allaitement.

La mammite. Quand les chatons têtent leur mère, ils mordent et griffent les mamelles, ce qui peut provoquer des mammites. Cette affection se produit également quand la mère a trop de lait. Des compresses adoucissantes au camphre soulageront les mamelles douloureuses. Le vétérinaire prescrira des hormones pour tarir la lactation.

La métrite. Après une mise bas difficile, quand un liquide purulent s'écoule de la vulve, si la chatte est fièvreuse, abattue, perd l'appétit, elle souffre d'une métrite. Son ventre est dur et douloureux. Donnez-lui un antispasmodique pour calmer la douleur et allez chez le vétérinaire qui mettra la chatte sous antibiotiques.

L'instinct maternel

La chatte est en règle générale une mère admirable. A tel point que ses actes semblent dictés par un véritable amour maternel. On a vu des chattes faméliques nourrir leur progéniture jusqu'à mourir d'épuisement. Leur sollicitude qui ne faiblit pas un seul instant, est remarquable. Dès que les chatons s'éloignent du nid, la chatte les localise à leurs cris stridents, les rattrape et les rapporte par la peau du cou. Si un danger survient, elle se laissera tuer sur place plutôt que d'abandonner sa portée.

Bonne éducatrice, la chatte corrige ses petits d'un coup de patte, leur apprend la

LE DÉVELOPPEMENT DU CHATON

Chute du cordon : au bout de deux à trois jours.
Ouverture des yeux : au bout d'une semaine à 12 jours.
Premières dents : à un mois. Dentition définitive à six mois.
Sevrage : à huit semaines.
Maturité : de six à douze mois, selon les races.

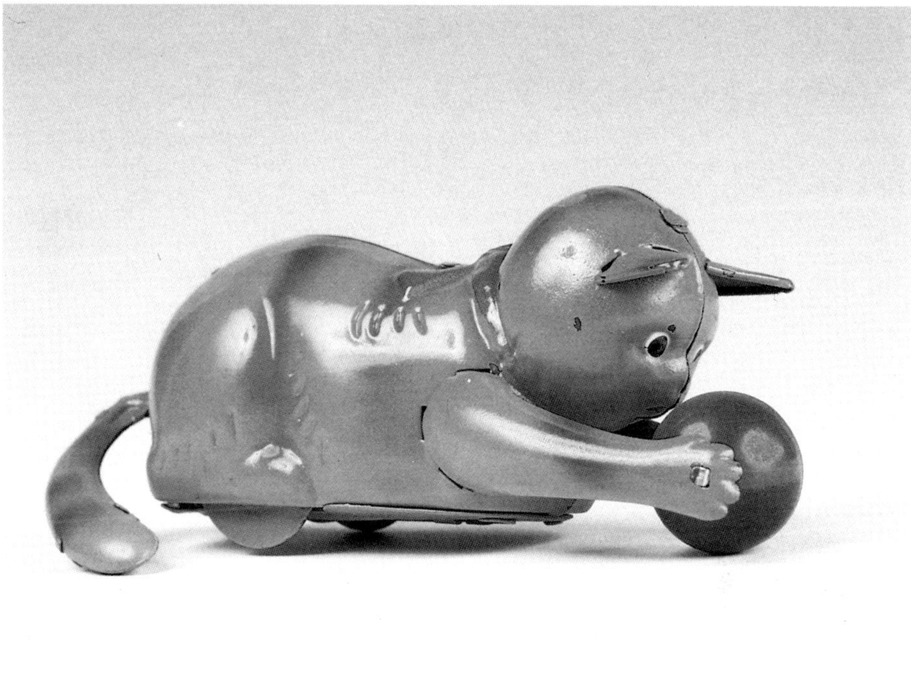

Chat en tôle peinte. Musée du chat, Reihen (Suisse).
Le chat sert parfois de thème pour les jouets des enfants...

propreté et leur donne des leçons de chasse.

Ce comportement maternel est-il conscient ? Il est difficile de répondre à cette question. Selon les éthologues américains, les nouveau-nés déclencheraient l'instinct maternel de la chatte non pas parce qu'ils sont ses petits, mais parce que ce sont des nouveau-nés. Un pouvoir latent, d'origine hormonale, permettrait à certains actes automatiques de se manifester à leur vue. Cela expliquerait pourquoi la chatte adopte volontiers des chatons d'une autre femelle. (Quand deux chattes mettent bas en même temps dans une chatterie, il est fréquent qu'elles se partagent les petits et les tâches maternelles). On voit également des chattes adopter des écureuils, des lapins ou même des ratons.

Des exemples de dévouement maternel sont fréquents. On voit des chattes dissimuler soigneusement leur portée avant de s'aventurer dehors. On cite le cas d'une mère chatte dont on avait jeté les petits dans une décharge à dix kilomètres de sa ferme et qui avait réussi à les retrouver, les avait ensuite mis à l'abri dans une grange isolée et venait chaque jour leur apporter clandestinement une part de ses repas et le produit de ses chasses.

Au cours de la troisième semaine de leur vie, les chatons essaient de suivre leur mère quand celle-ci s'éloigne, ce qu'elle fait de plus en plus souvent. Elle finit en général par se réfugier sur un meuble d'où elle peut, en toute tranquillité, surveiller ses petits. Si on lui retire sa portée, quand les chatons ont huit semaines, elle n'en est généralement pas troublée plus de vingt-quatre heures. En revanche, elle devient inquiète si elle entend leurs cris ou ceux d'un autre chaton.

On trouve aussi des « mauvaises mères ». Une chatte refusera un de ses chatons s'il est anormal, le condamnant à la mort. Des femelles dont l'alimentation manque de magnésium mettent au monde des petits parfaitement normaux mais elles s'en désintéressent jusqu'à les laisser mourir. D'autres, sans raisons connues, refusent d'allaiter leur portée. Certaines mères, au moment de la naissance, commencent par manger le planceta puis lèchent les chatons avec une frénésie anormale. Si on les leur laisse, elles les dévorent. On pense que ce comportement pourrait être dû à une chute du taux de calcium lié à des perturbations hormonales.

Certains facteurs psychiques induiraient le comportement maternel des chattes domestiques. La jalousie par exemple : une chatte habituée à être choyée par son maître peut prendre ombrage de l'affection que celui-ci témoigne aux chatons et refuser de les nourrir, voire les tuer. Toutefois, de tels cas sont rares. Dans leur grande majorité les chattes sont des mères irréprochables.

L'instinct de jeu

Les chatons naissent sourds et aveugles et ils connaissent d'abord des sensations olfactives. C'est leur petit bout de nez qui les guide vers leur mamelon préféré — celui qu'ils têteront pendant une bonne partie de l'allaitement. C'est aussi l'odorat qui leur permet de ramper en direction du nid, où ils passent les premiers jours à têter et à dormir, lovés contre la mère.

Bébé chat évolue vite. A partir de la deuxième semaine, ses mouvements sont déjà mieux coordonnés. Vers trois, quatre semaines, il se déplace même avec une certaine aisance, suit sa mère comme une petite ombre. Dès la cinquième semaine, il est déjà bien émancipé.

La personnalité future du petit animal dépendra en partie de son hérédité, mais aussi de ses premières expériences, où les jeux, stimulés par la mère, sont des éléments formateurs privilégiés.

Le jeu, apprentissage de la vie. Le chaton commence à jouer dès la troisième semaine de son existence : coups de patte, de dents, de museau, cabrioles... Avec sa mère et ses frères, il découvre ainsi la vie. Au fur et à mesure qu'il grandit, ses jeux deviennent plus élaborés, plus précis. A un mois, il sait se battre. A deux mois, il s'entraîne au saut, tente d'attraper au vol des proies imaginaires, devient très adroit dans l'art de la poursuite, joue à faire la toilette de ses frères.

Très tôt, les formes de jeu les plus courantes évoquent déjà le combat, la fuite et la chasse. Ces jeux sont stimulés par la

DES JOUETS POUR LES CHATS

Inutile de vous ruiner en jouets sophistiqués pour votre chaton. Les souris qui couinent ou les balles-hérissons n'amusent que les maîtres. Une boule de papier froissé, une bobine de fil vide, une balle sont des jouets parfaits. Évitez tout ce qui peut se grignoter, s'avaler. Si vous tenez absolument à acheter un jouet, choisissez-en un bourré d'herbe à chat séchée. Il aura beaucoup de succès.

mère dont les signes, les attitudes sont très vite compris des chatons.

La balle qu'il poursuit, le bout de ficelle qu'il attrappe avec sa patte, la bobine qu'il guette sont autant de proies en puissance. Tapi sur le sol, attentif au moindre mouvement de la chose visée, il rampe, balance son arrière-train, calculant déjà le bond à faire pour tomber pile sur sa cible. Quand sa mère lui apporte une proie — une souris ou un oiseau vivant — il s'exerce, en jouant avec, à l'immobiliser d'un coup de patte, dès qu'elle tente de s'échapper. Quand il attrape un objet avec sa patte incurvée, le chaton, d'instinct, joue à la pêche.

Ce petit prédateur traque et chasse parfois des objets imaginaires, donne des coups de patte dans l'air, bondit dans le vide. Au crépuscule, à l'heure du chasseur, il semble perdre la tête, poursuit des ombres ou sa queue. Ne croyez pas qu'il devienne fou. Au contraire, il joue et se porte très bien.

Selon son humeur, le chaton se livre inlassablement au même jeu, pousse une balle de Ping-Pong par exemple, ou bien passe d'un jeu à l'autre, simule l'affût, bondit, se bat pour rire avec ses frères. A ce moment-là, le dos rond, les crachements sont compris par tous comme des menaces pour rire et les morsures comme les coups de griffres ne sont jamais violents.

En jouant, le petit animal découvre aussi le monde qui l'entoure. Quand il saute, c'est pour s'amuser, mais il apprend en même temps à se situer dans l'espace. En tapotant un objet de sa patte, il le reconnaît.

Le désir de jeu est signe de bonne santé. Aucun chaton ne doit résister à un bouchon au bout d'une ficelle. S'il reste indifférent, c'est parce qu'il est malade ou souffre de troubles psychologiques. Le jeu, en effet, lui est indispensable. Des bébés chats, élevés en laboratoire, dans des litières-couveuses où ils n'avaient pas la possibilité de jouer et d'explorer, se sont développés beaucoup moins vite que des chatons en liberté qui, eux, avaient une activité cérébrale plus intense, étaient plus sociables, plus éveillés, plus stables. Un chaton, privé trop tôt de la compagnie de sa mère et de ses frères, qui n'a pas pu éprouver ses réflexes à leur contact est généralement incapable de jouer avec son maître sans le mordre ou le griffer. Un travers que l'on peut corriger en donnant de petits coups de journal sur le museau.

Le jeu avec l'homme est aussi très important pour le développement de la sociabilité du chaton. Entre quatre à huit semaines, période critique, le petit animal doit absolument en faire l'expérience, faute de quoi il a toutes les chances de devenir un adulte sauvage, renfermé, tout comme le chaton sevré trop tôt.

L'importance de l'expérience ludique est telle pour le chat que, sans sa pratique, il présente souvent des troubles émotionnels importants et son quotient intellectuel peut également être affecté.

A partir de cinq mois environ, le chat joue moins souvent et moins longtemps, mais s'il est encouragé par ses frères, par son maître ou par le chien de la maison, il peut conserver très longtemps le goût du jeu. Quand plusieurs chats cohabitent ils gardent souvent un enthousiasme ludique digne de celui des chatons. Sans doute est-ce pour eux une façon de dénouer sans lutte les tensions sociales. Tout est attirant pour ces joueurs invétérés : un bout de papier qui brille, un tube, une boîte, un sac.

Un jeu est un jeu. Comme le chaton, le chat adulte qui joue fait semblant de mordre ou de griffer. Avec un chien ami, par exemple, la poursuite devient un jeu. Le chat s'enfuit, puis se retourne, fait face à son partenaire, mime l'attaque, mais toutes griffes rentrées.

Quand il joue, le chat peut s'interrompre à tout moment, si une puce le pique ou s'il entend tinter son assiette, alors que rien ne pourrait le distraire d'une vraie partie de chasse ou d'un vrai combat.

ATTENTION, JEUX DANGEREUX...

Il arrive souvent que des chatons, emportés par leurs jeux, tombent par la fenêtre, en essayant par exemple d'attraper une mouche ; il est donc dangereux de les laisser sans surveillance.
En Écosse, on constate une véritable épidémie de chutes chez les jeunes chats, en septembre, octobre. Le duvet de chardon, qui flotte dans l'air à cette saison, est responsable du phénomène. Les chatons qui essayent de l'attraper avec la patte perdent l'équilibre et tombent dans le vide.
Dans un appartement, de multiples dangers guettent les chatons joueurs : si l'animal mordille des fils électriques, il risque de graves brûlures ; mieux vaut débrancher les prises avant de sortir. Avant de fermer une valise, la machine à laver ou le lave-vaisselle, regardez à l'intérieur, si par hasard le petit chat ne s'y est pas caché. Est-ce par un désir de retrouver le nid ? les chats adorent se dissimuler dans des boîtes, des tiroirs ou autre lieux fermés.
Attention enfin aux aiguilles à tricoter qui blessent les pattes, aux épingles, que le chaton risque d'avaler. Surveillez-le, mais ne l'élevez pas dans du coton. Laissez-le s'exprimer.

Le jeu revêt des formes multiples mais les plus courantes consistent à simuler la chasse et la lutte. Dans ce cas, les chats se blessent rarement car ils jouent griffes rentrées.

L'instinct de chasse

Caractéristique essentielle des félins sauvages, l'instinct de chasse, qui n'est jamais profondément enfoui chez le chat domestique, est toujours le plus rapide à se manifester. Lâchez un chat, pacifique de nature, dans un jardin plein d'oiseaux et il se métamorphosera trois fois sur quatre en un redoutable chasseur, pour qui tuer est dans l'ordre des choses.

Programmé pour attraper tout ce qui passe à portée de son œil d'expert, le chat s'entraîne, dès le berceau, aux techniques de la chasse, déjà contenues dans son patrimoine génétique. Quand la mère lui apporte une proie — morte ou vive —, c'est pour lui faire découvrir un « gibier ». Le rôle de la chatte dans l'apprentissage de la chasse est si important pour les petits qu'un chaton privé de cet enseignement peut mourir de faim s'il se retrouve livré à lui-même. Un chercheur a eu l'idée de séparer des chatons en plusieurs groupes. Ceux qui sont restés avec la mère sont devenus des chasseurs. Sur les dix-huit autres, élevés avec des rats et des souris de laboratoire, trois seulement savaient tuer, et encore, ceux qui avaient été élevés avec des rats n'attrapaient que les souris et vice versa.

Les techniques de chasse. Les techniques de la chasse ne sont pas toutes employées systématiquement par les chats. Certains, spécialistes de l'affût, passent des heures, immobiles, à guetter le trou d'une souris, d'autres, plus sportifs, préfèrent courir après les oiseaux.

Quand il chasse, le chat localise sa proie à l'œil et à l'odeur. Il s'en approche ensuite le plus près possible, le ventre au ras du sol — une progression aussi rapide que silencieuse —, puis il se fige à distance voulue, la pupille grande ouverte, les oreilles dressées, balance sa tête, ce qui l'aide, apparemment, à calculer son saut. Le chat bondit et tombe pile sur sa proie qu'il saisit à la nuque. Il la tue généralement d'un seul coup de dent bien placé. Comment trouve-t-il du premier

Lorsque le chat a terrassé sa proie, il s'immobilise un instant avant de la lancer, de la faire rouler pour la poursuivre à nouveau, afin de prolonger le jeu.

COMMENT CANALISER SES INSTINCTS DE PRÉDATEUR ?

Si vous ne voulez pas d'un chat chasseur, prenez un chaton de quatre ou six semaines dont la mère ne chasse pas. Essayez ensuite de faire taire son instinct de prédateur. Dans un jardin, le chat muni d'un collier à grelots a du mal à chasser car les oiseaux l'entendent venir de loin. Ce collier bruyant qui brime le chat dans son instinct de prédateur risque cependant de le traumatiser.

Autre méthode : celle du leurre. Prenez un oiseau factice qui bat des ailes et mettez-le au bout d'un fil accroché à une ligne. Chaque fois que le chat saute dessus, bloquez-le net dans son élan en lui envoyant une douche sur le nez à l'aide d'un pistolet à eau, par exemple. A renouveler jusqu'à ce que le chat renonce à bondir sur l'oiseau. Un procédé qui a ses limites. Certains chats s'attaqueront quand même aux vrais oiseaux.

A Paris, la rue du Chat-qui-pêche nous rappelle que le petit félin est amateur de poissons. Guidé par son œil infaillible, il évalue presque instantanément la vitesse du poisson, la distance dans l'eau, le courant, et sa patte agile et puissante ne rate que très rarement la prise. A l'époque du frai, les chats peuvent causer de sérieux dégâts dans les rivières. En appartement, les poissons rouges l'intéressent aussi. Pour les protéger, il suffit de recouvrir l'aquarium d'une plaque de verre. Une méthode, préconisée par des « dresseurs » américains, consiste à mettre dans le bac, avant les poissons rouges, un faux poisson électrique qui envoie des décharges dès que le chat y met la patte. Efficace mais plutôt cruel.

Ne laissez jamais le chat, même s'il vous semble animé des meilleures intentions, en tête à tête avec un hamster ou avec des oiseaux accessibles. Rappelez-vous toujours que chez ce prédateur l'instinct de chasse reste le plus fort.

Quand il fait ses griffres, le chat entretient ses armes qu'il use et aiguise, il garde aussi en bonne forme muscles et tendons qui les font fonctionner. Quand il fait « patte de velours », il rentre ses armes comme on remet un couteau dans sa gaine, pour en préserver le tranchant.

coup ce point vulnérable ? Grâce à des récepteurs situés à la base des vibrisses et à des crocs qui lui permettent de reconnaître avec précision l'endroit exact du cou où toute pression provoque une dislocation cervicale et une paralysie instantanée. L'ablation des vibrisses diminue d'ailleurs l'aptitude à la chasse.

Le chat ne tue pas toujours sa proie du premier coup. Il joue avec. Un comportement qui entretien l'intérêt de la chasse et lui permet de perfectionner sa technique de maîtrise des proies. Dans ce jeu, il ne mord ni ne griffe vraiment. Entre-t-il une certaine cruauté dans ce comportement où l'instinct de jeu semble interférer avec celui de chasse ? Certainement pas, l'animal n'ayant pas, en l'occurrence, la notion du bien et du mal. Inutile donc d'essayer de faire comprendre à un chat qu'il ne doit pas tuer les oiseaux. Le chat joue avec sa proie s'il est bien nourri, mais, s'il a faim, il la mange. De l'oiseau, considéré comme un mets de choix, il ne laisse que les plumes ; avec les petits rongeurs, il est plus sélectif.

Quand un chat dépose à vos pieds l'oiseau ou la souris qu'il vient de tuer, il ne vous fait pas un cadeau. Il s'agit vraisemblablement d'un comportement de compensation, souvent observé chez les mères frustrées. Animal social, le chat partage cependant souvent son butin avec ses frères. Peut-être veut-il aussi le faire avec le maître ?

Le territoire de chasse. Dans la nature, le territoire de chasse du petit félin varie beaucoup selon l'importance du gibier et la concurrence des autres chats du voisinage. Des chemins souvent longs et compliqués le mènent de sa maison à ce terrain. Tous les chats n'ont pas la même habileté à la chasse. Les Chartreux, par exemple, sont les meilleurs ratiers qui soient, le chat sans queue de l'île de Man, volontiers arboricole, est un grand prédateur d'oiseaux. Les chats de gouttière sont de bons chasseurs.

Les proies. Quand ils sont à demi-sauvages, les chats se nourrissent surtout de souris et autres petits rongeurs, jouant ainsi un rôle fort utile de prévention et de prédation dans les champs et les bâtiments agricoles. A l'origine, le petit félin a d'ailleurs été introduit dans nos maisons pour les débarrasser des rongeurs. Les oiseaux, difficiles à attraper, n'entrent que pour une faible part dans l'alimentation des chats en liberté qui, en général, ne tuent que les plus faibles. Certains, cependant, détruisent beaucoup d'œufs et d'oisillons du gibier à plume nichant au sol. Ce qui donne aux chasseurs un bon prétexte pour tirer les chats.

Le petit félin s'attaque aussi, à l'occasion, aux reptiles et aux insectes. Dans certaines régions d'Europe, où le lapin est abondant, les gros chats le chassent. S'il est très habile, le chat est néanmoins loin d'être infaillible. Plus de 90 pour cent des oiseaux et 75 pour cent des souris lui échappent.

LE PETIT NÉCESSAIRE DU CHAT

Le panier de voyage. Il vous sera indispensable un jour ou l'autre, ne serait-ce que pour conduire votre chat chez le vétérinaire. Il en existe de très nombreux modèles. Le panier d'osier, très stable, bien aéré, est pratique, à condition d'y ajouter une fermeture de sécurité. Les paniers en plastique percés de trous ont l'avantage d'être moins volumineux, mais le chat y est moins bien installé. Un nouveau modèle, en matière souple, imperméable, avec une fermeture à glissière à double sécurité et une fenêtre, permet au chat de profiter du paysage. Intéressant aussi, le panier grillagé, léger, où le chat n'a pas chaud.

La corbeille de couchage, indispensable, doit être assez grande, avec un rebord assez haut sur trois côtés, pour que le chat s'y sente en sécurité. Les corbeilles de plastique sont plus faciles à entretenir que celles en osier.

Les niches. On trouve aussi des niches spéciales, cylindriques ou cubiques, en grosse corde, sur lesquelles le chat peut faire ses griffes.

Le bac à sable. Ce « petit coin » du chat doit être installé dans un endroit tranquille. Un simple bac en plastique ou en tôle émaillée, rectangulaire, aux bords relevés est tout à fait suffisant. Le modèle fermé avec hublot a l'avantage de dissimuler les excréments et de retenir les odeurs. A condition, toutefois de ne pas oublier de le nettoyer régulièrement.

Le sable doit toujours être très propre, sinon le chat boude son bac. Enlevez, dès que possible, les parties mouillées et les excréments.

La sciure de bois, qui colle aux pattes et sent vite mauvais, est de moins en moins utilisée. On trouve maintenant dans le commerce des granulés très pratiques : ils ne collent pas aux pattes et absorbent en partie les odeurs. (Il existe des produits en aérosols efficaces contre les mauvaises odeurs de litière).

Désinfectez le bac à l'eau de javel diluée au moins une fois par semaine. Méfiez-vous des produits désinfectants vendus dans le commerce, dont la composition n'est pas toujours mentionnée. Certains, à base de phénol, de créosol, par exemple, peuvent être très dangereux pour les chats. Ceux à base d'ammoniaque sont inoffensifs.

Les litières. Une nouvelle litière, « Cassius », beaucoup plus absorbante que les autres, s'utilise en bloc dur que l'on enlève avec une petite pelle dès qu'elle est mouillée. Il faut compter un sac de six kilos pour la semaine.

Autre produit d'hygiène utile, « Prestel », un désodorisant qui neutralise parfaitement les gaz de la litière souillée, sans parfumer.

Le griffoir. Indispensable pour qu'un chat d'appartement puisse faire ses griffes ailleurs que sur les meubles. On trouve des grattoirs dans le commerce mais une simple bûche de bois solidement plantée sur un socle fait très bien l'affaire. Vous pouvez aussi clouer un morceau de liège ou de tapis sur un mur. Pour attirer le chat vers ces objets, on peut les vaporiser de valériane.

Le poteau à grimper. Le chat d'appartement appréciera aussi un poteau à grimper en bois recouvert de corde, avec une plate-forme.

Le harnais et la laisse. Ces accessoires sont essentiellement utilisés pour promener le chat en ville, ou au cours de déplacements en bateau, par exemple. Le harnais, en cuir souple ou en nylon, ne doit pas être trop serrant. La laisse doit avoir 1,20 ou 1,50 m de long.

Le collier, auquel on fixe une médaille d'identité, doit comporter une partie élastique pour que le chat puisse se dégager s'il lui arrive d'accrocher son collier.

L'assiette. Une petite assiette creuse en faïence ou en plastique évitera que le chat ne répande sa nourriture. Posez-la sur un morceau de journal. Ne manquez pas de la laver chaque jour.

LE MUSÉE DU CHAT

Sculptures, peintures, affiches d'hier et d'aujourd'hui. Chats en puzzles, en pendule, etc. Un musée consacré au chat sous toutes ses représentations s'est ouvert en 1982, dans la banlieue de Bâle, à Riehen. Des expositions à thème y sont régulièrement organisées, comme : le chat et l'affiche, le chat au cinéma, dans la politique, etc.

Une boutique parisienne s'est spécialisée dans le cadeau à l'effigie du chat. On y trouve des chats en bronze, en terre, en marbre en porcelaine, des chats-plateaux, des chats-coussins, d'autres en tableaux, affiches ou cartes postales. Plus de mille objets différents, souvent insolites. Cette petite boutique sert aussi de lieu de rencontre entre amis des chats.

L'INTELLIGENCE FÉLINE

Que se passe-t-il dans la tête de votre chat ? Ces vives lueurs qui traversent son regard sont sans aucun doute le reflet de « pensées » pour nous bien mystérieuses. Une chose est sûre : le petit félin est capable d'une certaine forme de raisonnement.

Ainsi, il pratique très bien la méthode des essais et des erreurs pour arriver à ses fins. Particulièrement doué pour trouver la solution d'un problème, il saura ensuite l'appliquer à un problème différent, s'appuyant sur l'observation et la mémorisation. L'expérience du professeur américain K. Adams illustre bien l'astuce du chat : après avoir placé une boule de viande accrochée à une ficelle dans une cage fermée, il a fait venir un chat affamé. Celui-ci a commencé par faire le tour de la cage à la recherche d'une ouverture, puis, ne trouvant rien, il a sauté sur le couvercle, tiré sur la ficelle avec sa patte et réussi à attraper le bout de viande. Il s'agit bien là d'une action réfléchie pour arriver à un but : se nourrir. Le chat qui essaie d'ouvrir une porte ou d'attraper un objet s'y prend de différentes façons, jusqu'à ce qu'il trouve la solution. Il ruse aussi, étant capable, par exemple, d'attendre des heures, sans en avoir l'air, qu'une porte s'ouvre pour s'esquiver discrètement.

L'insatiable curiosité du chat, souvent gratuite, n'est-elle pas aussi le signe d'une intelligence qui ne se limite pas aux nécessités de la survie ?

Contrairement à beaucoup d'autres animaux — rats, singes, pigeons, par exemple —, le chat ne se prête pas aux petits exercices consistant à appuyer sur un levier pour obtenir de la nourriture. Cela ne l'intéresse pas. Il ne le fera qu'en cas d'extrême nécessité.

Son refus du dressage, qu'il serait tout à fait capable d'assimiler, montre qu'il utilise son intelligence essentiellement à des fins personnelles. A quelques exceptions près, cependant, comme le montre cette anecdote : un Siamois citadin s'était perdu à la campagne. Durant trois jours, ses maîtres le cherchèrent en vain. Le quatrième jour, la chatte de la maison se posta devant son maître, l'invitant du regard à le suivre. Elle se dirigea alors vers un grand arbre et se figea devant le tronc, le nez en l'air. Son compagnon était perché sur une haute branche, incapable de descendre. L'astucieuse petite chatte avait trouvé la solution pour le tirer de là : avertir le maître.

Il est évident qu'il y a des chats plus intelligents que d'autres. On dit souvent aussi que certaines races, les Siamois, par exemple, sont plus astucieuses que d'autres. En fait, cela n'a jamais été prouvé scientifiquement et le Q.I. des chats est encore une inconnue.

Le langage du chat

Amusez-vous à regarder votre chat droit dans les yeux. Vous découvrirez qu'il sait jouer à merveille de ses prunelles pour vous faire part de ses états d'âme, montrer qu'il se sent bien ou, au contraire, que quelque chose lui déplaît.

A quoi pense Arthur, mon vieux chat, quand il me fixe d'un œil profond, inquisiteur, insoutenable parfois ? Mystère félin. Il veut sans doute me signifier que je l'intéresse. En revanche, s'il penche la tête de côté, si l'œil se fait suppliant, je sais très bien ce qu'il veut : une caresse ou à manger.

Hypocrite, le chat ? Quelle erreur ! Il est sans doute l'animal de compagnie qui fait le plus d'efforts pour se faire comprendre, pour nous avertir de ses humeurs, de la voix, du regard, par ses mimiques et ses attitudes corporelles. « La plus infime agitation mentale se reflète aussitôt sur le visage d'un chat : c'est le visage tout lisse de l'amitié confiante, oreilles dressées, yeux grands ouverts, que la moindre émotion marque aussitôt d'une ride ou d'une contraction des muscles faciaux », a écrit l'éthologue Konrad Lorenz. Un inconnu s'approche : l'animal se met sur le dos, les quatre pattes levées. L'avertissement est clair : il va griffer si on le touche. Si, au contraire, le chat accueille le visiteur en faisant le gros dos et vient se frotter entre ses jambes, en ronronnant, c'est signe de sympathie. Il ne sortira pas ses griffes.

Le regard

La bonne humeur ne laisse aucun doute. Le chat prend l'air bonasse, ouvre grand des yeux où passe un air de satisfaction, pointe ses oreilles en avant. S'il a mauvaise conscience, cela se lit sur son visage : il a l'œil fuyant, l'air mi-penaud, mi-détaché, surtout pas implorant ni contrit, comme le chien. Il garde sa dignité. S'il se sent en complète sécurité, le chat cligne des yeux, les ferme à demi, se détend. C'est sa façon de dire : « J'ai confiance en toi ».

Se regarder droit dans les yeux est un signe d'agressivité entre chats. Deux matous qui se rencontrent pour la première fois peuvent rester ainsi face à face, un bon moment, jusqu'à ce que l'un d'eux décampe et s'avoue vaincu en détournant le regard. Les chats communiquent ainsi par une sorte de code visuel assorti de mimiques diverses.

Les oreilles

Les oreilles félines sont particulièrement expressives. A la moindre émotion, elles pendent sur les côtés. Attention si elles basculent en arrière : c'est signe d'agressivité. « Au plus petit indice de méfiance, elles se font plus droites. Elles bougent même quand le chat dort, elles tournent comme des radars, toujours à l'écoute de sons, pour nous inaudibles », souligne le professeur Jacques Lecomte, auteur d'une étude sur la communication avec les animaux.

La gueule

Le chat s'exprime aussi avec sa gueule. Pas seulement quand il mord. En position de supériorité, il retrousse les babines,

Un peu d'étonnement et une lueur d'inquiétude se lisent dans les yeux de ce chaton intrigué par l'objectif.

Le chat s'exprime autant par ses attitudes que par ses mimiques et par sa voix. S'il « fait le gros dos », c'est souvent un signe d'amitié… sauf si les poils sont hérissés.

LE RONRONNEMENT

Quand un chat est content, il fait le gros dos, ronronne. Un moyen évident d'exprimer sa satisfaction. Il ronronne aussi sous les caresses. Ce bruit particulier est émis dès le plus jeune âge. Quand il tête sa mère ou s'il prend le biberon, le chaton ronronne. On pense que le ronronnement exprime une sorte de dépendance du petit animal vis-à-vis de sa mère, puis, plus tard, de l'homme qui le protège. Curieusement, un chat peut aussi ronronner quand il est malade, sur la table du vétérinaire, par exemple. Parfois même au moment de mourir. Le ronronnement correspond alors à un débit accru du flux sanguin. On pourrait donc expliquer son processus par l'accélération du passage du sang et les turbulences produites au niveau de la veine cave, rétrécie quand elle traverse le diaphragme. Selon une autre thèse, le ronronnement résulterait de la contraction de deux replis de membranes situées dans le larynx, à l'arrière des cordes vocales. En fait, cela reste encore un mystère.

montre ses crocs pour lancer un défi. Content, il détend ses lèvres. Inquiet ou désapprobateur, il les pince : une moue qu'il réserve par exemple à une pâtée qui n'est pas à son goût. Le chat enfin plisse le front quand il est perplexe ou commence à se fâcher.

Ce visage-miroir nous permet non seulement de découvrir ses états d'âme, mais aussi d'éventuels problèmes de santé. Des lueurs d'inquiétude dans le regard, un œil moins vif, des bâillements répétés, une expression inhabituelle signifient que l'animal a sûrement quelque chose qui ne va pas.

La queue

« Le p'tit bout d'la queue du chat » chanté par les Frères Jacques traduit bien des sentiments : agité de soubresauts, il signifie l'inquiétude, le mécontentement, la colère. Dressé à la verticale, il exprime la joie de l'animal. Le chat qui se soumet à un autre dresse aussi sa queue. Un comportement inexpliqué. Certains pensent qu'il s'agit d'un geste réflexe, souvenir de l'enfance, quand le chaton, la queue en l'air, se soumet à la mère qui lui lèche l'arrière-train. La queue joue aussi un rôle important dans les discours entre chats à l'époque des amours. Mais le sens de ses messages nous échappe. Une queue droite mais hérissée est signe de menace ; si elle se balance, l'animal va passer à l'offensive ; arquée et hérissée, elle indique que le chat est sur la défensive. La position du corps tout entière montre aussi la soumission ou la menace.

Si le langage du chat n'est pas toujours très clair pour nous, on ne peut se tromper ici, surprise mêlée de crainte : l'animal est prêt à se défendre.

La voix

Le chat s'exprime aussi grâce à un répertoire vocal très étendu. Très tôt, les chatons miaulent. A douze semaines, ils reproduisent la plupart des sons du langage adulte. Tout chaton possède un cri de détresse particulier qui permet à la mère de le reconnaître entre mille.

Pour accueillir quelqu'un qu'il aime, le chat émet des sons doux, ou encore pour attirer notre attention. Un maître comprend très bien le sens des miaulements modulés de son chat, qui diffèrent pour dire « merci », « j'ai faim », « non », etc. Chaque matou ayant d'ailleurs sa façon bien à lui de miauler et certains chats, les Siamois par exemple, étant plus bavards que d'autres.

Quand les chats communiquent entre eux, ils miaulent beaucoup plus fort. Engagés dans une bataille, ils sifflent, poussent des cris de colère. Si une proie passe à l'horizon, le petit félin émet souvent une sorte de grincement de dents, exprimant sans doute la rage de ne pouvoir l'attraper.

Le langage du chat n'est pas toujours d'une grande clarté pour nous. Ainsi, quand il est en colère ou s'il a peur, il l'exprime à première vue de la même façon : oreilles rabattues en arrière, au point d'épouser la forme du crâne, yeux grands ouverts, crocs en avant. Dans le doute, mieux vaut ne pas l'approcher.

Le visage du chat reflète toutes ses sensations intimes et cependant son regard reste difficile à interpréter.

IL NOUS AIME

Discrètement, mais de mille et une façons, Arthur, mon vieux chat, me témoigne son affection. Jamais il ne manque d'être derrière la porte quand je rentre, la queue dressée en signe de bienvenue. Ronronnant, il m'escorte ensuite, à petits pas, se frottant contre mes jambes. Quand je croise son regard, il me révèle une totale confiance et beaucoup d'amour. Ce chat aime ma compagnie, somnole des heures sous la lampe de mon bureau, couché sur une pile de papiers. Un signe d'attachement certain. De temps à autre, il saute sur mes genoux, pour quelques caresses, puis s'en va. Indépendance oblige. Il vient toujours quand je l'appelle et semble apprécier mes discours. Avec le reste de la famille il est d'une indifférence polie. Sans doute pour bien montrer que c'est moi qu'il a choisie.

Dans ses rapports avec son maître, le chat emploie sensiblement les mêmes gestes que lorsqu'il accueille un de ses frères ou se lie avec lui : il frotte son nez à celui de l'homme, le lèche parfois, comme s'il était chat.

On trouve des chats plus ou moins câlins. Question de race, ou de tempérament. Chaque petit félin a même avec l'homme un comportement différent, preuve de la personnalité de l'animal. Il arrive qu'un chat refuse les caresses, reste sauvage, indifférent, voire agressif. Ce comportement s'explique vraisemblablement par une sociabilisation manquée. Le chaton qui n'a pas rencontré l'homme avant la sixième semaine de sa vie a des difficultés à se lier avec lui. Si la rencontre a lieu vers la seizième semaine, il est déjà trop tard pour une entente. Cela peut évoluer, heureusement. On voit des chatons mal sociabilisés, devenir confiants et amicaux, à force d'être aimés et traités avec douceur.

Si le chat est discret dans ses démonstrations affectives, il n'en est pas moins jaloux. Il n'est pas rare qu'il boude, refuse de manger, ou même quitte la maison si on lui impose, par exemple, la présence d'un autre chat.

On dit souvent que le chat est incapable d'attachement, de fidélité. Certaines anecdotes prouvent le contraire. Le docteur vétérinaire Fernand Méry racontait l'histoire d'une chatte qui, à la mort de sa vieille maîtresse, avait été adoptée par des amis habitant à environ 4 km de son domicile. Depuis, tous les ans, à la même date, profitant de la présence d'une femme de ménage qui ouvrait la maison, la fidèle petite bête quittait ses nouveaux maîtres pour un bref pèlerinage chez son ancienne maîtresse, faisait le tour de la maison et repartait. N'est-ce pas aussi la fidélité qui pousse les chats à faire de longs voyages, souvent au péril de leur vie, dans le seul but de retrouver leur maître ?

Pour plaire au maître qu'il aime, le chien est capable de faire beaucoup de choses. Pas le chat, qui n'en fait qu'à sa tête. Indifférent aux caresses-récompenses, comme aux punitions, il paraît surtout sensible à des ordres, s'ils révèlent une autorité naturelle et obéit, mais pour s'épargner un éventuel désagrément, ou pour obtenir une récompense.

LE CHAT EN PROVERBES ET LOCUTIONS

Notre ami le chat, animal à la forte personnalité, a inspiré tout un florilège de proverbes et de locutions. « N'achetez pas chat en poche », conseillait-on dès le XVIe siècle à ceux qui risquaient de se faire voler. Cette expression pourrait venir des pratiques de certains restaurateurs indélicats qui faisaient passer le chat pour du lapin. Si l'on reconnaît au chat des penchants pour la gastronomie — on dit « gourmande comme une chatte », on appelle parfois les douceurs des « chatteries » —, la « bouillie pour les chats » désigne en revanche une nourriture de dernière qualité.

L'expression « Le chat retombe toujours sur ses pattes » symbolise la débrouillardise, parfois poussée jusqu'à la malhonnêteté. Les expressions « des manières de chat » ou « faire la chattemite » ont un parfum d'hypocrisie. En revanche, on reconnaît à l'animal des qualités de chasseur : « A bon chat, bon rat », dit le proverbe, ou encore « Le chat est un lion pour la souris ». Et, c'est bien naturel : « Quand le chat n'est pas là les souris dansent ». Pourquoi dit-on, pour minimiser un incident, « Il n'y a pas de quoi fouetter un chat » ou encore « J'ai d'autres chats à fouetter » ? Sans doute parce qu'un chat ne se fouette pas. « S'entendre comme chien et chat » illustre l'incompatibilité d'humeur et cela est loin d'être toujours justifié. On reproche aux enfants qui se contentent de se laver le bout du nez de faire « une toilette de chat », ce qui est bien injuste car cet animal est d'une grande propreté. Une écriture peu soignée est qualifiée « d'écriture de chat », sans doute parce qu'elle fait penser à des coups de griffes.

« Chat échaudé craint l'eau froide », dit le proverbe qui rend ainsi hommage à l'astuce du petit félin.

Si « catin » est un qualificatif peu aimable, désignant une femme de petite vertu — allusion évidente au fort tempérament des chattes amoureuses —, Minette et Minet appartiennent au vocabulaire de la tendresse.

Le petit félin, élégant, raffiné, prête enfin son nom aux jeunes garçons de notre époque ayant adopté un style vestimentaire recherché.

Le chat accepte les câlins... à condition qu'ils ne soient pas trop prolongés.

LA MAISON EST SON TERRITOIRE

Le foyer

Vous l'avez sûrement remarqué : très soucieux de son confort, votre chat occupe les meilleurs coins de la maison, s'installe juste devant la cheminée s'il fait froid, sur le rebord de la fenêtre s'il est ensoleillé. Attaché au foyer, il suit souvent le rythme de la maison, démarre sa journée quand le réveil sonne, en quémandant généralement quelque nourriture. Il se met parfois devant le poste de télévision, dont les images mouvantes semblent d'ailleurs le fasciner.

Le chat est un hôte facile, qui tient peu de place. Il n'a pas besoin d'autorisation pour se réserver quelques coins, de préférence retirés. Il est cependant possible de l'accoutumer à une pièce plutôt qu'à une autre.

Doit-on laisser sortir un chat ? Si c'est possible, il n'en sera que plus heureux. S'il vient d'arriver chez vous, laissez-le quand même quelques jours enfermé, le temps qu'il se familiarise avec les lieux. S'il s'agit d'un chat adulte, il risquerait de partir à la recherche de son ancienne maison. Quant au chaton, il n'a pas le sens de l'orientation et doit être surveillé. Mais dès qu'il grandit, vous pouvez le laisser seul dans un jardin fermé. Cependant, n'oubliez pas qu'il va vite apprendre à grimper et mettez-lui un collier avec une médaille ou, mieux encore, faites-le tatouer, au cas où il se sauverait et se perdrait. La nuit, laissez-le enfermé. C'est plus prudent.

Les éleveurs de chats de race ne laissent jamais leur reproducteurs en liberté. Un mâle, lâché dans la nature, risque en effet de fuguer et surtout de se battre. Une femelle qui n'est pas stérilisée peut vous offrir une portée de bâtards non désirés.

Bien d'autres dangers guettent les chats libres : se faire écraser ou voler, se perdre, attraper des parasites ou des maladies contagieuses. C'est au maître de décider. Si votre chat est destiné à ne jamais mettre le nez dehors, enfermez-le dès son plus jeune âge. Il serait cruel de priver de liberté un chat qui a l'habitude de sortir et connaît les joies de la chasse.

Le territoire est très important pour cet animal. Il considère la maison comme son domaine. Celui-ci se compose de la zone foyer réservée au sommeil et au repas, que le chat peut éventuellement partager avec d'autres congénères. Cette zone sera plus ou moins étendue, selon le nombre de chats du voisinage, les abris possibles, la nourriture disponible. En ville, elle peut se limiter au jardin de la maison et aux alentours immédiats. A la campagne, elle peut couvrir plusieurs hectares.

LA CHATIÈRE

Une chatière est une ouverture dont le système permet au chat d'entrer et de sortir de la maison sans déranger son maître. La plupart des chatières s'ouvrent dans les deux sens, d'autres de l'extérieur seulement, ou restent toujours ouvertes. Ces chatières ont l'inconvénient de permettre aux chats étrangers de pénétrer dans la maison. Il existe actuellement des modèles sophistiqués, commandés par pile ou par un système électronique et qui ne s'ouvrent qu'en présence du chat de la maison, grâce à un émetteur placé dans son collier.
On peut dresser un chat à utiliser sa chatière en lui offrant un bout de viande pour l'encourager à passer. Commencez par ouvrir la chatière en grand, puis réduisez petit à petit l'ouverture pour que l'animal apprenne à pousser le battant avec sa patte.

La zone de chasse

La zone de chasse est plus ou moins étendue, selon la quantité de proies et la présence d'un nombre plus ou moins grand de chats concurrents. Dans la nature, les rencontres sur les chemins communs qui sillonnent le territoire des chats sont codifiées. Quand deux chats tombent nez à nez pour la première fois, un simple regard ou une brève bataille règlent, une fois pour toutes, le problème du droit de passage. Le vainqueur dès lors a la préséance sur le dominé.

Sur son territoire de chasse, le chat entend avoir toutes les prérogatives. Il y circule avec une régularité d'horloge, passe toujours le long du même chemin, traverse la même haie, grimpe sur le même mur, à heure fixe, au moins deux fois par jour. Un chat étranger saura que le terrain est occupé grâce aux marques d'urine ou de sécrétions anales laissées par le maître des lieux. Si elles sont fraîches, il s'éloigne prudemment.

Les chats possèdent aussi des territoires collectifs, sorte d'agoras où mâles et femelles se réunissent la nuit, de préférence sous la lune. Ces terrains neutres sont fréquentés quand les femelles ne sont pas en chaleur ou n'ont pas de chatons à défendre.

Le chat a mille façons de s'exprimer. La queue dressée à la verticale peut signifier le contentement, par exemple lorsque son maître vient de rentrer.

LES HABITUDES DU CHAT

Il est très propre

A grands coups de langue, de patte, se servant parfois de ses dents et de ses griffes, votre chat passe beaucoup de temps à faire sa toilette. C'est même l'une de ses principales occupations. Certains petits félins, méticuleux, se lavent plus que d'autres, prenant bien soin de se gratter longuement derrière les oreilles. Mais on en rencontre de plus négligents. Attention : une toilette régulière est signe de bonne santé ; si votre chat cesse brusquement de se laver, c'est un signe pathologique. La toilette débarrasse le pelage des poils morts, parasites et poussières et stimule l'apparition de nouveaux poils. En se léchant, le chat absorbe de la vitamine D et réveille les glandes qui imperméabilisent la fourrure.

Quand ils ont chaud parce qu'ils sont restés au soleil ou qu'ils rentrent de chasse, sous le coup d'une émotion, les chats se lèchent pour se rafraîchir. Sous les climats chauds, les petits félins essayent au contraire de conserver le maximum d'eau en ne faisant pas leur toilette et en produisant un minimum d'urine, très concentrée.

La toilette est l'une des premières activités des chatons, qui souvent se lèchent avant de savoir marcher. Les premiers temps, c'est la mère qui les nettoie, un acte indispensable à leur bon développement et qui renforce ses liens avec la portée. Dès l'âge de six semaines, les chatons font leur toilette tout seuls, celle de leur frères, et lèchent aussi leur mère.

Pour les chats adultes, la toilette mutuelle a un rôle social. Par exemple, quand un chat lèche les oreilles d'un de ses frères, c'est pour les nettoyer, mais aussi pour communiquer.

À QUOI RÊVE LE CHAT ?

Quand le chat endormi bouge ses moustaches et ses pattes, on dirait qu'il rêve. Ces mouvements se produisent pendant une phase du sommeil connue chez l'homme pour constituer le moment le plus favorable aux rêves. Le système nerveux du chat fonctionnant selon les mêmes principes que le nôtre, il est possible, en effet, que l'animal rêve, sans doute à partir d'expériences olfactives, auditives, tactiles ou autres. Il rêve, mais il rêve « chat » et nous ne savons pas à quoi ressemblent ses représentations oniriques.

Il dort

Le chat est un gros dormeur qui passe plus de la moitié de son existence à sommeiller. Il fait partie des espèces dites « polyphasiques », c'est-à-dire qu'il dort plusieurs fois dans la journée et longtemps chaque fois. Pourquoi ces sommeils à répétition ? Sans doute sont-ils indispensables à cet animal hypernerveux, aux réflexes fulgurants, qui a donc besoin de recharger ses accus. On a découvert chez le chat un point de l'encéphale dont l'excitation le plonge dans la torpeur. On a aussi démontré, expériences à l'appui, que la privation de sommeil entraîne la mort au bout de sept jours. Des interruptions prolongées des périodes de repos peuvent rendre le chat malade et les calmants perturbent son sommeil. Aussi convient-il de ne les utiliser qu'en cas d'absolue nécessité.

Le chat dort plus ou moins, selon le temps, le rythme des repas, l'excitation sexuelle et l'âge. Après un bon repas, l'animal dort longtemps. La chaleur, la sécurité le poussent aussi au sommeil. Le chat qui s'ennuie parce qu'il reste seul ou qu'il est enfermé dans une chatterie dort beaucoup, pour passer le temps. La durée du sommeil varie avec l'âge. Le chaton passe 90 p. 100 de son temps à dormir. Puis, vers trois, quatre semaines, il atteint le régime des adultes et ne passe plus que 60 p. 100 de son temps endormi. Si un chat dort vraiment trop, ouvrez l'œil. Il est sans doute malade.

Il y a sommeil et sommeil. Le chat passe d'abord par une phase de sommeil léger, de dix à trente minutes, au cours de laquelle il s'éveillera au moindre bruit ; puis vient le sommeil profond avec une phase dite paradoxale, pendant laquelle l'animal frémit des oreilles, des vibrisses, bouge ses pattes, ses muscles oculaires, fait des mouvements qui font penser qu'il rêve de chasse. Après six ou sept minutes de sommeil profond, le chat est à nou-

L'APPRENTISSAGE DE LA PROPRETÉ

Dans un appartement, l'apprentissage de la propreté, commencé sous l'égide de la mère chatte, ne pose en général pas de problèmes. Installez le bac à sable dans un endroit tranquille ; un simple bac en plastique suffit. Plus le sable est propre, plus l'animal s'en sert volontiers.

Si le chaton dépose sa crotte hors du bac à sable, mettez-lui le nez dessus, donnez-lui un petit coup de journal et posez la crotte dans le bac en sa présence. Il comprendra vite. S'il s'accroupit dans un coin pour faire pipi, précipitez-vous, prenez-le par la peau du cou et posez-le dans le bac. Chaque fois que vous le voyez s'installer à bon escient sur le bac à sable, félicitez-le, caressez-le. Il fera vite le rapport : bac = agréments ; hors du bac = ennuis.

Mises à part les races à poil long, les chats n'ont besoin de personne pour prendre soin de leur pelage. Ils utilisent surtout leur langue et leurs pattes de devant. Certains chats sont de véritables maniaques de la propreté.

veau dans une phase de sommeil léger de vingt à trente minutes, et ainsi de suite. Le petit félin passe du sommeil au réveil à tout bout de champ avec une science consommée : il bâille, prend son temps, s'étire, met en marche toutes ses articulations en une sorte de rituel nonchalant qui rappelle nos exercices de yoga.

Regardez votre chat endormi dans le jardin, sur le côté, le corps et les pattes en long ou encore sur le dos, pattes en l'air. Dans n'importe quelle position, il respire le bien-être. L'hiver, il se met en boule, le nez entre les pattes, si possible près du radiateur, devant la cheminée ou sous une lampe.

Cet animal sensuel, qui recherche le contact des coussins de velours et d'autres matières agréables au toucher, dort sur n'importe quoi : dans le fond d'un placard, sur un tas de chaussures, en haut d'une armoire, préférant bien souvent ces endroits à son panier capitonné. Il a besoin de se sentir en sécurité, hors d'atteinte. En prenant de l'âge, cependant, il se met à rechercher le fauteuil ou le coussin confortable pour dormir.

LES PROBLÈMES DU COMPORTEMENT

Le chat n'est pas toujours de bonne compagnie, il lui arrive de se comporter bizarrement, de faire des bêtises, de voler. Insoumis de nature, il ne se laisse pas volontiers remettre dans le droit chemin.

Il devient malpropre

Minet, d'une scrupuleuse propreté jusqu'ici, se transforme soudain en pollueur d'appartement, urine un peu partout, dépose ses excréments par terre ou dans la baignoire. Commencez par vérifier l'état de son bac : un sable sale suffit à en détourner l'animal. Si tel n'est pas le cas, essayez de découvrir ce qui a bien pu contrarier le chat. La malpropreté est en effet souvent liée au mécontentement ou à une perturbation. En trouver la cause n'est pas toujours facile. Il suffit parfois de recouvrir son fauteuil favori d'un tissu qui ne lui plaît pas pour qu'il devienne sale. Une réprimande, trop d'indifférence peuvent également entraîner une réaction de malpropreté.

Quand on impose un « intrus » au chat de la maison, qu'il s'agisse d'un autre chat, d'un chien ou d'un nouveau-né, le petit félin se met souvent à uriner en plusieurs endroits. Un signe de malaise, mais aussi une réaction d'auto-défense : il marque son territoire pour arrêter l'envahisseur.

Un chat perturbé par l'absence prolongée de son maître peut également devenir malpropre.

Que faire ? Crier ou donner une tape à l'animal est peu efficace. Si vous le surprenez en flagrant délit, lancez-lui un verre d'eau. Pour éviter ce désagrément, il y a des chances qu'il retourne dans son bac. Autre solution : nettoyer les endroits pollués avec un désinfectant à odeur forte. Pas d'eau de javel (elle n'a pour lui aucun pouvoir répulsif). Arrosez plutôt l'endroit de vinaigre. A côté de l'emplacement qu'il avait souillé, mettez un bac à sable bien propre et, quand le chat l'aura utilisé plusieurs fois, remettez le bac à sa place. Vous pouvez également, après avoir nettoyé le lieu du délit, y déposer l'assiette du chat. Essayez en même temps de le réconforter. Redoublez d'attention et de gentillesse à son égard, offrez-lui pendant plusieurs jours ses plats favoris. Un léger tranquillisant peut aussi l'aider à surmonter son malaise.

Dans certains cas, le fait de confier un chat malpropre à des amis ou de le laisser quelques jours dans une chatterie donne des résultats positifs ; heureux de retrouver son maître et sa maison, il redevient propre.

La malpropreté n'a pas toujours des causes psychologiques. A certaines périodes de l'année, un chat mâle non castré répand partout des petits jets d'urine très malodorants qui servent à marquer son territoire. Rien à faire, excepté la castration, contre ce comportement naturel. Cependant, si l'intervention n'a pas été pratiquée assez tôt, le chat risque de marquer encore son territoire pendant quelques mois, mais l'odeur de l'urine est très atténuée. Les Américains ont découvert une thérapeutique hormonale à base de progestérone, efficace pour enrayer le marquage. Elle se pratique bien entendu sous contrôle vétérinaire.

Quand des chats vivent trop nombreux sous un même toit, le manque d'espace les pousse à marquer d'urine leur territoire trop exigu. Une seule solution : en limiter le nombre d'occupants.

Si un chat castré, qui n'a pas été perturbé par un événement quelconque, devient subitement malpropre, attention : il souffre peut-être de troubles urinaires. Sachez enfin qu'une incontinence occasionnelle est un phénomène courant chez les vieux chats.

Il est agressif

Lotus, Siamoise plutôt douce, s'attaque parfois aux invités, en choisissant ses victimes. Elle prend un malin plaisir à tourner dans les jambes des gens qui n'aiment pas les chats ou en ont peur, ce qu'elle perçoit très bien. Lotus se livre à une sorte de ballet d'intimidation, se frotte contre sa victime avec d'autant plus d'insistance que celle-ci recule, et elle guette le moindre geste pour enfoncer ses griffes. Un comportement assez fréquent.

S'il est tout à fait naturel qu'un chat se montre de temps en temps agressif, une agressivité systématique, en général tournée vers le maître et la famille, est anormale. Elle résulte souvent d'une mauvaise éducation. Si vous laissez le chaton jouer des griffes et des dents, notamment au moment où il attend son repas, il en prendra l'habitude. Vous devez au contraire réprimer tout de suite la moindre tentative d'agression en donnant une tape au chaton, assortie d'un « non » catégorique. Si le chat est plus âgé, essayez de le guérir en lui envoyant un verre d'eau sur le nez chaque fois qu'il griffe. Autre règle : ne donnez jamais à manger à un chat qui vient de vous griffer ou de vous mordre. Laissez-le attendre un bon moment. Il finira par comprendre.

Une agressivité systématique peut venir de problèmes sexuels, que la castration résout. Si un chat castré et pacifique de nature devient brusquement agressif ou ne se laisse pas approcher, ne pensez pas qu'il devient lunatique. Son comportement est signe de maladie. Faites-le examiner sans attendre.

Le chat agressif mord rarement mais découvre ses crocs pour intimider.

Certains chats agités mordillent et rongent tout ce qui leur tombe sous la dent... manie à corriger pour épargner les pieds des meubles.

Il est asocial

Les chats ont leurs têtes. Ils recherchent les caresses de certaines personnes et se sauvent à l'approche de celles qui ne leur plaisent pas ou dont ils ont peur. Mais certains chats ont un comportement typiquement asocial. Ils sont inapprochables, allant jusqu'à refuser des contacts avec le maître. Ce comportement est en général lié à une mauvaise sociabilisation du chaton. Quand un chat devient brusquement asocial, il a sûrement été traumatisé. Il a pu, s'il est castré, être rossé par un autre chat ou encore attaqué par un chien. Un accident de voiture peut le rendre anormalement peureux, sauvage, l'amener, même, à refuser de manger. Avec beaucoup de patience et d'amour, le maître pourra le rassurer et rétablir avec lui des relations normales.

Il est trop dépendant

Ce phénomène est assez fréquent chez les chats qui, dès la naissance, ont été élevés au biberon par leur maître. Trop dépendants, ils supportent mal la solitude. Certains se cachent dès que leur maître s'en va, refusent de se nourrir, ou encore lancent des miaulements d'appel désespérés. Essayer d'habituer un tel chat à la solitude, par exemple en lui donnant à manger juste avant de partir afin qu'il soit plus calme et dorme, peut donner des résultats. La meilleure solution consiste à offrir à l'animal un compagnon, chaton ou chiot, qui l'aidera à se détacher du maître.

Il a un comportement alimentaire anormal

On voit souvent des chats boulimiques, jamais rassasiés, qui miaulent sans cesse devant leur assiette, d'autres qui, au contraire, sont anorexiques. Ces anomalies peuvent venir de maladies cliniques (des vers intestinaux provoquent parfois une boulimie) ou être liés à des troubles psychosomatiques. Un chat contraint à la solitude, enfermé toute la journée, peut présenter l'un ou l'autre de ces symptômes. La présence d'un compagnon peut, là aussi, régler le problème ; de même que la possibilité de faire régulièrement de l'exercice à l'extérieur. Dans les cas d'anorexie, la vitamine B12 suffit en général à redonner de l'appétit.

Il suce et mange n'importe quoi

Beaucoup de chats ont l'habitude de sucer de la laine. Une habitude dangereuse pour leur estomac, la laine formant peu à peu une pelote compacte. Un spécialiste américain du comportement, le docteur Michaël Fox, pense que le chat est attiré par la lanoline de la laine, dont le goût est très proche de celui de la tétine maternelle. D'autres voient dans ce comportement une tentative pour combler certaines carences alimentaires. On voit des chats avaler du tissu ou du plastique, les Siamois, en particulier. Un seul remède : ne laissez pas traîner les matériaux qui attirent l'animal. Une thérapeutique est souvent efficace, ces troubles du comportement pouvant indiquer des problèmes neurologiques ou métaboliques. La coprophagie (absorption des excréments) nécessite un examen vétérinaire, qui permettra d'en trouver la cause.

Il s'automutile

Lucidor voue à sa maîtresse un grand attachement. Le jour où celle-ci commença à travailler à l'extérieur, le chat, miné par la solitude, s'est mis à têter et à mordre le bout de sa queue, jusqu'au sang. D'autres petits félins s'arrachent des plaques de pelage à force de se lécher frénétiquement. Il faut intervenir avant que la peau ne s'écorche, ce qui peut entraîner une infection. Le vétérinaire prescrira des tranquillisants. Offrir un compagnon au chat perturbé peut s'avérer efficace.

Il mange les plantes d'appartement

J'ai connu un chat qui ne pouvait pas résister à un bouquet de tulipes. Il têtait les pétales jusqu'à les rendre complètement informes. Beaucoup de chats sucent ou

Dans sa phase d'exploration, le chaton aime jouer avec les plantes d'appartement, mais il risque de prendre l'habitude de déchirer et de ronger les feuilles.

grignotent les plantes d'appartement, au point de les faire dépérir. Comment corriger ce travers ? Offrez d'abord de l'herbe à chat au coupable. Et, surtout, soyez vigilant. Dès que vous le surprendrez le nez dans un pot de fleurs, envoyez-lui en pleine figure un jet d'eau, à l'aide du vaporisateur à plantes. Il se calmera vite et finira par renoncer à s'approcher des pots, surtout si vous laissez le vaporisateur à côté, bien en vue.

Il détériore les meubles

Minet, planté sur ses pattes arrière, enfonce avec volupté ses griffes dans le velours du fauteuil, grimpe aux rideaux qu'il lacère, entaille les pieds des meubles. Il est normal qu'un chat égratigne les objets, pour faire ses griffes ou marquer son territoire. Vous ne devez quand même pas le laisser abîmer le mobilier. Coupez-lui les griffes — elles seront moins redoutables — et offrez-lui un griffoir. Essayez surtout de lui apprendre à ne pas griffer les meubles. Pour cela, vous pouvez les enduire d'une cire à odeur très forte ; recouvrez les fauteuils d'une housse en plastique pendant quelque temps. Chaque fois que vous prenez le chat sur le fait, donnez-lui une bonne tape, dites « non » d'un ton ferme ou encore jetez-lui un verre d'eau sur le nez.

Il vole

Le chat est assez voleur de nature. C'est aussi un rusé, capable de prouesses pour arriver à ses fins. Ce chasseur éprouve un plaisir certain à se donner du mal pour attraper quelque nourriture, même s'il n'a pas faim. Beaucoup de petits félins savent très bien décapsuler les bouteilles de lait, faire tomber le couvercle d'un récipient, ouvrir la porte de la cuisine ou d'un placard, attraper d'un coup de patte une friandise haut placée. Quelques-uns, en tirant de toutes leurs forces sur la bande de caoutchouc du réfrigérateur, parviennent à l'ouvrir. Si le vôtre est un adepte de cette pratique, vous le contrerez en accrochant un tendeur à la poignée et à la grille arrière du réfrigérateur. Il ne faut pas non plus tenter le diable. Évitez de laisser traîner rôtis et poissons à sa portée, et le plus voleur ne posera plus de problèmes.

Les maîtres inexpérimentés sont souvent affolés de voir tout d'un coup leur petite chatte se frotter contre tout ce qu'elle trouve avec des miaulements étranges, ou bien se rouler par terre. Elle n'est pas devenue folle, mais elle est tout simplement en chaleur.

Quand Minet se met à regarder fixement un point dans le vide, à courir dans tous les coins à la poursuite d'une chose invisible, il n'est pas fou non plus. Cette chasse imaginaire serait un phénomène de compensation.

Tous les chats courent après leur queue. C'est un jeu normal. Si l'animal, cependant, attaque sa queue, il ne faut pas le laisser faire, pour éviter qu'il ne se blesse. Une punition systématique (petite tape, verre d'eau sur le nez) mettra fin à ce jeu.

LE CHAT ET LES AUTRES

Les chats entre eux

La plupart des chats domestiques défendent farouchement leur maison contre les matous qui tentent d'y pénétrer. Aussi le petit félin a-t-il la réputation d'être un solitaire, voire un asocial. Il n'en est rien. S'il existe des chats indépendants, beaucoup vivent en famille ou encore dans des communautés réunissant les deux sexes, en terrain neutre.

Un comportement territorial subtil est à la base des relations entre chats. Si le petit félin préfère nettement la chasse en solitaire, il recherche aussi la compagnie de ses frères. Dans un même quartier les chats du voisinage forment de véritables confréries, se réunissant à certaines heures dans des territoires collectifs, se côtoient sans se gêner, selon des rites bien établis. Dans ces sociétés de chats, les individus entretiennent des rapports de bonne compagnie. Ils se lèchent le nez, se frottent les uns contre les autres, jouent ensemble, dorment les uns sur les autres, partagent la nourriture. On voit souvent des mères chattes réunir leurs portées, se partager les tâches de nourrissage et de protection. Il semble que cette vie collective offre des chances de survie supplémentaires aux chats des rues.

Un nouveau venu dans le quartier doit généralement lutter pour entrer dans la confrérie et n'y réussit pas toujours. S'il s'agit d'un chat pourvu d'un maître, la présence de l'homme va l'aider à s'affirmer. Il va très vite déloger du jardin ceux qui s'y trouvaient avant lui et, après quelques batailles, réussir à se faire admettre dans le quartier. Les mâles, surtout s'ils sont castrés, ont plus de mal à y parvenir que les femelles.

Chaque société de chats est dominée par un patron qui règne sur le territoire le plus étendu, mais qui n'est pas forcément le mâle qui couvre le plus de femelles. Quand celles-ci sont en chaleur, la bonne entente disparaît. Des rivalités naissent entre les mâles, qui se battent farouchement. Ces luttes apparaissent sans doute parce qu'à l'époque des amours les règles territoriales sont violées. Et le chat vainqueur n'est pas forcément choisi par la femelle.

Quand plusieurs chats cohabitent sous un même toit, on peut plus facilement observer les règles hiérarchiques de leur société. Le chef, qui n'est pas obligatoirement le plus fort ni le plus gros, se taille la part du lion. A lui le coin du feu, la préséance pour la nourriture et les meilleurs morceaux. Les chats prennent leur repas dans un ordre immuable. La suprématie du chef est un fait admis. Si le « chat patron » manifeste le désir de s'installer quelque part pour dormir, les autres lui cèdent la place, dignement. Fait curieux, ce chef exerce sa domination sans violence et les rares bagarres qui surviennent dans le groupe se déroulent entre les dominés, lesquels occupent tous le même rang dans l'échelle sociale. A l'exception d'un ou deux parias, au bas de la hiérarchie, souffre-douleur de tous les autres. Peut-être sont-ils considérés comme en surnombre ? Cette agressivité à leur égard pourrait s'expliquer par une trop grande promiscuité.

La suprématie du chat patron peut être remise en question si on le castre, ou encore si un autre parvient à s'imposer. Un chat castré dès le départ n'obtiendra jamais une place enviable dans la hiérarchie d'un groupe. Quant aux femelles, elles montent dans l'échelle sociale au fur et à mesure des mises-bas. Si on les opère, elles ne sont plus prises en considération. Une femelle qui a subi une ovariectomie avant ses chaleurs ne s'intégrera jamais à un groupe.

Si vous avez l'intention d'introduire un nouveau chat chez vous, il est indispensable de prendre quelques précautions. Avec un chaton, pas de problème, il attendrit les adultes, chez qui il réveille

Lorsque plusieurs chats cohabitent sous le même toit, ils s'entendent généralement très bien. En jouant, les chatons apprennent très tôt à vivre en société.

l'instinct de protection. Entre un mâle et une femelle, les choses se passent bien. Confrontez des mâles entiers et c'est la bagarre assurée. Un mâle entier aura tendance à dominer un frère castré. Mieux vaut donc ne mettre en présence que des animaux opérés. Dans une communauté de chats adultes, l'attitude du nouveau-venu sera déterminante pour la suprématie. Un dominateur peut s'imposer d'emblée, mais devra être capable de maintenir sa position : le détrôné attend la première occasion pour reprendre sa place. Le chat nouveau venu qui prend une attitude soumise a aussi des chances de se faire accepter.

Quant au maître, il doit rester vigilant au début, faire preuve d'autorité, mais de discrétion, et n'intervenir que si une bataille trop sérieuse éclate. Il devra redoubler d'attention et de caresses à l'égard des anciens pour qu'ils acceptent mieux le nouveau, sans toutefois négliger ce dernier.

Le chat et l'enfant

S'il est dangereux de laisser le chat dans la chambre d'un nourrisson — attiré par le confort du berceau, l'animal risquerait d'étouffer le bébé —, il est tout à fait recommandé d'offrir un chat à un jeune enfant. A condition qu'il ne soit pas craintif, il aura des relations privilégiées avec l'animal. Jusqu'à deux ans environ, le petit homme va communiquer avec son chat par des sensations et des gestes ; avec la caresse, il découvre la douceur et la chaleur de la fourrure. Quand Minet fait patte de velours, le jeune enfant comprend très bien qu'il exprime sa bonne humeur ; si le chat sort ses griffes, il se méfie. Une fois ces règles du jeu admises, l'enfant et son chat deviennent une paire d'amis inséparables.

Le chat, qui joue beaucoup, favorise le développement psycho-moteur du bébé. Il ne se laisse pas manipuler et, d'un coup de griffes, fait comprendre à son partenaire qu'il n'est pas le maître, qu'il n'est pas question de satisfaire toutes ses exigences. Surveillez les ébats des deux compagnons. Un coup de griffe dans l'œil d'un enfant pourrait avoir de graves conséquences.

Ce chat qu'il faut aussi nourrir, soigner, développe chez l'enfant le sens des responsabilités. La naissance de chatons, ou encore la maladie et la mort d'un chat, seront pour un enfant l'occasion d'approcher la vie de façon naturelle.

L'enfant solitaire, introverti, celui qui manque d'affection trouvera chez le chat un confident, un élément d'équilibre et la sécurité que lui refuse parfois le monde des adultes. Un enfant sage, un peu solitaire, doux, s'entendra très bien avec un chat. Un agité, sportif, préférera souvent un chien. Quant aux enfants perturbés, qui éprouvent des difficultés de communication, la présence d'un chat, les aide souvent à surmonter leurs problèmes.

S'ENTENDRE COMME CHIEN ET CHAT

Contrairement à la légende, ces deux « ennemis héréditaires » s'entendent fort bien quand ils vivent sous le même toit. Ils deviennent même des compagnons inséparables, surtout s'ils ont été élevés ensemble ou si le chat a été mis tout jeune, à six, huit mois en contact avec le chien.
Attention à la première rencontre : un face à face brutal peut engendrer une inimitié définitive. Un chien adulte risque, s'il est jaloux, de tuer un jeune chat. En prenant quelques précautions, la rencontre doit bien se passer. Commencez par enfermer votre chien dans une pièce pendant que le nouveau venu explore les lieux et découvre l'odeur de l'autre. Prenez ensuite le chat avec vous dans une pièce et lâchez le chien pour qu'à son tour il s'habitue à l'odeur de l'arrivant. Vous pouvez ensuite profiter du repas pour les mettre en présence. Si l'un et l'autre ont faim, ils vont s'ignorer. Restez vigilant et, à la première tentative d'agression, lancez une casserole d'eau sur les protagonistes.
Le chien, surtout si vous vous montrez très affectueux avec lui, accepte, en général, très bien la présence du chat. La réciproque n'est pas toujours vraie.
Quand l'entente règne, chien et chat dorment ensemble, jouent, se lèchent les oreilles et souvent ne se quittent pas. A la maison, c'est généralement le chat qui domine. A l'extérieur, le chien le protège. Un chat élevé avec des chiens est particulièrement vulnérable aux attaques de chiens étrangers. Il ne se méfie pas et n'a pas toujours le réflexe salutaire de s'enfuir.

Les enfants accordent spontanément leur affection au chat de la maison. Pour un enfant unique, il peut devenir un compagnon inséparable.

Le chat et les personnes âgées

Le chat est bien souvent le centre de la vie des personnes âgées, surtout s'il est leur seul compagnon. Il est l'ami, le confident, celui qui rompt leur dure solitude, stimule leur activité et donne un sens à leur existence. Tant que les personnes âgées peuvent rester chez elles, le chat ne pose aucun problème. Quand elles sont obligées de se retirer dans une maison de retraite, les choses tournent au tragique s'il ne leur est pas possible d'emmener leur petit compagnon. Depuis quelques années, heureusement, un nombre croissant d'établissements accueillent les animaux : une cinquantaine environ dans toute la France.

Les chats au travail

Bien qu'il soit réputé indressable, le chat n'en est pas moins au service de l'homme, lequel a depuis toujours exploité les qualités de ses animaux familiers.

Dès les débuts de la domestication, on l'a chargé de chasser les souris et les rats, grands dévoreurs de récoltes. Il le fait toujours, et, malgré l'invention des raticides, reste très apprécié. Les Américains ont calculé que, dans les fermes, les chats étaient capables d'éliminer 90 p. 100 des rongeurs. En Grande-Bretagne, un chat, « fonctionnaire » des Postes, recevait un modeste salaire, moyennant quoi il tuait toutes les souris friandes d'archives. A l'époque où les navires étaient en bois, les chats étaient embarqués systématiquement pour chasser les rats. Aujourd'hui, les chats marins n'existent pratiquement plus, les rongeurs se faisant rares dans les câles en métal des bâtiments.

Les Égyptiens utilisaient les chats pour leur pêcher du poisson ou comme auxiliaires quand ils chassaient les oiseaux des marais, pratique abandonnée de nos jours.

Activité inattendue : dans les fermes scandinaves des chats du pays servent de gardiens. Vigilants, ils avertissent le maître en miaulant énergiquement à l'approche d'un intrus. Certains, toutes griffes dehors, défendent même la maison.

Le chat cobaye. Travailleur forcé, le chat est aussi victime de la science. Truffé d'électrodes, il vit des heures douloureuses dans les laboratoires, malgré les protestations répétées de ses amis et protecteurs.

Le chat vedette. Le chat est enfin devenu l'une des vedettes de la communication. Comédien malgré lui, il apparaît dans des films, dans d'innombrables spots publicitaires et sur quantité d'affiches. Symbole du confort, ami de la chaleur, le chat emmitouflé fait la publicité de Gaz de France. Cet amoureux de la propreté vante les mérites d'une marque de savon qui a même pris son nom ! Une marque de matelas a choisi le chat pour illustrer la souplesse de ses ressorts. Les chatons joueurs animent des spots sur les pellicules photographiques. Le chat, gourmand de nature, fait la promotion d'un four en contemplant fixement un rôti alléchant et bien sûr celle des aliments qui lui sont destinés. Un fabricant a choisi les yeux phosphorescents de l'animal pour symboliser la puissance de ses phares. Le chat botté est à l'enseigne de nombreux bottiers. La chatte — symbole de féminité —, est parée de colliers, présente de la lingerie. Support inépuisable, efficace, le chat est le premier des animaux de la publicité.

Filmer un chat n'est pas chose aisée. Si l'on voit souvent des Siamois ou des Birmans sur l'écran, c'est parce qu'ils sont en général les moins difficiles à manipuler. Mais il faut faire appel à des trucs. Mettez un oiseau en cage dans le champ visuel du chat, par exemple, et il prendra aussitôt l'air intéressé. Quand il se lèche les babines d'un air extasié, pas de mystère : on les a enduites d'huile de foie de morue.

Dans *Un jour, un chat,* film tchèque, le petit félin au regard énigmatique voit les humains sous des couleurs différentes, assorties à leurs qualités et à leurs dé-

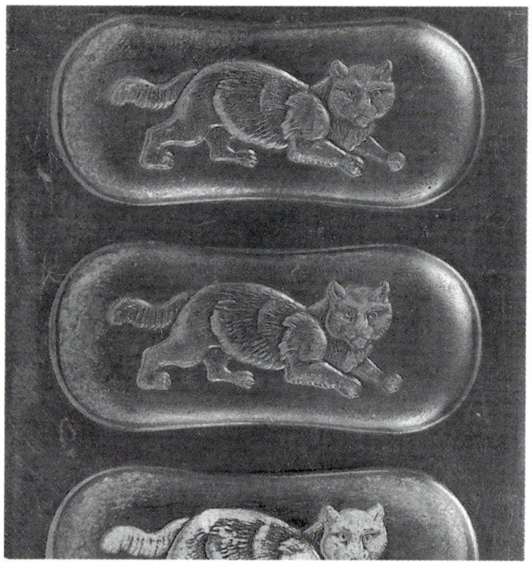

Utilisation on ne peut plus logique de la figuration du chat, que ce moule à « langues de chat » présenté au musée de Reihen, près de Bâle.

fauts : les sincères en bleu, les hypocrites en violet, etc. Le Siamois de l'*Incroyable Randonnée*, un long métrage de Walt Disney, vit des aventures tragico-comiques en compagnie de deux chiens lors d'un périple vers l'Ouest à la recherche du maître disparu. Autre vedette, le Siamois de *l'Espion aux pattes de velours* : policier malgré lui, le chat, le cou orné d'un collier émetteur, met les hommes sur la piste d'un voleur de saumon. Une poursuite prétexte à une avalanche de gags.

Le chat le plus célèbre du cinéma reste Pomponnette, la chatte immortalisée par Marcel Pagnol dans *la Femme du boulanger*. Infidèle, coureuse de clair de lune, Pomponnette finit quand même par regagner le havre du foyer. Dans une des plus belles scènes du cinéma, Raimu adresse à sa chatte les reproches destinés à sa femme infidèle et repentie.

Les chats du spectacle sont intéressants pour leurs maîtres. Certains gagnent mille francs par jour de tournage. Mais les élus sont peu nombreux, car la sélection est sévère. Autre impératif : le chat comédien doit être en parfaite santé ; aussi il subit un examen vétérinaire minutieux avant le tournage ou les séances de pose.

Ces comédiens à quatre pattes sont l'objet de toutes les attentions. Pour une bonne raison : impossible de les faire « travailler » s'ils ne sont pas heureux. On ne leur impose d'ailleurs que de brèves séances pour ne pas les contraindre, ni les exposer trop longtemps à la chaleur des projecteurs, comme l'exigent d'ailleurs les éleveurs ou les « dresseurs » des chats vedettes.

« TOURS DE CHAT »

Des Américains, professionnels du dressage, ont essayé d'apprendre des tours à des chats : ils s'assoient, se couchent, donnent la patte, sur un ordre. En fait, ces animaux se laissent conditionner uniquement pour obtenir la récompense. Ils n'acceptent pas de travailler plus de cinq minutes maximum par jour et ont besoin de répétitions quotidiennes, sinon ils oublient ce que l'on attend d'eux. Ces dresseurs apprennent aux chats à se servir du cabinet familial. Une fausse lunette placée sur le bac à sable habitue le chat à s'y maintenir en équilibre. Puis la lunette est posée sur la cuvette des cabinets, le bac à sable supprimé. Le chat n'a pas le choix : il doit utiliser le siège. L'habitude prise, on retire la fausse lunette. Curieuse méthode !

Que peut-on apprendre à un chat ?

Vous pouvez obtenir que votre chat ne saute pas sur la table, ne vole pas, n'entre pas dans certaines pièces, réponde à l'appel de son nom, ne dévore pas les plantes de l'appartement (surtout si vous lui offrez un pot d'herbe), ne griffe pas les meubles (mettez un griffoir à sa disposition). Pour l'encourager à prendre toutes ces bonnes habitudes, le plus rapidement possible, il faudra lui donner chaque fois qu'il obéit un petit bout de viande ou de fromage. Et vous armer de patience ; car les accidents de parcours seront nombreux. Plus longue, la méthode de la récompense occasionnelle marche aussi. Quant aux punitions, elles peuvent donner des résultats, à condition de prendre l'animal sur le fait.

LE CHAT EN VOYAGE

La voiture. Arthur, mon chat, sans doute parce qu'il a très tôt découvert l'automobile, est un voyageur modèle. Installé sur le dossier de la banquette arrière, il dort, regarde le paysage, lape un peu d'eau de temps en temps, supportant vaillamment des voyages de 8 à 900 km. Arthur n'est qu'en semi-liberté : on le tient en laisse, de façon qu'il ne puisse pas atteindre le conducteur. Une précaution indispensable. Un chat effrayé par un bruit, un coup de frein, risque de sauter à l'avant et de provoquer un accident. Tous les 300 km, Arthur, toujours en laisse, se dégourdit les pattes, se roule dans l'herbe, profite de l'arrêt pour utiliser son bac à sable qui le suit partout. Le voyage, apparemment, ne lui déplaît pas. A moins qu'il ne prenne son mal en patience, sachant bien que la campagne est au bout de la route.

Beaucoup de gens préfèrent mettre le chat dans un panier ou une cage grillagée. Tout dépend du tempérament de l'animal. Un agité, un anxieux, sera mieux enfermé dans un panier qui va le sécuriser. Le panier doit être bien calé, afin de ne pas bouger dans les virages. Ne le mettez pas dans le coffre. L'hiver, le chat y risque un rhume, l'été, un coup de chaleur, et ne le laissez jamais dans la voiture en plein soleil.

Avant un voyage ne donnez pas à manger au chat qui pourrait être malade en route. Au cas où cela lui arriverait, prévoyez des serviettes en papier absorbant. Vous pouvez lui donner un anti-nauséeux avant le départ et, s'il est agité, un léger calmant, sous forme de comprimé, une demi-heure avant de partir.

Le train. Si vous prenez le train avec un chat, il doit être enfermé dans un panier bien clos. Pour plus de sécurité, mettez-le en laisse et accrochez-la au panier. S'il s'enfuit en le tirant derrière lui, il n'ira pas loin. Tapissez le fond du panier de plusieurs couches de papier journal, pour absorber l'urine. L'atmosphère du train est desséchante : n'oubliez pas de donner à boire au chat. Si vos voisins de compartiment sont d'accord, prenez l'animal sur vos genoux de temps en temps. Le voyage lui paraîtra moins long.

L'avion. Si Minet est du voyage, prévenez la compagnie au moment des réservations. Vous pouvez demander l'autorisation de mettre le chat en cabine à vos pieds. Il devra alors être enfermé dans une caisse assez petite, dont les dimensions sont réglementées.

Les chats voyagent en général dans une soute spéciale, chauffée et pressurisée. Ils doivent être installés dans des paniers agréés, fournis la plupart du temps par la compagnie de transport.

Quand un chat prend l'avion seul, il doit être présent au centre de frêt quelques heures avant le décollage. Restez avec lui le plus longtemps possible pour le rassurer et donnez-lui un léger calmant avant l'embarquement. Quand un chat est en transit pendant plus de vingt-quatre heures — douze heures pour un chaton — prévoyez la nourriture. Le plus pratique est d'accrocher un petit sac de croquettes ou d'aliments semi-humides à sa caisse, accompagné d'une note d'instructions pour les gens qui s'en occuperont.

La plupart des chats supportent très bien l'avion, à l'exception des femelles attendant des petits et des chatons trop jeunes.

Le bateau. Les chats, qui pourtant étaient chargés naguère de dératiser les navires, n'apprécient pas vraiment les croisières. Beaucoup ont le mal de mer et vous devez vous munir d'un anti-nauséeux. Installez le chat dans une caisse, en bois de préférence — elle sera plus stable —, assez grande et munie d'un grillage. Vous pourrez rendre souvent visite à votre chat et le promener en laisse sur le pont.

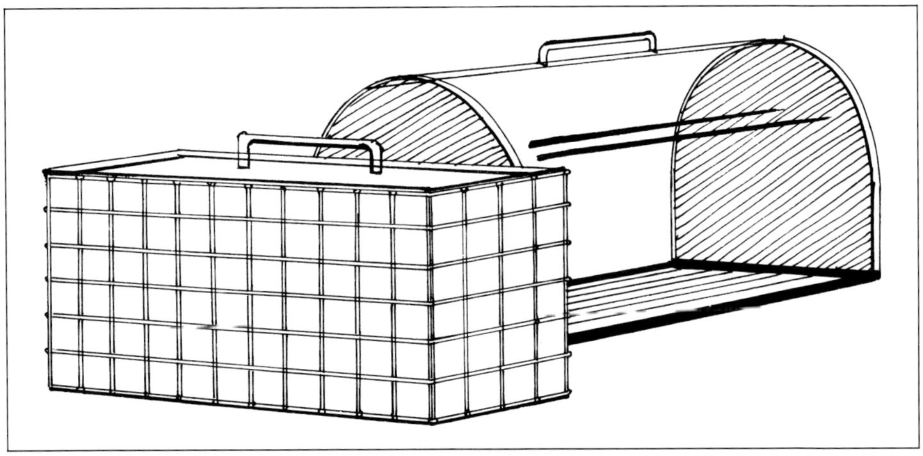

Les règlements

En ville, dans le métro ou dans les autobus, les chats, transportés dans un panier, voyagent gratuitement. En taxi, le transport est aussi gratuit. Il est rare que les chauffeurs refusent un chat. Dans les trains, le transport d'un chat dans un panier coûte 14 F pour moins de 100 km et 19 F au-delà (tarifs 1984). Le billet du chat doit être pris en même temps que le vôtre et composté.

En Suisse, les animaux, quelle que soit leur taille, paient demi-tarif. En avion, sur les lignes intérieures françaises, y compris la Corse, le chat accompagné de son maître voyage gratuitement et paie une petite somme forfaitaire s'il est dans la soute (excepté sur la ligne bord à bord entre le continent et la Corse). En Europe, l'animal est considéré comme excédent de bagage. Le tarif à payer dépend de son poids et de la distance à parcourir : soit 1 % du prix de votre billet multiplié par le poids en kilos de l'animal.

Sur Air France, par exemple, pour les vols vers New York, 800 francs ; Los Angeles, 850 francs ; Toronto, 820 francs ; en 1985, pour le Mexique 1 % du tarif économique aller simple par kilo, caisse comprise. Le nombre d'animaux voyageant en cabine est au maximum de deux.

Le passage des frontières

Pour se rendre à l'étranger, le chat doit montrer patte blanche : vous devrez présenter les certificats sanitaires indispensables, sinon il risque de se faire refouler. Pour un chaton de moins de trois mois, seul document exigé : un certificat de bonne santé établi par un vétérinaire, attestant que l'animal n'a pas la rage ou toute autre maladie contagieuse. Attention : ce certificat n'est valable que dix jours. Quand le chat est adulte, un certificat de vaccination contre la rage est obligatoire. Il doit dater de moins d'un an et de plus d'un mois. Certains pays exigent que cette attestation soit accompagnée d'un papier précisant que le chat vient d'une région où la rage n'a pas sévi depuis six mois. L'URSS, la Yougoslavie, le Maroc, l'Égypte, le Japon et le Brésil n'exigent pas de certificat antirabique. En revanche, ce certificat vous sera demandé au retour en France.

Un certificat de bonne santé est exigé partout, sauf en Algérie, au Japon et aux États-Unis. Dans ce dernier pays, les animaux subissent un contrôle sanitaire à l'arrivée. Quelques pays imposent une quarantaine (six mois en Grande-Bretagne, Irlande et Gibraltar, quatre mois en Norvège et en Suède). Des pays refusent systématiquement les animaux : l'Australie — exception faite pour ceux qui viennent de Grande-Bretagne et d'Irlande — l'Islande, la Finlande.

Veillez bien à la sécurité et au confort de votre chat lors de vos déplacements en voiture.

Avant de partir à l'étranger, téléphonez au consulat du pays intéressé. On vous donnera tous les renseignements au sujet des animaux ; vous pourrez savoir, notamment, s'ils sont admis dans les hôtels.

Si vous désirez faire venir un chat de l'étranger, son entrée en France est réglementée par la loi. L'animal devra avoir au moins trois mois, posséder un certificat de vaccination et une autorisation du ministère de l'Agriculture.

LE CHAT ET LES VACANCES

Si vous l'emmenez

Si quelques chats de bonne composition sont capables, du jour au lendemain, de s'adapter à n'importe quelle situation, les vacances sont perturbantes pour la plupart d'entre eux, le temps qu'ils s'habituent à leur nouvel environnement. Dès que vous arriverez à bon port, donnez un peu d'eau et de lait à votre petit voyageur. Installez sa caisse dans un coin tranquille et son coussin sur un fauteuil. Attendez au moins quarante-huit heures avant de lui ouvrir la porte du jardin. Il doit d'abord avoir pris possession de la maison.

À la campagne, le temps des vacances, le plus casanier des matous oublie aussitôt ses habitudes pour retrouver les joies de l'acrobatie et de la chasse. Soyez vigilant. La campagne n'est pas sûre. Un chat d'humeur vagabonde risque un coup de fusil s'il s'aventure en forêt. Autre danger : les pièges à mâchoire qui sont toujours utilisés. Et, bien sûr, les bagarres avec les chats du lieu.

Au bord de la mer, laissez le chat à la maison. Il n'aime pas du tout être attaché sous un arbre ou un parasol. Prenez garde au coup de chaleur. Ne laissez jamais votre chat dans une voiture au soleil, même si vous avez entrouvert les fenêtres.

Hôtels et campings n'acceptent pas tous la présence d'un animal. Renseignez-vous lors de la réservation. Le « Guide des animaux en voyage », remis à jour chaque année, donne une liste très complète des établissements où les animaux sont admis.

Une pièce d'identité. S'il n'est pas tatoué, n'oubliez pas enfin de lui mettre un collier avec une médaille portant son identité, au cas où il se perdrait ou serait blessé. Vous pouvez ajouter à la médaille un petit tube qui se visse dans lequel vous placerez votre adresse de vacances et votre téléphone. Ces tubes ayant tendance à se dévisser facilement, renforcez la fermeture avec un peu de colle ou un adhésif.

Le retour à la ville n'est pas toujours facile. Le chat qui retrouve les quatre murs d'un appartement après avoir couru la campagne a parfois du mal à se réadapter. Faute de pouvoir grimper aux arbres, il s'accroche aux armoires et aux rideaux, tourne en rond, est boulimique pour compenser son inactivité soudaine. Quelques-uns perdent l'appétit, se montrent agressifs, deviennent malpropres. Acceptez sans colère ces troubles qui, en général, disparaissent au bout de huit à dix jours. Redoublez d'attention envers le chat, donnez-lui un léger calmant. La partie sera gagnée quand l'animal reprendra possession des lieux et retrouvera ses itinéraires dans l'appartement.

S'il ne part pas avec vous

Croyant bien faire, beaucoup de maîtres, convaincus que le chat est avant tout attaché à son logis — ce qui reste à démontrer —, préfèrent ne pas l'emmener en vacances et le laissent dans l'appartement où des amis ou voisins viennent le nourrir. C'est une bonne solution, à condition que le chat ait un caractère très indépendant. Si, au contraire, c'est un tendre, très attaché à son maître, la séparation risque de le perturber gravement. Certains chats sont atteints par la dépression, font parfois la grève de la faim, peuvent tomber malades, souffrir de diarrhée ou de pelade. Les anxyolitiques n'y font rien et ont même souvent l'effet contraire à celui que l'on recherche. Seul le retour du maître guérit l'animal, comme par enchantement.

Mais les vacances du maître ne sont pas toujours celles du chat. Si le vôtre ne peut pas vous accompagner, n'attendez pas la veille de votre départ pour lui chercher une pension.

La S.P.A. et diverses sociétés de protection animale vous donneront des adresses, mais ne prennent pas le risque de cautionner les établissements.

Les pensions. Méfiez-vous des prospectus alléchants. Une pension trois étoiles, aux menus gastronomiques et aux prix astronomiques, ne sera pas forcément la meilleure. Téléphonez dans plusieurs endroits pour comparer les prix et les services et, surtout, allez sur place vous rendre compte si les chats ont bonne mine, si les logements sont propres. Assistez si possible à un repas. Si le personnel est attentif, parle aux chats, les caresse, c'est bon signe.

LE CHAT ET L'EAU

Tout autour de la Méditerranée, à la belle saison, on voit des chats vivant sur des yachts ou des bateaux de pêche se jeter à l'eau de temps en temps et prendre un petit bain. Pour le plaisir... Le chat, en effet, nage d'instinct. Il est même bon nageur, comme tous les félins, mais ses ébats nautiques ne durent pas longtemps, par prudence. Contrairement au chien, bien protégé par une couche de graisse isolante, le chat a l'épiderme vulnérable et sa fourrure, quand elle est mouillée, perd toutes ses qualités thermiques.
Dans l'Égypte ancienne, il y a quelque 5 000 ans, on dressait d'ailleurs les chats à pêcher les poissons. Et la rue du Chat-qui-Pêche, à Paris, nous rappelle que certains chats jouent les loutres. Si votre chat aime se promener sous la pluie, si la goutte d'eau qui tombe du robinet l'attire irrésistiblement, n'en concluez pas hâtivement qu'il est attiré par l'élément liquide et ne le jetez pas d'autorité dans la mer. Si cela lui plaît, il ira se baigner tout seul.

L'heure de la pâtée dans une pension familiale.
Les chats acceptent volontiers la compagnie de leurs congénères.

Les pensions sérieuses demandent un certificat de vaccination contre la leucopénie et le coryza. Dans certains départements où sévit la rage, la vaccination antirabique est exigée. Dans chaque pension, un vétérinaire est chargé de veiller à la bonne santé des pensionnaires. Si votre chat tombe malade, les frais vétérinaires seront à votre charge, mais doivent être justifiés par une ordonnance.

Avant de mettre votre chat en pension, faites-le examiner par votre praticien. Un certificat de bonne santé vous sera utile ; si l'animal tombe malade pendant son séjour, vous pourrez alors porter plainte auprès des services vétérinaires. Au moment de la réservation on vous demandera de verser des arrhes. Exigez un reçu et un certificat de dépôt de l'animal.

Les particuliers. Certains particuliers accueillent des chats chez eux, moyennant finance. Les pensions non déclarées sont tolérées, étant donné le manque de place dans les établissements agréés. Cette formule est parfois moins onéreuse que la pension traditionnelle. Souvent, le chat y sera mieux soigné, on pourra lui consacrer davantage de temps que dans une pension surpeuplée. Vous trouverez des adresses de pensions particulières et d'échanges dans les journaux spécialisés comme *30 millions d'amis*.

Les échanges. Autre solution : l'échange. Un maître garde votre chat pendant vos vacances et vous accueillerez le sien au retour. C'est la meilleure formule. Chaque propriétaire ayant tout intérêt à bien soigner l'animal de l'autre afin que le sien soit choyé en retour. Ce système, gratuit, mériterait d'être largement développé.

« Cat-Sitting ». Quelques sociétés de services ont organisé des systèmes de garde pour animaux. On vient nourrir le chat, changer sa litière, passer un petit moment avec lui. Cela coûte 50 F par jour, avec un tarif dégressif si le séjour est long. Par exemple : 350 F pour 10 jours. Au même tarif, votre chat pourra être mis en pension chez un particulier sélectionné. Un forfait est accordé aux propriétaires de plusieurs chats.

PHOTOGRAPHIER SON CHAT

Nous rêvons tous d'avoir de bonnes photos de notre chat. Même si vous êtes un néophyte de l'image vous pouvez réussir d'honorables clichés. A condition de suivre les conseils des spécialistes : les photographes animaliers.

Premier principe : le chat doit être en confiance. Laissez-le dans son environnement familier, évitez les allées et venues autour de lui et le bruit. Photographier un chat énervé est un pari impossible.

Deuxième principe : armez-vous d'une grande patience. Une fois le chat installé dans le cadre choisi, un coin de la maison ou du jardin, mettez-vous à plat ventre pour être à la même hauteur que lui, laissez-le prendre ses aises, évoluer librement et attendez le moment favorable — ce qui peut prendre une heure. Attention à la distance. Calculez bien la mise au point pour ne pas obtenir un chat lilliputien dans un immense décor.

Si vous voulez saisir votre chat en mouvement, vous n'avez qu'une fraction de seconde pour prendre votre cliché.

Troisième principe : pour réussir une photo, l'éclairage est primordial. S'il fait mauvais temps, remettez la séance à des jours meilleurs. Profitez d'une journée pas trop chaude ; le chat, plus à l'aise, sera relativement coopératif et bavera moins. Les heures chaudes de la journée n'offrant d'ailleurs pas la meilleure lumière, travaillez plutôt le matin ou en fin de journée.

Pour le noir et blanc : un bon soleil en demi-contre-jour ou en contre-jour fera briller la fourrure. Si la robe du chat est foncée, utilisez un filtre vert et ouvrez d'un demi-diaphragme. Si elle est claire, et le fond ensoleillé, le filtre est superflu.

La couleur : en lumière directe, vous aurez le chat tel qu'il est. Si la lumière est trop forte, prenez-le à contre-jour ; vous aurez un cliché plus artistique, plus sophistiqué, le poil de l'animal sera irisé.

Pour photographier un chat foncé, il faut pas mal de lumière. Pour prendre un chat clair ou roux, mieux vaut travailler le matin ou le soir, quand la luminosité n'est pas trop intense. En intérieur, si la lumière n'est pas suffisante, utilisez un petit flash, indépendant de l'appareil. Mettez-le plus haut ou à la même hauteur que l'appareil, mais surtout pas dans l'axe optique pour éviter que l'œil du chat ne sorte en rouge sur le cliché.

En extérieur, travaillez à des vitesses d'obturation rapides : ne descendez pas au-delà du 1/125e de seconde, sauf si vous voulez faire des effets spéciaux. Si l'animal est immobile, cette vitesse convient. S'il court, travaillez au 1/1000e.

En intérieur, avec un flash, la vitesse d'obturation est fixe.

L'animal en mouvement. Comme sur toute photo, il faudra voir le sujet entier et l'arrière-plan. Lorsque vous mettez au point, le chat ne doit prendre que la moitié du cadrage dans le viseur. Suivez le mouvement de l'animal jusqu'au moment du déclenchement. Pas d'hésitation, vous n'avez alors qu'une fraction de seconde pour réaliser votre cliché.

Le gros plan. Le chat doit être parfaitement immobile. Si besoin est, faites-vous aider par quelqu'un qui captera son attention. Observez les oreilles. Elles doivent être bien en place. (Ne prenez pas un chat quand il a les oreilles couchées, signe d'énervement). Avant de déclencher, faites votre mise au point sur les yeux. Ils doivent être bien éclairés ; si la lumière est trop forte, ils seront dans l'ombre.

Le matériel. Pour photographier un chat, l'appareil Reflex 24 × 36 est le plus pratique. Il en existe à tous les prix. On peut aussi employer un appareil à mise au point automatique.

Pour l'extérieur, utilisez un petit téléobjectif de 85 mm à 200 mm et un film de 6A ASA minimum, et 200 ASA maximum.

Dernier conseil : n'hésitez pas à faire le maximum de clichés. Vos chances d'en obtenir de bons n'en seront que plus grandes. De fréquentes séances de photos sont nécessaires, car seul un long entraînement vous permettra de bien maîtriser la technique.

LE CHAT DANS LA VILLE

Deux populations de chats vivent dans nos cités : les nantis, chats de compagnie, qui mettent rarement le nez dehors, et leurs cousins errants qui hantent les gouttières, les chantiers en construction, cherchent refuge dans les cimetières et les jardins publics.

Ces chats des rues se nourrissent (difficilement) de détritus trouvés sur les marchés ou dans les poubelles. Ils sont le plus souvent faméliques, malades. Quelques-uns bénéficient de « soupes populaires », distribuées par des personnes émues de leur détresse. Très nombreux, car ils prolifèrent sans contrôle, ces vagabonds sont pourchassés au nom de la salubrité publique. De temps à autre, les services de la fourrière les ramassent, en particulier sur les chantiers, et ils sont tués.

Il existe pourtant une solution, moins radicale, que les amis des chats aimeraient voir se généraliser : la stérilisation, qui, en limitant les populations de chats errants les rendraient tolérables. A Paris, depuis plusieurs années, dans le XVIIIe arrondissement, « l'École du chat », une association de bénévoles, a entrepris de stériliser les chats mâles du cimetière Montmartre. Ils sont opérés sur place, dans un camion puis pourvus d'une identité et relâchés. Leur statut de « chat libre » les met en principe à l'abri des rafles de la fourrière.

L'opération a été longue à mettre au point, mais à force de persévérance, « l'École du chat » a fini par se faire entendre des autorités de la capitale et elle étend aujourd'hui son action.

A Rotterdam, aux Pays-Bas, des milliers de chats ont été stérilisés et relâchés, à l'initiative de la municipalité. Ces opérations ont surtout lieu dans les endroits où vivent des groupes de chats, comme les cimetières. Dans les rues, elles sont évidemment plus difficiles à réaliser.

Pour lutter contre cette prolifération, les sociétés de protection des animaux qui confient un chat à l'adoption le font stériliser et tatouer. Il serait souhaitable que le tatouage, qui consiste à imprimer au dermographe un numéro d'immatriculation dans l'oreille de l'animal, devienne obligatoire, car il permet de retrouver rapidement le propriétaire d'un chat perdu et a un effet dissuasif certain sur les abandons.

La loi en France

Les chats, comme les chiens, sont protégés par la loi. Malheureusement, les personnes coupables de méfaits à leur encontre sont rarement découvertes et encore plus exceptionnellement prises sur le fait.

La première des lois de protection en France, due à l'initiative du général de Grammont, date du 2 juillet 1850. Elle est restée en vigueur jusqu'à son renforcement par la loi Michelet du 19 novembre 1963.

Aujourd'hui, « quiconque aura sans nécessité, publiquement ou non, exercé des sévices graves ou commis un acte de cruauté envers un animal domestique sera puni de prison ou d'amende ». En cas de récidive, les peines sont doublées. Fait important, depuis le 10 juillet 1976, l'abandon d'un chat — considéré comme mauvais traitement — tombe sous le coup de cette loi. Quand un cas de mauvais traitement est signalé à une société de protection des animaux, celle-ci envoie des inspecteurs vérifier les faits et se constitue partie civile. Des avocats spécialisés la représentent auprès des tribunaux. Elle obtient presque toujours la condamnation du coupable ainsi que des dommages et intérêts. Quand le maître est condamné, l'animal est remis à la société de protection, qui a le droit d'en disposer.

Selon la loi, les expériences biologiques médicales et scientifiques qui, on le sait, se pratiquent aussi sur les chats, doivent être limitées aux cas d'extrême nécessité.

La loi du 9 juillet 1970 ou loi Thôme-Patenôtre, autorise la présence des chats dans tous les immeubles locatifs, y compris les HLM. Toutes les interdictions ne sont donc plus valables. A condition cependant que l'animal ne cause pas de nuisances. S'il miaule toute la journée, ou salit les parties communes, une pétition des locataires peut vous obliger à vous en séparer. Les faits reprochés au chat doivent toutefois être prouvés par des témoignages et faire l'objet d'un constat d'huissier. Vous pouvez aussi vous faire défendre par un avocat spécialisé ou une société protectrice.

Les lois répressives

Depuis que la rage sévit dans certains départements, le ministère de l'Agriculture a pris de sévères dispositions contre les chats vagabonds, susceptibles de propager le virus rabique : ils sont abattus systématiquement. S'ils sont vaccinés et tatoués, ils ont une chance d'être préservés.

Tout chat sans identité trouvé sur la voie publique ou dans la campagne est emmené en fourrière et abattu dans les quatre jours s'il n'a pas été réclamé. Ce délai est porté à huit jours si le chat porte une identité.

L'arrêté préfectoral du 28 février 1972 autorise les agents de la force publique à abattre sur place un chat dont la capture présente des dangers.

Quant aux chats en liberté à la campagne à plus de 200 mètres d'une habitation, ils sont à la merci des coups de fusil des chasseurs. Il est donc conseillé de ne jamais laisser errer un matou et, s'il est impossible de l'en empêcher, il faut le faire tatouer ou au moins lui mettre un collier avec une médaille.

La loi en Belgique

Un nouveau projet de loi à l'étude en Belgique et déposé au Sénat le 22 mars 1983 entend non seulement protéger les animaux, mais aussi fixer des règles concernant le comportement de l'homme à leur égard. La loi actuelle comprend 10 articles, le projet en compte 46.

« La soupe populaire ». Il se trouve toujours des âmes charitables pour prendre en pitié les chats errants. Ph. © José Dupont - Explorer.

La loi du 2 juillet 1975 prévoit une peine d'emprisonnement allant de huit jours à trois mois et une amende de 26 à 1 000 francs belges, ou l'une de ces peines seulement, envers quiconque « se rend volontairement coupable envers un animal d'actes de cruauté ou de mauvais traitements ; se livre volontairement à des actes qui ont pour résultat de faire périr inutilement un animal ou de lui causer inutilement une mutilation, une lésion ou des souffrances ».

Est puni d'un emprisonnement de huit jours à un mois et d'une amende de 26 à 500 francs ou d'une de ces deux peines seulement « quiconque s'abstient de donner les soins nécessaires à un animal dont il a la garde, ou l'abandonne délibérément en vue de s'en débarrasser ».

En cas de récidive, les peines peuvent être doublées.

Les lois de répression

La loi est impitoyable à l'égard du chat errant : « Les titulaires du droit de chasse et leurs gardes assermentés sont tenus d'abattre sur place les chats errants dans les bois ou en plaine » ; mesure prise également pour lutter contre la propagation de la rage.

D'autre part, le ministre de l'Agriculture peut, dans certaines régions, prescrire des mesures spéciales de sécurité, par exemple, « que les chats soient enfermés entre le coucher et le lever du soleil » ; ou encore imposer la vaccination contre la rage dans certaines régions ou communes. Il peut également ordonner que les chats errants à plus de 300 mètres des habitations soient abattus.

La loi en Suisse

La loi fédérale du 9 mars 1978 prévoit que toute personne qui aura maltraité un animal, l'aura gravement négligé ou surmené inutilement, l'aura mis à mort de façon cruelle, lui aura infligé, lors d'expériences, des douleurs, maux ou dommages alors que le but visé aurait pu être atteint autrement, sera puni de l'emprisonnement ou d'une amende (de 20 000 francs suisses ou plus si la personne a agi par négligence).

L'ALIMENTATION

Votre chat, fin gourmet, ne se jette pas sur n'importe quelle nourriture. Il hume, goûte, mastique, prend des airs extasiés si le menu lui plaît. Lui qui, dans la nature, dévorera en entier un oiseau jusqu'à la dernière miette, fait le difficile à table. Il est capable de jeûner deux jours si vous avez eu le mauvais goût de ne pas lui servir ce qu'il aime.

Même si nous l'avons transformé en semi-omnivore, le chat reste avant tout carnivore et les protéines d'origine animale doivent constituer 30 à 40 p. 100 de son régime (deux fois plus que pour le chien).

Pour être en pleine forme, votre chat a besoin d'une quantité précise d'aliments. Il doit manger modérément s'il est sédentaire, s'il est âgé ou a tendance à l'obésité, beaucoup plus s'il est en pleine croissance ou passe sa journée à grimper aux arbres.

Des repas équilibrés

Donnez-lui des aliments de qualité et des repas équilibrés.

Les protéines de la viande, des œufs, du lait et de certains végétaux favorisent le développement musculaire. Il trouve son énergie dans les lipides ou graisses de la viande, du poisson et du lait.

Les glucides des céréales lui fournissent des calories.

Les sels minéraux. Les os et le lait apportent des sels minéraux indispensables, en particulier le calcium et le phosphore, qui assurent la bonne formation du squelette et jouent un rôle dans l'activité musculaire. Le jeune en croissance doit absolument trouver suffisamment de phosphore et de calcium dans son alimentation.

Les sels minéraux, présents dans presque tous les aliments — magnésium, sodium, potassium, fer —, sont essentiels, comme les oligo-éléments — iode, cuivre, zinc —, qui interviennent en quantités infimes.

Les vitamines. L'importance des vitamines dans l'alimentation n'est plus à démontrer.

Dans le foie, le jaune d'œuf, le beurre, votre chat trouve de la *vitamine A,* qui protège et édifie les tissus, celui de la rétine, en particulier. S'il manque de vitamine A, son pelage devient sec, il perd ses poils.

La *vitamine B12,* qui se trouve dans les abats, les viandes, le poisson, le lait et les levures, favorise sa croissance et combat l'anémie. Une carence en vitamine B peut entraîner la fatigue et une ulcération des muqueuses.

Inutile de donner de la *vitamine C* à votre chat, il la fabrique tout seul. Cette vitamine évite les troubles circulatoires et musculaires.

Le foie du poisson et certaines graisses animales contiennent la précieuse *vitamine D,* facteur premier de la croissance. Le jeune chat qui en manque devient rachitique.

La *vitamine E,* vitamine de la fertilité, joue un rôle important dans la reproduction. Une carence en vitamine E risque d'entraîner la stérilité.

Les aliments naturels

La viande constitue la base de l'alimentation de votre petit carnivore : de petits morceaux de bœuf (collier, joue ou bourguignon) maigres, — mais pas trop —, légèrement grillés, pour ne pas détruire les vitamines, des viandes blanches, moins nourrissantes, ainsi que du porc, très cuit.

Même si votre chat adore les abats, ne lui en donnez pas trop. De la rate, du foie, pas plus de deux fois par semaine. Une trop grande quantité entraînerait une ankylose de la colonne vertébrale, due à un excès de vitamine A. Le poumon (mou) n'a qu'une faible valeur nutritive, réservez-le au chat trop gros.

Le poisson. Beaucoup de chats adorent le poisson, mais bien frais. Servez-le cuit après avoir enlevé les arêtes et la tête. Le

Utilisez une assiette creuse pour éviter que l'animal ne répande des débris sur le sol. Le mieux est de la placer sur un journal en cas de maladresse.

poisson étant moins riche en protéines que la viande, donnez-en plus. N'abusez pas des poissons gras ; ils contiennent des graisses qui détruisent la vitamine E par oxydation.

Les céréales. Au menu de votre chat ajoutez des céréales bien cuites : du riz, lavé après la cuisson et des flocons d'avoine ; des légumes : épinards, salade, haricots verts, carottes, suffisamment cuits pour que votre chat digère la cellulose. Ces légumes sont indispensables à la bonne marche du transit intestinal. Une ou deux fois par semaine, mélangez du jaune d'œuf à la pâtée : c'est un bon aliment, riche en phosphore et qui apporte des protéines et de la vitamine A.

Le lait. Presque tous les chats aiment le lait, mais tous ne le digèrent pas bien. Si le vôtre le supporte, il peut en boire 20 cl par jour. C'est un bon aliment, riche en calcium et en phosphore. Quand un chat ne supporte pas le lait, on lui donne de la poudre d'os, du phosphate de chaux, de lactate ou du carbonate de calcium.

Les fromages. Votre chat aime les fromages ? Ne l'en privez pas, car ils lui apportent du calcium. Évitez cependant de lui en donner s'il a tendance à grossir ou souffre d'arthrose.

Et l'eau ? Vous l'avez sûrement remarqué, le chat boit peu. Originaire du désert, ce petit félin a des besoins en eau relativement faibles. Il faut quand même laisser toujours un bol d'eau fraîche à sa portée, surtout s'il mange des croquettes, aliments déshydratés.

Son alimentation, enfin, doit être modérément salée.

Les aliments préparés

Les boîtes. Ne vous sentez pas coupable si vous nourrissez votre chat de « boîtes ». L'industrie des « pet-foods » est parfaitement au point et l'alimentation

Le chat nourri de croquettes doit boire beaucoup.

préparée aussi saine qu'équilibrée. L'expérience l'a prouvé : les chats nourris avec des boîtes se développent aussi bien et sont en aussi bonne forme que ceux qui mangent des aliments frais. Souvent même en meilleure forme, car le maître n'est pas toujours capable d'équilibrer les menus de son chat, par ignorance ou par manque de temps. Pratiques, les boîtes sont aussi économiques. Elles offrent en outre une nourriture à la saveur alléchante qui plaît à tous les palais félins, car elles sont très variées : à base de thon, de poulet, de foie, de bœuf, etc. Les aliments préparés humides sont présentés en morceaux, boulettes ou pâtées.

Les aliments secs (les croquettes) sont très pratiques en voyage ou si le chat n'est pas un gros mangeur, car ils ne s'altèrent pas à l'air et peuvent rester sans dommage dans l'assiette.

Un chat nourri de croquettes doit boire beaucoup, car ces aliments sont déshydratés. Si votre animal est castré ou souffre de troubles rénaux, ne lui donnez pas de croquettes ; celles-ci favoriseraient, notamment, la formation de calculs. En revanche, les aliments secs auraient une action positive sur les dents, en retardant l'apparition du tartre.

LES ALIMENTS DÉFENDUS

Les féculents, le chou, la charcuterie, les sauces, les poissons crus, les condiments et épices ainsi que tous les os qui, se cassant en esquilles, risquent de provoquer une perforation.

Le rythme des repas

Si on le laissait faire, le chat grignoterait du matin au soir. Il est préférable pour son estomac — et plus pratique aussi — de lui donner à manger deux fois par jour : un repas tôt le matin ; l'autre le soir.

Régime du chaton

Le nouveau-né. Si le chaton ne peut pas têter sa mère, donnez-lui un biberon de lait de chatte reconstitué, en vente dans les pharmacies (les doses quotidien-

DU BON USAGE DES BOÎTES

Les boîtes « tout viande » ou « tout poisson » ne doivent être données que de temps en temps. Les aliments complets contiennent tout ce dont l'animal a besoin.
À l'air, la nourriture en conserve peut rester une douzaine d'heures dans l'assiette, à condition d'être au frais et à l'abri des mouches.
Une boîte ouverte se conserve au réfrigérateur, mais pas plus de quarante-huit heures. sortez la boîte une demi-heure avant de la servir. Le chat ne doit pas manger trop froid. S'il est affamé, faites-la tiédir au bain-marie.
Suivez les conseils indiqués sur l'emballage pour les quantités à donner. Ne laissez pas les restes d'aliments se dessécher dans le plat.

RATIONS QUOTIDIENNES

50 p. 100 de viande rouge, soit 50 g pour un chat de 2,5 kg, 75 g pour un chat de 4 kg, 85 g pour un chat de 4,5 kg.
20 p. 100 de riz cuit : 20 g pour un chat de 2,5 kg, 30 g pour un chat de 4 kg, 35 g pour un chat de 4,5 kg.
20 p. 100 de légumes verts (même poids que pour le riz).
10 p. 100 de levure sèche, huile, composé minéral vitaminisé : 10 g pour le chat de 2,5 kg, 15 g pour le chat de 4 kg, 20 g pour le chat de 4,5 kg.

En aliments complets humides : 130 g pour un chat de 2,5 kg, 200 g pour un chat de 4 kg, et 230 g pour un chat de 4,5 kg.

En aliment complet sec : 50 g pour un chat de 2,5 kg, 75 g pour un chat de 4 kg, et 85 g pour un chat de 4,5 kg.

Offrez-lui plusieurs repas dans la journée, pour ne pas lui charger l'estomac et faciliter la digestion.

Sa ration quotidienne comprendra : 75 g de viande, 30 g de riz, 30 g de légumes verts, 15 g de levure sèche, huile et complément minéral vitaminé, soit 150 g en tout. Ou encore : 200 g d'aliments complets humides ou 75 g d'aliments secs.

nes sont indiquées sur la boîte) ou bien du lait de vache enrichi de jaune d'œuf (un jaune pour un quart de litre) et de quatre morceaux de sucre. Utilisez pour le nourrir un biberon de poupée ou un biberon spécial que vous trouverez en pharmacie.

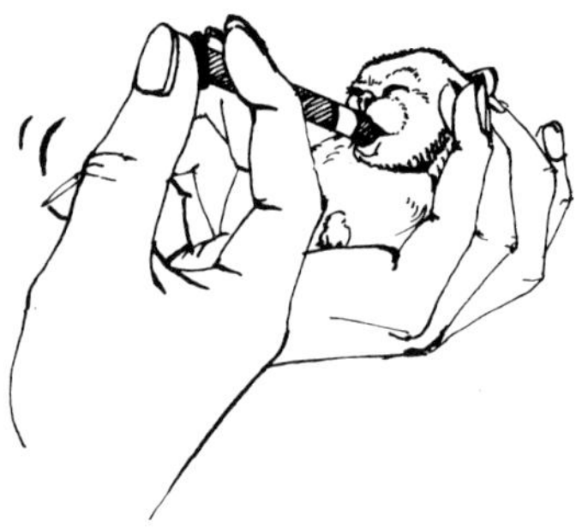

Cette méthode est parfois rendue nécessaire lorsque l'on désire garder une portée nombreuse et que la mère doit être soulagée. Si le chaton est trop faible pour téter, on peut employer un compte-goutte ou mieux une seringue dont on aura remplacé l'aiguille par un petit tube en plastique.

Les quantités : 40 g par jour, de la naissance à 15 jours ; 60 g de la deuxième à la quatrième semaine, au rythme de 6 à 7 biberons par jour.

Le chaton sevré. Entre la quatrième et la cinquième semaine, le chaton est sevré. Donnez-lui du lait enrichi dans une soucoupe, puis un peu de bouillie de céréales, à laquelle vous mélangerez de la viande hâchée, légèrement grillée, en augmentant petit à petit la quantité. Lorsqu'il a atteint sept, huit semaines, le petit chat peut manger comme un adulte. Le moment est alors venu de l'habituer peu à peu à tous les aliments : poisson, légumes, boîtes, etc.

Rythme des repas. Au début, le chaton fait quatre repas par jour. Laissez-lui son assiette dix minutes. S'il n'a pas tout avalé, jetez les restes, pour éviter que la viande ne s'altère. À 9 mois, devenu adulte, le jeune chat ne mange plus que deux fois par jour.

Régime de la femelle en gestation

Elle doit être suralimentée. Au cours des trois dernières semaines, sa ration augmentera de 20 à 30 p. 100. Laissez à sa disposition un bol de lait enrichi d'un jaune d'œuf.

La femelle qui allaite

Pour avoir du bon lait, la chatte a besoin d'une nourriture plus abondante et plus riche qu'en temps ordinaire, et d'excellente qualité. Vers la quatrième semaine, elle mange quatre fois plus que d'habitude, prévoyez donc trois ou quatre repas par jour. Sa ration quotidienne comprendra : 150 g de viande rouge, 60 g de riz, 60 g de légumes verts, et 30 g de complément minéral vitaminé, huile et levure sèche, soit 300 g en tout. Ou bien : 400 g d'aliments complets humides ou 150 g d'aliments secs.

À partir de la sixième semaine, mettez la chatte au régime pour accélérer le tarissement du lait. Quand elle n'a plus de lait, imposez-lui une diète d'une journée. Vous limiterez les risques de congestion des mamelles. Le lendemain, nourrissez-la très peu (un quart de sa ration habituelle, la moitié le jour suivant). Le quatrième jour, redonnez une ration normale.

RATIONS QUOTIDIENNES POUR LE CHAT EN CROISSANCE

Âge, en semaines	Poids du chaton	Produits secs	Produits humides
10	0,8 à 0,9 kg	40 g	140 g
14	1,2 kg	50,60 g	175 à 210 g
24	2 kg	60 à 74 g	210 à 260 g
30	2,5,3 kg	80 à 90 g	280 à 300 g
au delà	4 kg	100 g	350 g

« L'HERBE À CHAT »

Dans la nature, les chats mangent de l'herbe, qui facilite sans doute la digestion et les aide à faire passer les boules de poils qu'ils avalent en se léchant. En appartement, votre chat aura besoin d'un peu de verdure. Vous pouvez planter de l'herbe ordinaire, du blé ou de l'avoine dans un petit bac. (Prévoyez deux bacs : dans l'un l'herbe poussera, pendant que celle de l'autre sera consommée.) Vous trouverez l'herbe à chat véritable, la cataire, chez les marchands de plante.

Régime du chat castré

Phénomène de compensation, sans doute, un chat castré a tendance à avoir bon appétit, voire à devenir boulimique. Si vous ne voulez pas qu'il devienne obèse mettez-le au régime : pas de viandes trop grasses et des rations diminuées de 10 à 15 p. 100.

Régime du chat âgé

Votre vieux chat a droit à des égards. Comme il mange moins (une ration d'un quart environ), n'hésitez pas à lui offrir des protéines de qualité : de la bonne viande rouge ou blanche, avec un minimum de gras, du poisson blanc, très frais, et des légumes verts bien cuits. Évitez les féculents. Donnez-lui à boire des eaux minérales non calcaires : Volvic, Évian ou Contrexeville. Salez très peu ses repas.

Si le chat âgé souffre d'insuffisances ou de maladies chroniques, respectez bien le régime spécial prescrit par le vétérinaire.

L'HYGIENE

Le chat à poil court fait très bien sa toilette tout seul. De sa petite langue râpeuse, il débarrasse sa robe des poils morts et des poussières. Il imbibe ses pattes de salive pour atteindre les endroits inaccessibles à sa langue : l'arrière de la tête et les oreilles. Cette toilette minutieuse se répète plusieurs fois dans la journée.

Si vous voulez qu'il soit encore plus soigné, passez-le au peigne fin de temps en temps, dans le sens du poil, brossez-le avec une brosse en poils naturels ou en caoutchouc (le nylon, désagréable, électrise la fourrure et casse le poil).

Le chat à poil long a besoin d'une toilette tous les deux jours, sinon des nœuds inextricables peuvent se former dans sa fourrure. Installez le chat sur une table, à bonne hauteur, debout sur un journal. Démêlez d'abord les poils des pattes avec un gros peigne métallique, peignez ensuite le ventre, les flancs, le dos et la queue, toujours de bas en haut. Un nœud se défait doucement avec les doigts ou une aiguille à tricoter. S'il résiste, il faut le couper. Passez un peigne fin sur les poils plus courts de la tête. Brossez ensuite le chat avec une brosse en sanglier dans les deux sens et de bas en haut sur le collier, pour faire gonfler la fourrure. Si le pelage est trop graisseux, vous pouvez le saupoudrer de talc et brosser ensuite.

Si votre chat s'est sali avec du goudron, a trempé la patte dans un pot de peinture, ou laissé traîner sa queue dans du cambouis, huilez bien les parties salies, essuyez avec un coton puis lavez.

LES COLLIERS ANTIPARASITAIRES

Les colliers antiparasitaires sont vendus en pharmacie. Avant d'en acheter un pour votre chat, demandez conseil à votre vétérinaire. L'efficacité maximum d'un collier se situe les premiers jours de son utilisation. Au bout de deux mois, il faut le changer. Un collier ne doit pas être trop serré. Laissez-le à l'air pendant 48 heures avant de le mettre à l'animal. Ne mettez pas de collier à un chat malade ou qui a le foie et les reins paresseux. Il est à éviter absolument pour les chats âgés ou les chatons.

Les colliers insecticides ne doivent pas être laissés à la portée des jeunes enfants, en raison des risques de dermatose et d'allergie.

Les parasites

Faites la chasse aux puces et autres parasites, qui s'attaquent au chat le mieux tenu. Un passage au peigne fin vous permettra de les débusquer.

Les puces : leurs morsures produisent de petites marques rouges. Le chat se gratte avec énergie. À la longue, il peut développer une allergie à la salive des puces, affection fréquente sous les climats chauds. Des petits boutons durs et secs apparaissent alors, suivis d'ulcérations. Les puces sont parfois vecteurs du ténia. Il existe de nombreuses poudres contre les puces, mais elles ne conviennent pas toutes au chat. Des substances inoffensives pour le chien, peuvent s'avérer extrêmement dangereuses pour le chat, surtout s'il se lèche. Demandez conseil au vétérinaire. Dès que vous aurez poudré le chat, enfermez-le dans un petit sac en toile en laissant dépasser bien sûr la tête et les pattes, pendant cinq à dix minutes, afin qu'il ne puisse pas se lécher. Il faudra aussi désinfecter son coussin et les endroits où il a l'habitude de se tenir.

Attention : les colliers antiparasitaires, efficaces, sont mal tolérés par certains chats. Pour plus de sûreté, recommencez le traitement au bout de huit jours.

Les poux : ils sont rares chez le chat, mais résistants, leurs lentes persistant plusieurs semaines dans le pelage. Il est nécessaire de répéter plusieurs fois le traitement.

Les tiques : ne retirez jamais une tique vivante, le rostre resterait à l'intérieur et pourrait provoquer un abcès. Endormez-la en pressant dessus un coton imbibé d'éther, puis retirez-la avec une pince à épiler.

LA MUE

À la campagne, tous les chats perdent leurs poils deux fois par an, au printemps et au milieu de l'automne. Dans des appartements où ils sont soumis toute l'année à une température uniforme de 18, 20° C, la chute des poils s'étend sur toute l'année. Il n'y a rien à faire pour y remédier. Si l'animal se dénude vraiment trop, a le poil sec, menez-le chez le vétérinaire, il souffre peut-être d'une affection ou d'une carence en vitamine A par exemple. Chez certaines races, le poil se raréfie naturellement entre l'œil et l'oreille.

Faut-il baigner un chat ?

S'il est trop sale ou s'il a des parasites, oui. Mais le bain, pour la plupart des chats, n'étant pas une partie de plaisir, il doit rester exceptionnel. Si l'animal est vraiment trop récalcitrant, faites-lui un shampooing sec, suivi d'un bon brossage.

Si vous prenez certaines précautions, l'opération du bain se passera sans trop de difficultés. Mettez le chat dans un petit bac rempli d'eau tiède, mouillez-le progressivement, en commençant par la tête,

Peut-être n'est-ce pas la meilleure manière de baigner un chat... mais l'enfant et ses deux compagnons semblent y prendre un égal plaisir.

savonnez-le vite sur tout le corps, puis rincez. Ne faites pas de mouvements brusques, parlez-lui pour le rassurer. Ne lui mettez pas la tête sous l'eau et évitez la douche, traumatisante.

Si le chat s'agite, faites-vous aider par une personne qui le tiendra solidement pendant la toilette.

Employez des shampooings pour bébé, ou des produits spéciaux pour chats, vendus en pharmacie ou dans les magasins spécialisés.

Un chat mouillé n'a pas le réflexe, comme le chien, de s'ébrouer, de gambader pour se sécher. Il reste immobile, penaud, le poil collé au corps. Dès qu'il sort du bain, vous devez le sécher en le frottant bien avec une serviette éponge. Vous pouvez également essayer d'utiliser un sèche-cheveux silencieux, si cela ne l'effraie pas.

N'attendez pas que le chat soit adulte pour lui donner son premier bain. À quatre mois, il s'habituera plus facilement à l'eau.

Il ne faut jamais baigner un chat trop souvent car des bains trop fréquents élimineraient l'indispensable vitamine D du poil, vitamine que le chat renouvelle en s'exposant aux rayons du soleil ou de la lune. Un bain tous les deux ou trois mois est un maximum.

La toilette hebdomadaire de l'œil

Surveillez régulièrement l'œil de votre chat. Il doit être propre et brillant.

Nettoyez le tour de l'œil à l'aide d'un tampon d'ouate imbibé d'eau bouillie ou de camomille. Changez de coton pour chaque œil.

Le nettoyage des yeux est surtout important chez les chats à poil long tels les Persans. Sinon, le liquide coulant de l'œil forme une matière brunâtre qui se colle aux poils et suinte parfois le long du nez. Il faut l'enlever chaque jour.

D'hebdomadaire à quotidien, ce soin ne doit pas être négligé.

Soins des oreilles

Pour bien fonctionner, l'oreille du chat doit être parfaitement propre, c'est-à-dire bien rose, simplement enduite d'une légère couche de sébum. Ne laissez pas le cérumen s'accumuler, cela facilite la prolifération des microbes. Vérifiez l'état des oreilles de votre chat, au moins une fois par semaine.

Pour lui nettoyer les oreilles, maintenez-lui solidement la tête d'une main, de

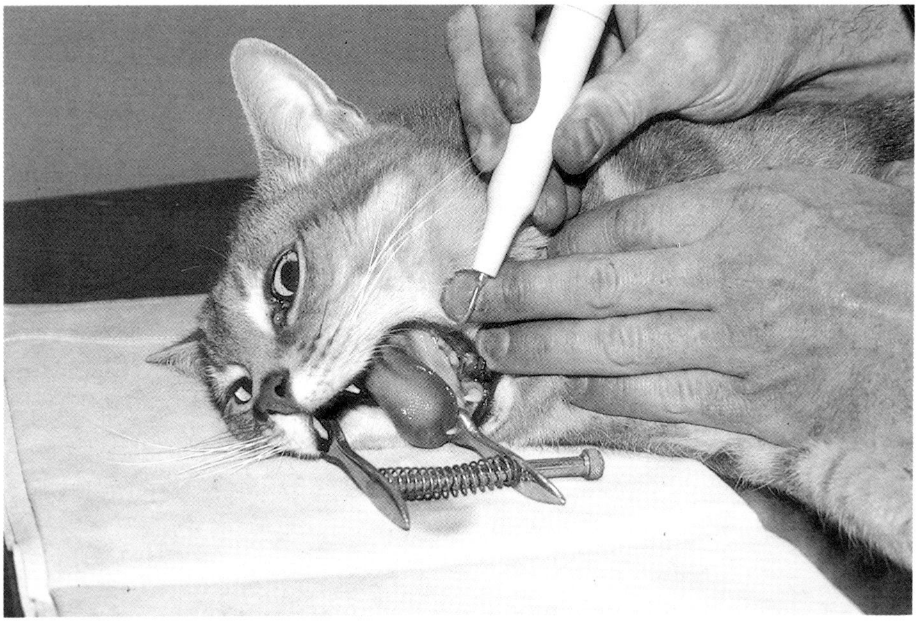

Détartrage des dents.

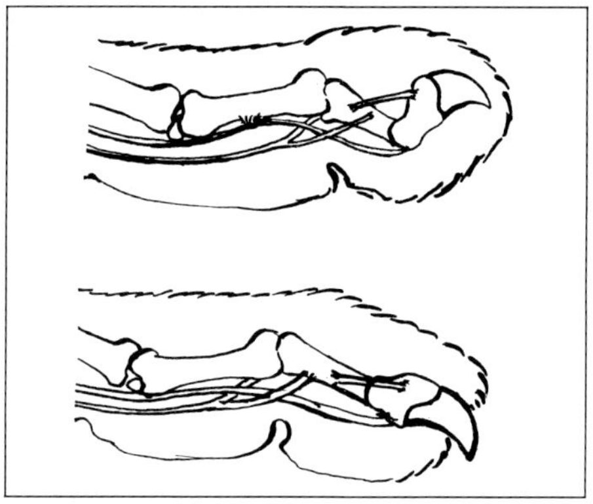

Les griffes rétractiles.

l'autre, introduisez doucement un coton tige imbibé d'eau bouillie ou d'un produit huileux, tournez le coton avec précaution, sans l'enfoncer. Massez ensuite la base du pavillon pour décoller d'éventuelles croûtes. Le chat finira lui-même l'opération en secouant énergiquement la tête.

N'employez jamais d'éther ou d'huile d'amande douce pour le nettoyage des oreilles.

Le nettoyage du nez

Le chat a naturellement le nez bien sec. Les soins d'hygiène sont donc inutiles. Si tel n'est pas le cas, nettoyez le tour des narines avec un coton humide pour éviter la formation de croûtes et mettez un peu de vaseline sur le nez.

Soins de la bouche

L'hygiène buccale est importante. Si, dans la nature, les dents du chat sont nettoyées par le contact des os qu'il broie, il ne peut pas le faire s'il est essentiellement nourri de pâtées molles, et ses dents s'entartrent, parfois dès l'âge de deux ou trois ans. On peut retarder l'apparition du tartre en frottant régulièrement ses gencives avec un citron coupé en quatre. Si la couche de tartre est trop épaisse, il faut faire pratiquer par un vétérinaire un détartrage aux ultra-sons, sous anesthésie.

Le détartrage est une bonne mesure préventive contre la pyorrhée, inflammation de l'alvéole dentaire d'origine infectieuse qui entraîne un déchaussement progressif des dents.

Soins des griffes

Composées de kératite, les griffes comportent un derme recouvert d'une cuticule dure. Rétractile, la griffe du chat se place dans un repli de peau situé au-dessus du coussinet (l'animal fait alors « patte de velours »). Quand les griffes sont rentrées, elles sont retenues dans leur gaine par des ligaments. Lorsque le chat sort ses griffes, les muscles se contractent et tirent sur les tendons.

Cette rétractilité s'acquiert vers l'âge de trois ou quatre mois.

Les griffes du chat s'aiguisent et se régénèrent naturellement et l'animal sait très bien les entretenir seul. Chez les vieux chats, quand l'ongle devient terne, rèche et opaque, il faut le couper.

Si votre chat n'use pas assez ses griffes, vous pouvez les couper, à l'aide d'un coupe-ongle ou d'une pince à guillotine.

FAUT-IL PRATIQUER L'ABLATION DES GRIFFES ?

Cette intervention cruelle et très mutilante est quelquefois demandée par des maîtres dont le chat commet trop de dégâts sur les meubles ou bien se montre agressif. Elle ne doit être envisagée que très exceptionnellement et uniquement si le chat est condamné à ne jamais sortir. Sans ses griffes, le petit félin est un infirme, incapable de grimper aux arbres et de se défendre. En général, on enlève seulement les griffes des pattes antérieures.
L'ablation des griffes, opération qui consiste à sectionner les ligaments sous la dernière articulation, peut poser des problèmes. Si les cellules germinales ne sont pas enlevées, des griffes difformes peuvent repousser. L'intervention comporte des risques d'infection.

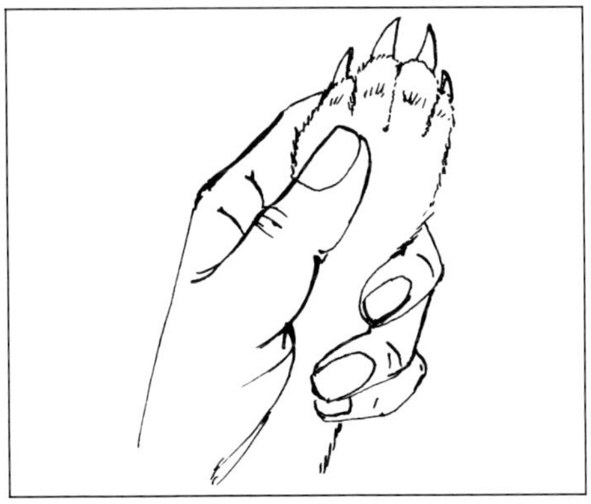

Tenez la patte fermement dans la main en pressant un peu de façon à faire écarter les doigts. Vous sectionnerez alors seulement la partie translucide en faisant bien attention de ne pas entamer la partie rose.

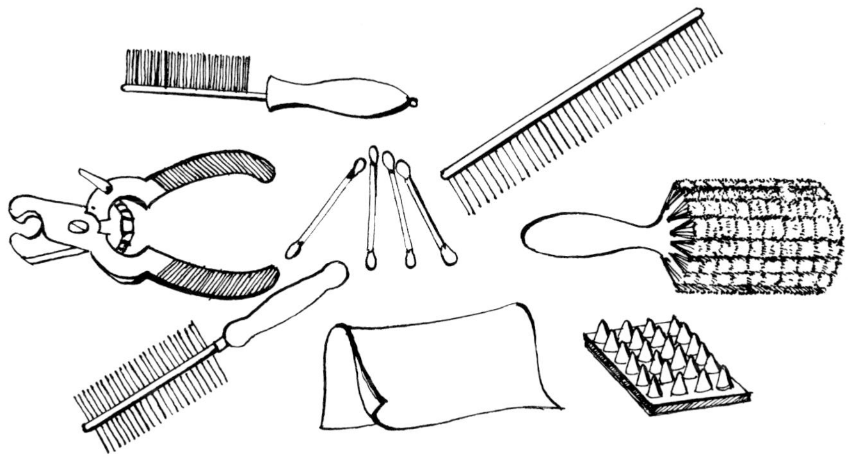

LA PANOPLIE DE TOILETTE

Elle est peu importante. Pour un Poil court : une brosse à cheveux en poils naturels, un peigne fin et une peau de chamois.
Pour les Poils longs : une brosse plus dure, un gros peigne et une étrille.
Pour tous : une pince à guillotine pour couper les ongles, des ciseaux à bout arrondi, un shampooing spécial, des cotons-tiges.

LA SANTÉ

Une prévention efficace protégera votre chat de bien des maux. S'il a une alimentation saine et équilibrée, si vous le faites vacciner, si vous pensez à le vermifuger, il a toutes les chances de bien se porter.

Les vaccins

Jusqu'à sept semaines, le chaton bénéficie de l'immunité transmise par sa mère. Après, il faut le faire vacciner.

Le typhus. La vaccination contre le typhus, l'une des plus graves maladies virales du chat, est parfaitement au point. On utilise du vaccin vivant ou inactivé, administré à partir de huit semaines. On fait un rappel trois semaines plus tard, puis un rappel annuel.

Le coryza, autre grave maladie virale, est répandue chez les chats. Il existe un vaccin contre la forme grave due à un herpès virus ou à un calcivirus. Il s'administre en association avec le vaccin contre le typhus.

Le vaccin antirabique est impératif. Il se pratique à partir de l'âge de trois mois : deux injections à trois semaines d'intervalle, puis des rappels annuels à date fixe.

La vermifugation

Si votre chat a des vers — ce que vous verrez facilement dans ses selles ou ses vomissements —, ne lui donnez pas n'importe quel vermifuge. Une dose trop forte peut être mortelle pour un chaton ou un chat malade. Allez consulter le vétérinaire qui vous prescrira le bon vermifuge et déterminera le dosage et la fréquence des prises.

Les ascaris, vers ronds, en spirale, sont fréquents chez les chatons. Ils provoquent des vomissements et des diarrhées, le chaton a le ventre ballonné, son haleine est malodorante. S'il n'est pas soigné, il risque des troubles sérieux. Le vétérinaire lui donnera un vermifuge (Pipérazine, Telmin par exemple). Le chat doit être vermifugé à jeun. Ne le nourrissez pas pendant les deux ou trois heures qui suivent. Une seconde vermifugation est conseillée, un mois après la première.

Les ténias, vers plats, sont rebelles. L'animal infesté a le poil terne, souffre d'une légère diarrhée. On le traite avec des vermifuges spécifiques. Plusieurs prises sont nécessaires. Il faut changer de ténicide si le premier traitement ne s'avère pas assez efficace.

Les vermifuges en comprimés ou en sirop sont en général bien acceptés par le chat, s'ils sont dissous et mélangés à la nourriture ou au lait.

Quand une femelle attend des petits, on la traite, dès le début, avec un vermifuge doux et polyvalent.

LES MALADIES ET LEURS SYMPTÔMES

Les symptômes digestifs

Les vomissements. Comme nombre de carnivores, le chat vomit facilement, sans pour autant être malade. Il peut tout simplement vomir parce qu'il a mangé de l'herbe, ou après un repas trop copieux. Il régurgite parfois sa nourriture sous forme d'une petite saucisse brune, effilée au bout. Certains chats vomissent aussi de la bile de temps en temps. Tout cela n'a rien d'inquiétant.

En revanche, si les vomissements sont répétés, incoercibles, pénibles, l'animal souffre d'un trouble qu'il faut déterminer. Commencez par le mettre à la diète, donnez-lui une petite cuillerée de sirop de Primpéran pour arrêter les vomissements. Si, après douze heures, les troubles persistent, consultez le vétérinaire.

La constipation. Quand votre chat fait de vains efforts dans son bac il peut souffrir de constipation ou avoir des difficultés à uriner. Quand vous serez sûr qu'il s'agit bien de constipation, ne lui administrez pas n'importe quel laxatif. Commencez par lui offrir une nourriture plus riche en légumes, abats frais et lait. Vous pouvez ajouter une cuillerée d'huile de paraffine à sa pâtée. Si la constipation persiste, consultez le vétérinaire.

La diarrhée. Une mauvaise digestion ou l'absorption de lait peuvent entraîner une diarrhée banale. Donnez au chat des antiseptiques ordinaires, comme le charbon. Si les symptômes persistent, si le chat est prostré, a de la fièvre, consultez un vétérinaire sans attendre.

En cas d'entérite chronique, l'analyse des selles révélera si votre chat est contaminé par un microbe ou infesté de parasites.

BOULES DE POILS

Les boules de poils que le chat absorbe en se léchant sont généralement vomies, mais si elles s'accumulent dans l'estomac elles provoquent des vomissements répétés et une constipation. Donnez au chat deux cuillerées d'huile de paraffine après chaque repas. Et, surtout, brossez-le bien, chaque jour, pour éviter qu'il n'avale des poils.

Attention : de même que les vomissements répétés, la diarrhée qui se prolonge peut entraîner des phénomènes graves de déshydratation et le chat devra être mis sous perfusion.

Les symptômes urinaires

Comme tous les carnivores, le petit félin a les reins fragiles. S'il n'urine pas et se déplace avec peine, a les reins douloureux, courez chez le vétérinaire, votre chat souffre soit d'une congestion rénale, soit d'une néphrite aiguë, et risque à tout instant la crise d'urémie.

Si votre chat ne cesse d'aller dans son bac, sans succès, ou ne fait que quelques gouttes d'urine, il souffre vraisemblablement de calculs. Le mâle est le plus facilement atteint. On pense que la sédentarité, l'alimentation à base de croquettes jouent un rôle dans la formation des calculs. Consultez sans tarder. Le vétérinaire fera soit un sondage sous anesthésie, soit une intervention chirurgicale, dans les cas plus graves.

Quand votre chat urine souvent, ou a une urine teintée de sang et souffre, il présente des symptômes de cystite. Cette maladie, le plus souvent d'origine infectieuse, se soigne par des antibiotiques et des anti-infectieux urinaires.

Attention : l'émission exagérée d'urine peut être un signe de diabète ou d'usure du rein chez le chat âgé.

Les symptômes respiratoires

En général, le chat tousse peu. La toux indique : soit une inflammation des voies respiratoires, quand elle est brève et sèche, soit une bronchite, si elle est forte et sonore. Le chat âgé qui souffre de bronchite chronique a de fortes quintes de toux, surtout la nuit.

Si votre chat se met à tousser, donnez-lui un sirop pour bébé : une cuillerée à café, pour le calmer. Si la toux persiste et s'accompagne de fièvre, consultez le vétérinaire.

Attention : une respiration accélérée peut être un signe d'asphyxie, de congestion ou de troubles cardiaques. Une respiration ample, mais difficile, avec les flancs creusés peut indiquer une pleurésie. La respiration du chat peut aussi s'accélérer brusquement, sous le coup d'une émotion, s'il monte en voiture par exemple : il halète, la bouche entr'ouverte, et se met à baver.

Les symptômes cardiaques

Si votre chat s'essouffle au moindre effort, a des muqueuses pâles, et parfois des syncopes, pensez à un trouble cardiaque et consultez le vétérinaire.

Les symptômes de l'anémie

Le chat qui souffre d'anémie est anormalement fatigué, vite essoufflé, ses muqueuses buccales et la conjonctive de l'œil sont pâles. Le traitement dépendra de la cause : hémorragie, leucémie, etc.

Les symptômes nerveux

Ils sont très spectaculaires ; le chat qui a une crise d'épilepsie perd conscience, est agité de violentes convulsions, bave, urine, pendant quelques secondes ou quelques minutes. La crise nerveuse ressemble à l'épilepsie, mais elle dure beaucoup plus longtemps et se répète. Donnez du gardénal et consultez le vétérinaire. Les accidents cérébraux frappent souvent le chat âgé : il tourne en rond, penche la tête de côté, perd l'équilibre. Il existe des traitements très efficaces.

Les symptômes cutanés

Minet se gratte furieusement. Avant de penser à une affection de la peau, examinez bien le poil. Il a peut-être attrapé des puces ou autres parasites (voir p. 164).

La gale de la tête. Cette affection parasitaire débute par des pertes de poils derrière la nuque, puis vers le front. Le chat se gratte. Des boutons avec des croûtes grisâtres apparaissent, suivis de lésions dues au grattage. Le chat devient triste, abattu. Le traitement anti-parasitaire est efficace.

La gale du corps. Des boutons se forment d'abord sur la tête, puis sur tout le corps. Le chat se gratte, perd ses poils, sa peau se recouvre de lésions et de croûtes. Cette forme de gale est très contagieuse de chat à chat. Il faut soigner l'animal sans tarder à l'aide de lotions que le vétérinaire prescrira. Ces produits étant à base de Lindane, très toxique pour le chat, des dilutions très strictes doivent être respectées.

Les teignes ou mycoses. Des champignons sont à l'origine de ces maladies très contagieuses et qui peuvent aussi contaminer l'homme. Elles se manifestent par des chutes de poils circulaires et des plaques sèches ou suintantes qui s'étendent progressivement sur tout le corps. Le chat ne se gratte pas. Les mycoses ou teignes se soignent avec des solutions soufrées ou iodées et un antibiotique spécifique : la Griséofulvine.

L'eczéma. Si votre chat se gratte et n'abrite pas de parasites, il souffre sans doute d'eczéma. Les causes de l'eczéma ne sont pas toujours évidentes, et s'il existe de nombreux traitements, crèmes et lotions, tous ne sont pas efficaces.

L'été, une forme d'eczéma se déclare parfois brutalement : des rougeurs apparaissent sur tout le corps, l'animal se gratte beaucoup, ses lésions suintent.

L'eczéma, en général sec, avec des pellicules sur la peau peut apparaître et disparaître sans raison apparente. L'eczéma miliaire, d'origine hormonale, est caractérisé par des boutons sur tout le corps.

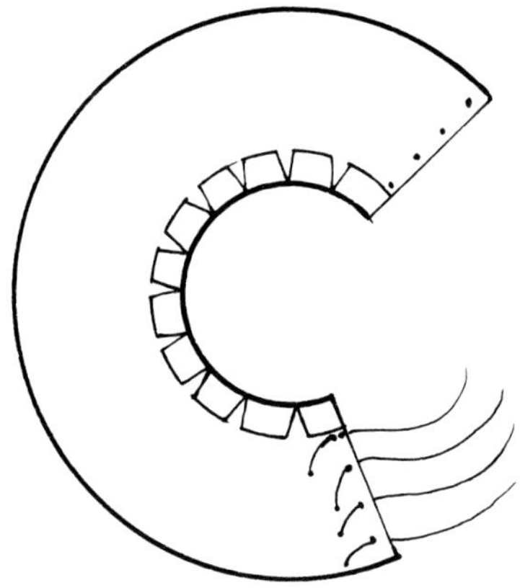

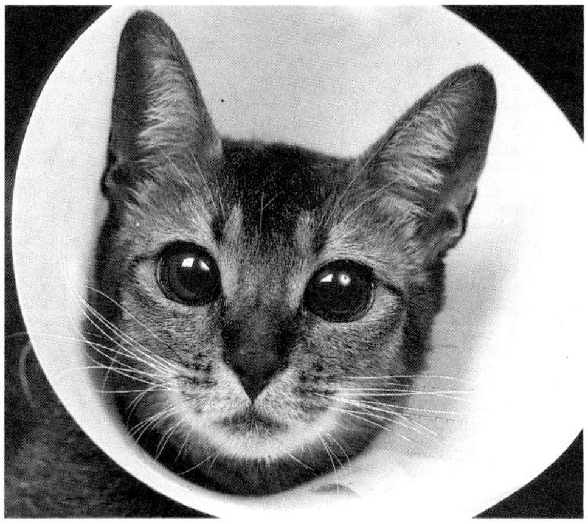

LE COLLIER ÉLISABÉTHAIN

Dans certains cas, votre vétérinaire pourra vous conseiller un collier élisabéthain, appareil en forme de cône qui entoure la tête du chat et l'empêche de se gratter, en particulier les oreilles. Vous pouvez fabriquer vous-même un collier élisabéthain en coupant un cône de carton fort de 30 cm de diamètre à la base, le diamètre du haut correspondant au tour de cou du chat. La partie en contact avec le cou doit être habillée d'un tissu épais pour éviter toute irritation et rendre le collier moins inconfortable. Cet « instrument de torture » est le seul moyen d'éviter l'aggravation de la blessure.

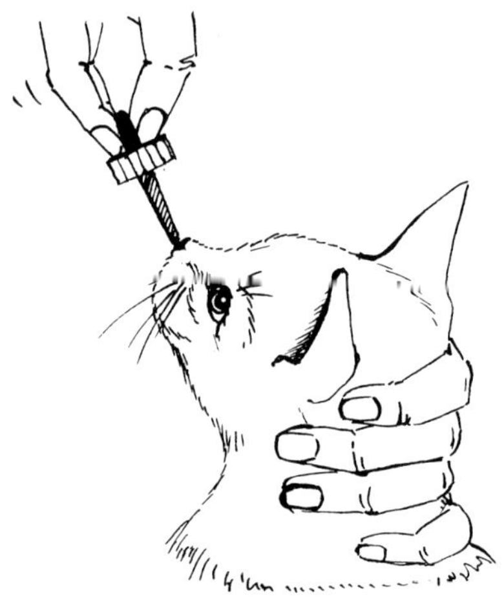

METTRE DES GOUTTES DANS LE NEZ

Un nez qui coule doit être nettoyé plusieurs fois par jour, avec un coton imbibé de sérum physiologique. Enlevez bien les croûtes qui obstruent ses minuscules narines. Vous pouvez aussi, pour les soulager, y mettre un peu d'huile goménolée. Pour mettre des gouttes dans le nez, faites-vous aider par quelqu'un qui, placé derrière l'animal, lui maintiendra le corps et les pattes de devant. Tenez la tête du chat et instillez doucement les gouttes dans les narines.

LES FUMIGATIONS

Convaincre un chat des bienfaits d'une fumigation n'est pas aisé. Mieux vaut ruser. Mettez le liquide à inhaler dans un bol et celui-ci à l'intérieur d'une petite boîte percée de trous. Placez ensuite la boîte dans un carton muni d'un couvercle où vous enfermerez le chat quelques instants, le temps que les vapeurs bienfaisantes fassent leurs effets. Si votre chat est docile, essayez de lui faire prendre son inhalation au-dessus d'un bol, n'approchez pas trop sa tête pour que la chaleur ne l'incommode pas.

Tous les eczémas ont un point commun : les démangeaisons. Il faut consulter le vétérinaire qui prescrira, selon les cas, des traitements hormonaux ou aux corticoïdes, ainsi que des désensibilisants ou des anti-histaminiques pour soulager l'animal.

Les affections du nez

Le chat a un petit nez fragile. Si le vôtre a le nez qui coule, s'il éternue, renifle, sans présenter d'autres signes pathologiques, il souffre sans doute d'une rhinite chronique. Cette infection des cavités nasales doit être soignée, sinon elle risque d'atteindre les sinus et de faire souffrir l'animal.

Attention : un nez qui coule, des yeux qui larmoient, des éternuements répétés accompagnés de fatigue sont les signes d'un début de coryza, maladie virale grave.

Les troubles de l'œil

L'œil du chat est fragile. Si le globe est touché par une poussière, une graine ou tout autre corps, il devient irrité et l'œil se met à pleurer abondamment. N'essayez pas d'intervenir. Laissez ce soin à votre vétérinaire.

Quand l'œil coule, il peut s'agir d'une obstruction des points lacrymaux. Pour en avoir la certitude, faites ce test : instillez dans l'œil une goutte de collyre coloré à la fluorescine. Si, trente secondes plus tard, elle n'apparaît pas au bout du nez du chat, le canal est bouché.

La conjonctivite. Le chat souffre de cette maladie dont les causes et les symptômes varient beaucoup d'un sujet à l'autre. Elle peut être due à une allergie, à une irritation par un corps étranger, avoir une origine virale ou microbienne. Dans ce dernier cas, elle est contagieuse et l'animal doit être isolé. Le chat atteint de conjonctivite semble craindre la lumière, garde l'œil fermé, les paupières sont collées. Une conjonctivite ne doit jamais être traitée à la légère. Consultez le vétérinaire qui prescrira des pommades ou des collyres antibiotiques.

La blépharite. C'est une inflammation ou infection des paupières qui atteint parfois le chat souffrant d'eczéma ; elle peut apparaître aussi après une blessure de l'œil ou une conjonctivite. Il se forme des orgelets que vous nettoierez à l'eau bouillie, avant d'appliquer une pommade antibiotique prescrite par le vétérinaire.

Les blessures de la cornée sont fréquentes chez les chats bagarreurs. Les plaies légères cicatrisent généralement rapidement. Dans les cas graves, si l'iris est ressorti par exemple, une intervention s'impose.

L'ulcère de la cornée, lésion bien visible, entourée d'une zone bleuâtre, peut se former à la suite de conjonctivites répétées, d'un traumatisme ou du coryza. Le vétérinaire doit être consulté rapidement.

La kératite est une inflammation de la cornée avec un opacité totale ou partielle de cette membrane. Elle peut être d'origine traumatique, accompagner des maladies comme le coryza ou survient après une conjonctivite virale. N'attendez pas pour montrer le chat au vétérinaire.

Le glaucome est dû à une perturbation des liquides de l'intérieur de l'œil, dont la pression augmente. Le globe oculaire a alors tendance à s'exorbiter. Souvent congénital, le glaucome peut aussi se produire après un traumatisme. Il est très douloureux et le chat doit être soigné sans tarder.

L'entropion est le renversement anormal de la paupière vers le globe oculaire. Les cils, en frottant contre la cornée provoquent les irritations de la conjonctivite, des ulcères, une kératite ou une blépharite. Il faut le faire soigner sans attendre.

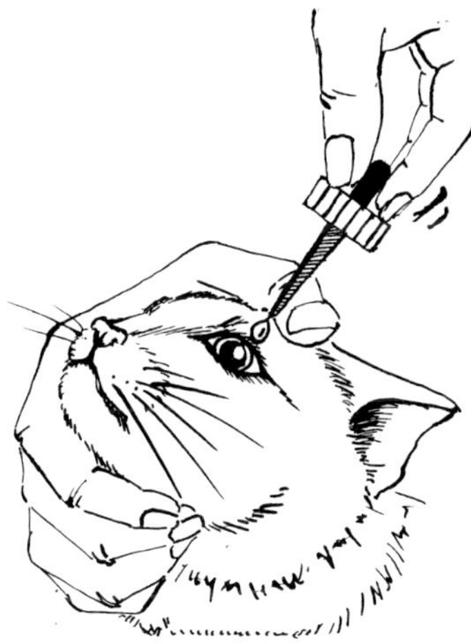

METTRE DES GOUTTES DANS L'ŒIL

Même le chat le plus docile se laisse difficilement mettre des gouttes dans l'œil ou de la pommade sur les paupières. Tenez-vous derrière lui, de façon à ce qu'il ne voie pas le compte-gouttes, maintenez-lui fermement la tête d'une main, de l'autre, faites couler le liquide ou la pommade, directement sur la cornée. Faites bien attention de ne pas toucher l'œil. Si votre chat est très nerveux, faites-vous aider, sinon, gare aux coups de griffes.

Les troubles de l'oreille

Votre chat se gratte l'oreille, celle-ci coule. Il penche la tête d'un côté. Pensez tout de suite à une otite.

L'otite chronique est plus fréquente que l'otite aiguë. Le chat secoue la tête, se gratte. Les sécrétions de son oreille, sèches, cireuses ou liquides sont jaunâtres ou brun-rouge. Cet écoulement peut être abondant et malodorant. Le vétérinaire prescrira des antibiotiques, des désinfectants et des calmants.

L'otite aiguë est douloureuse. Le chat refuse de se laisser examiner, il penche la tête du côté malade. Le conduit de l'oreille est rouge. Il s'en écoule un liquide purulent qui colle aux poils. L'otite aiguë s'accompagne parfois de fièvre. Le traitement est à base d'antibiotiques, de décongestifs. Il faut également nettoyer soigneusement les oreilles. Opération très délicate sur un chat qui souffre.

L'otite parasitaire (ou gale des oreilles) est malheureusement très répandue. Le chat se gratte énergiquement. Un cérumen brun ou grisâtre apparaît, ainsi que des croûtes brunâtres. Une odeur acide se dégage du conduit auditif. Le chat doit être montré au vétérinaire qui décèlera facilement les parasites au microscope. Cette affection se guérit très bien avec des préparations antiparasitaires. Mal soignée, une gale auriculaire peut donner une otite chronique.

S.O.S.

Les yeux qui coulent peuvent indiquer un début de coryza, maladie grave. Si l'animal a également le nez qui coule, éternue, perd l'appétit, n'attendez pas pour le conduire chez le vétérinaire.

ACCIDENTS

Des coupures ou des blessures du pavillon sont fréquentes chez les chats bagarreurs et laissent souvent de vilaines cicatrices. Quand un chat se gratte intensément, il se produit parfois un hématome. L'intervention est nécessaire si l'on ne veut pas que l'oreille soit déformée.

L'infection de l'oreille interne, ou moyenne, heureusement rare, risque d'entraîner la surdité ou la perte de l'équilibre.

Corps étranger : si le chat, à la campagne, se met à secouer sa tête dans tous les sens, semble comme fou, regardez son oreille. Une herbe folle ou un autre corps étranger s'est peut-être logé à l'intérieur. N'essayez pas de le retirer avec les doigts ; prenez une pince à épiler et faites-vous aider pour maintenir l'animal pendant l'opération. Si vous ne voyez rien, conduisez le chat sans attendre chez le vétérinaire.

Les affections de la bouche

La gengivite. Le chat a mauvaise haleine, sa gencive est rouge et enflammée à la base des dents : il souffre d'un début de gengivite. Faites-le soigner avant l'apparition d'abcès et d'ulcérations. Chez les chatons, une haleine à forte odeur d'ail indique la présence de nombreux ascaris. Une vermifugation s'impose d'urgence.

La stomatite est une inflammation de la bouche due à des blessures, des microbes ou des troubles de la nutrition. Le chat mange avec difficultés, salive beaucoup, a mauvaise haleine. Le vétérinaire prescrira des antibiotiques et des badigeonnages au bleu de méthylène.

Il existe une forme de stomatite ulcéreuse du fond de la bouche, affection grave et rebelle, douloureuse, qui récidive malgré les antibiotiques. Des ulcères apparaissent au bord des lèvres au niveau des canines.

Les fistules dentaires se déclarent souvent après une fracture de la dent ou l'ulcération de la racine. Cette affection atteint souvent les molaires supérieures. Une extraction de la dent malade s'impose généralement.

L'angine. Si un chat a du mal à avaler et tousse, examinez bien le fond de sa gorge. S'il est rouge, l'animal souffre probablement d'une angine. Conduisez-le chez le vétérinaire. L'angine se soigne par des collutoires, des injections d'antibiotiques, en cas de fièvre.

Les corps étrangers. Quand un chat a un corps étranger dans la bouche — épine, morceau de bois, etc. —, il salive abondamment, essaie de l'enlever avec ses pattes. Faites-vous aider pour le maintenir, ouvrez-lui la gueule et retirez l'objet avec précaution. Si le corps étranger a atteint le pharynx, faites appel au vétérinaire.

Les maladies des os et des articulations

La spondylose ankylosante. Un chat complètement raide, qui se déplace très difficilement, présente les symptômes d'une spondylose ankylosante, maladie due à un excès de vitamine A dans la nourriture. Elle frappe les chats nourris presque exclusivement avec du foie. Les soins peuvent en arrêter l'évolution, mais elle ne guérit pas complètement.

L'arthrite aiguë peut apparaître brusquement. Le chat souffre ; ses articulations sont chaudes et douloureuses. Cette affection est souvent consécutive à un morsure qui a infecté l'articulation.

L'arthrite chronique se traduit par des déformations de l'os au niveau de l'articulation. On la traite par une antibiothérapie, des corticoïdes, on donne de l'aspirine pour atténuer la douleur.

L'arthrose. Cette maladie est en général la conséquence d'une arthrite mal soignée. Elle peut être aussi plus ou moins héréditaire. Les articulations sont bloquées, mais non douloureuses. Si l'arthrose atteint la colonne vertébrale, il y a risque de paralysie. Dans ces affections, la mésothérapie et l'acupuncture donnent de bons résultats.

Le rachitisme. Cette maladie de la croissance frappe les chatons. Elle est due à un mauvais rapport phosphoro-calcique et à un manque de vitamine D. Le petit chat est fatigué, a le ventre gonflé, les os incurvés. Ses articulations sont épaisses et douloureuses, ses selles sont liquides. Le traitement consiste à équilibrer le régime alimentaire, à donner du calcium, du phosphore, de la vitamine D.

L'ostéoporose. Dans cette autre maladie qui atteint les jeunes, les articulations sont gonflées et douloureuses, les pattes déformées, le chaton ne joue pas, hésite à sauter. Des fractures spontanées apparaissent parfois. Ne donnez surtout pas de vitamines D en pensant que votre petit animal est rachitique. Elle est formellement contre-indiquée en cas d'ostéoporose. Cette maladie, qui frappe plus particulièrement certaines races (Abyssins, Siamois), est difficile à guérir.

BADIGEONNER LA BOUCHE

Comment badigeonner la bouche d'un chat, si par exemple il souffre d'aphtes après avoir mordillé des chenilles ?
Faites-vous seconder par une personne qui maintiendra l'animal à plat sur une table, les pattes en avant. Ouvrez-lui la gueule en pressant avec le pouce et l'index au niveau de la commissure des lèvres. Introduisez un morceau de coton, gros comme le pouce, que vous aurez imbibé du produit prescrit par le vétérinaire. Le chat va le mâchouiller. Il salivera ensuite abondamment. C'est une réaction normale.

Les rhumatismes sont d'origines diverses. Le chat a une démarche raide, il souffre beaucoup, des déformations osseuses apparaissent. Le vétérinaire prescrira de l'aspirine, des corticoïdes et des antibiotiques. Dans le rhumatisme articulaire, la température monte jusqu'à 40°, les articulations sont chaudes et douloureuses. Les complications cardiaques sont fréquentes.

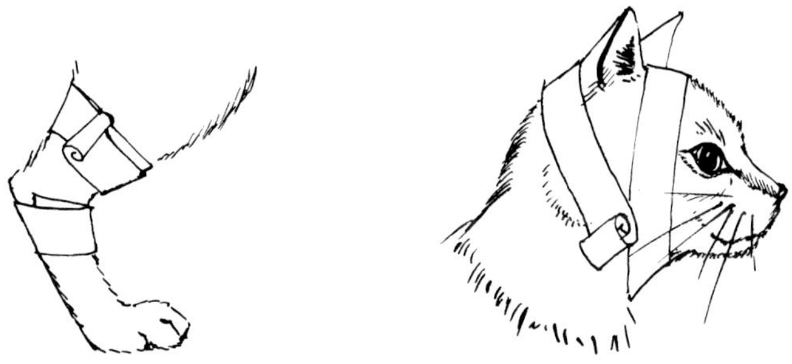

COMMENT PANSER UN CHAT

Mieux vaut être deux pour cette opération difficile. Pour une patte : passez la bande au-dessus et au-dessous de l'articulation. Pour bander la queue : on place d'abord un long morceau de bande dans le sens de la queue, maintenu ensuite par un bandage dans le sens horizontal sur toute la longueur. Sur la tête : on fait un pansement en huit, qui laisse les oreilles dégagées.
Vous pouvez recouvrir les bandages de sparadrap pour les maintenir. Il existe aussi des bandes élastiques, très efficaces.

Accidents divers et blessures

Les fractures. Acrobate téméraire, le chat est souvent victime de fractures diverses : des pattes, s'il tombe de plus de six mètres de haut par exemple. Le membre brisé le fait souffrir, il ne peut pas le poser par terre. En le palpant doucement vous sentirez un crissement. Une radiographie s'impose. Une fracture des pattes se répare souvent avec une simple attelle ou un plâtre léger. Dans les cas les plus sévères il faut opérer, mettre une broche ou une plaque.

Si le chat s'est déboîté une articulation, le vétérinaire la remettra en place sous anesthésie et l'immobilisera à l'aide d'un plâtre ou d'une attelle.

Beaucoup plus dramatiques sont les fractures de la colonne vertébrale. Les parties du corps postérieures à la lésion sont paralysées. Les fractures du bassin mettent l'animal dans l'impossibilité de se relever.

Le chat « réparé » après un accident pratique en général sa rééducation tout seul. Il existe un centre de kinésithérapie, à Saint-Laurent du Var, où les chats sont rééduqués.

Fractures de la tête. Une fracture du crâne entraîne dans la plupart des cas la mort.

Les fractures de la mâchoire sont assez fréquentes. (Le chat reste alors la gueule ouverte.) On les répare très bien, aujourd'hui, à l'aide de broches, de plaques, de prothèses. Il faut compter cinq à huit semaines pour la guérison.

Coupures et blessures. Les chats sont des bagarreurs. En particulier les mâles quand ils se disputent les faveurs d'une femelle. Beaucoup reviennent de leurs expéditions dans un triste état. Les coupures ou blessures du pavillon de l'oreille sont fréquentes et laissent souvent de vilaines cicatrices.

Les yeux ne sont pas épargnés. Les plaies légères de la cornée cicatrisent en général rapidement. Dans les cas graves, si l'iris est ressorti par exemple, une opération sera nécessaire.

Sur le corps, une blessure superficielle se désinfecte avec de l'eau oxygénée ou de l'eau de Dakin. Si elle est profonde, le vétérinaire fera un point de suture. Ne laissez pas votre chat lécher ses plaies, il va les creuser et accroître les risques d'infection. Mettez-lui un pansement.

Si votre chat a reçu quelques plombs de chasse — cela arrive —, faites-le radiographier pour mesurer l'étendue des dégâts.

Quand le chat revient d'une expédition en « marchant sur des œufs », trempez-lui les pattes dans de l'eau vinaigrée, cela soulagera ses coussinets enflammés et douloureux. Un contact prolongé sur la neige ou un sol gelé peut durcir et fendiller les coussinets. Massez le dessous des pattes avec une pommade à base de vitamines A et D et gardez le chat enfermé quelques jours.

Quand un chat rentre sur trois pattes, examinez bien celle qu'il ne pose pas par terre. Vous trouverez sans doute dans le coussinet une épine ou un bout de verre. Retirez le corps étranger à l'aide d'une pince à épiler et désinfectez.

Attention : toute blessure mal soignée peut dégénérer en abcès. La peau du chat se distend et il se forme des poches de pus. Un abcès chaud se ramollit et perce tout seul. Des compresses d'eau salée soulagent la douleur et accélèrent la maturation. L'abcès froid a un petit foyer purulent qu'il faut percer avec précaution. Nettoyez ensuite l'intérieur avec une solution de permanganate à 1 % ou d'eau de Dakin. Si votre chat a souvent des abcès et de la fièvre, montrez-le au vétérinaire.

Les brûlures. Le chat n'est pas à l'abri des accidents domestiques. S'il s'est brûlé le dessous des pattes, mettez une pommade adoucissante, Mitosyl par exemple. Une brûlure du premier degré se soigne avec du mercurochrome ou de l'acide picrique. Il ne reste pas de cicatrice et le poil repousse normalement. Pour les brûlures du deuxième degré, qui produisent un œdème, et pour celles du troisième degré, consultez le vétérinaire.

Si le chat s'est brûlé avec un produit ménager acide, mettez du bicarbonate de sodium. S'il s'est brûlé avec de la soude

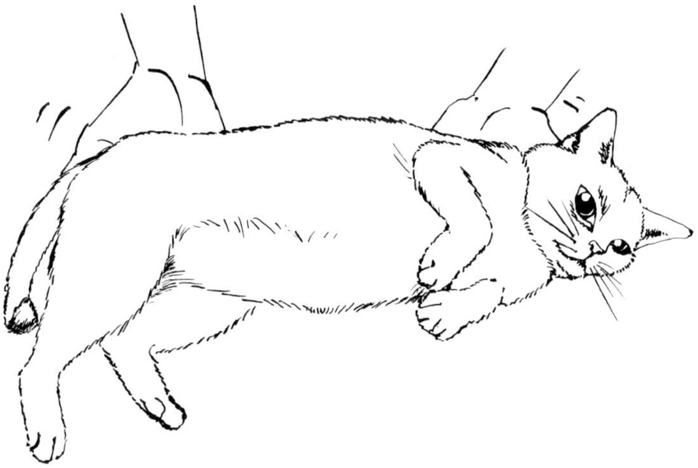

COMMENT TRANSPORTER UN CHAT BLESSÉ

S'il est blessé ou que son état fait supposer des fractures internes, il faut le bouger le moins possible. Prenez-le par derrière, une main passée sous le cou, l'autre sous l'arrière-train. Soulevez-le tout doucement et déposez-le, sans courber son corps, sur une couverture ou dans une caisse. Transportez-le ainsi, de toute urgence, chez le vétérinaire.

caustique, de l'eau vinaigrée ou une solution d'acide picrique.

Attention : poisons... Le chat a beau être d'un naturel prudent, il arrive très souvent qu'il s'empoisonne en avalant une proie intoxiquée, par exemple, ou de l'herbe traitée. Il est malheureusement rare que l'on connaisse la nature du produit malencontreusement avalé, ce qui ne facilite pas le diagnostic. Observez bien les symptômes de l'intoxication, ils seront précieux pour le vétérinaire.

Le chat qui a avalé de l'acide salive beaucoup, vomit, mais la soude caustique provoque les mêmes effets... Le métaldéhyde utilisé pour détruire les limaces donne des troubles nerveux convulsifs ; son antidote est le gardénal. L'arsenic entraîne des douleurs abdominales et des vomissements à odeur d'ail. Contre la couramine, raticide très courant qui déclenche des hémorragies, on prescrit de la vitamine K. La strychnine provoque de violentes contractions musculaires ; là encore on a recours au gardénal. Certains insecticides entraînent des vomissements, des crises d'épilepsie, des convulsions et une perte de l'équilibre. Le phosphore provoque des douleurs abdominales, des vomissements et des troubles nerveux. L'empoisonnement au gaz — propane, butane — entraîne une somnolence.

Piqûres et morsures. Le chat se tire en général très bien des piqûres de guêpes ou d'abeilles. En revanche, s'il a été mordu par un serpent, il est prostré, il tremble, halète, ses extrémités se refroidissent. Le pourtour de la morsure enfle. Faites immédiatement un garrot au-dessus de la plaie pour que le venin ne se répande pas. Donnez au chat un tonicardiaque, ou, à défaut, du café fort et faites-lui faire le plus rapidement possible une injection de sérum antivenimeux.

QUE FAIRE EN CAS D'EMPOISONNEMENT D'ORIGINE INCONNUE ?

Faites vomir le chat en le forçant à boire un verre d'eau salée. Faites-lui absorber du charbon en poudre. Ne lui donnez jamais de lait : dans certains cas, s'il a avalé des insecticides par exemple, cela aggrave les symptômes. Allez chez le vétérinaire le plus proche ou téléphonez au centre anti-poisons. (Voir adresses en annexe). Si vous possédez le produit toxique avalé par le chat, n'oubliez pas de l'emporter avec vous chez le vétérinaire.

PETIT GUIDE DES SOINS

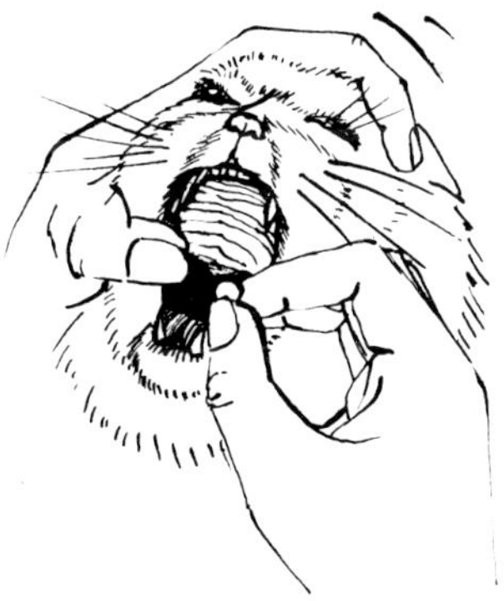

Donner une pilule

Faites-vous aider par quelqu'un qui tiendra le chat. Prenez sa tête de la main gauche, renversez-la en arrière, appuyez sur les commissures des lèvres pour faciliter l'ouverture de la bouche. Abaissez la mâchoire inférieure et poussez la pilule, le plus loin possible, au fond de la gorge. Refermez les mâchoires et tenez le chat jusqu'à ce que vous soyez certain qu'il a bien avalé la pilule.

Mettre un suppositoire

Là aussi, faites-vous aider, épointez le suppositoire et enduisez-le de vaseline. Après avoir introduit le suppositoire, maintenez la queue quelques instants appuyée contre la partie anale.

Prendre la température

Faites-vous aider par quelqu'un qui maintiendra bien le corps du chat penché vers l'avant. Mettez de la vaseline sur le thermomètre, soulevez la queue et introduisez le bout du thermomètre dans l'anus. Maintenez-le en place une minute. La température normale du chat est de 38°5. Une fièvre moyenne de 39° à 39°5 indique une affection moyenne. Une forte fièvre 40°, 41° est le symptôme de maladies graves (typhus, coryza, ictère).

Si la température baisse brusquement autour de 36°5, c'est tout aussi inquiétant.

Faire une piqûre sous-cutanée

C'est assez facile. Le plus difficile est de surmonter votre appréhension. Tirez un pli de la peau au niveau des épaules, désinfectez bien et enfoncez l'aiguille d'un coup sec, parallèlement à la chair, puis instillez doucement le liquide.

L'ARMOIRE À PHARMACIE DU CHAT

Coton, gaze, bandes, eau de Dakin, pince à épiler, thermomètre, vaseline, huile de paraffine, charbon, crème antihistamique, pommade antibiotique, collyre pour les yeux et gouttes pour les oreilles (prescrits par le vétérinaire), sirop de Primpéran, produits antiparasitaires, aspirine (à donner à raison d'un quart ou d'un demi-comprimé par jour, en deux fois).

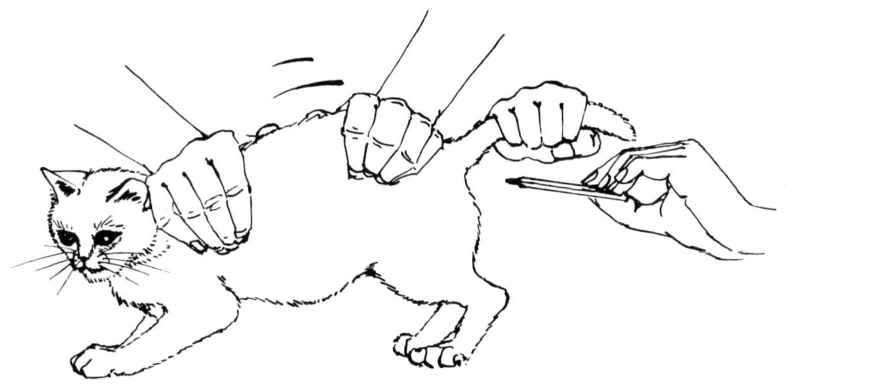

Maintenir un chat

La meilleure méthode consiste à l'attraper par la peau du cou, derrière les oreilles et à le plaquer sur une table, en appuyant de l'autre main sur l'arrière-train.

Faire prendre un liquide

Le plus simple est de le mélanger à la nourriture, mais si le chat la refuse, utilisez une petite seringue, que vous introduirez sur le côté de la bouche, à la commissure des lèvres.

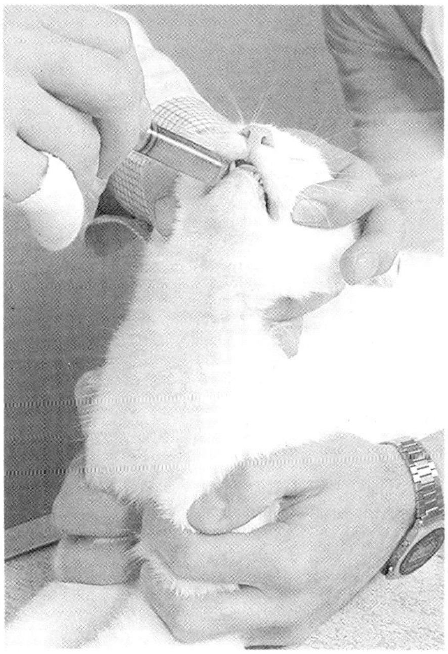

LES GRANDES MALADIES DU CHAT

Le typhus ou panleucopénie. Cette maladie, d'origine virale, est certainement l'une des plus graves qui atteigne le chat, et la mortalité est importante chez les sujets non vaccinés. Un chaton de deux à trois mois peut mourir en un jour ou deux.

Les symptômes commencent par une forte fièvre : 40°. Le chat ne mange plus, est prostré, le nez au sol, entre les pattes, recherche les surfaces froides. Il a des vomissements jaunes mousseux, souffre de diarrhée. Sa température corporelle descend en dessous de la normale. N'attendez pas : seul un traitement précoce et intensif peut sauver l'animal. La vaccination (voir p. 168) est fortement recommandée.

Le coryza. Cette maladie virale répandue, contagieuse, peut être très grave chez le chat. Dès les premiers jours, il éternue sans cesse, ses yeux larmoient, sont rouges. Au début la fièvre apparaît. Cette première forme de coryza guérit en une ou deux semaines.

La deuxième forme, due à un herpès virus ou à un calicivirus est beaucoup plus grave. Au début, les symptômes sont les mêmes mais, peu à peu, le chat devient prostré, se déshydrate, ne mange plus et des ulcérations apparaissent dans la bouche. Son haleine sent mauvais, il finit par tomber dans le coma. Consultez le vétérinaire sans tarder.

La rage. La rage, maladie pour laquelle il n'existe pas de remède, est transmise au chat par la morsure d'un animal déjà atteint. Les symptômes de la rage sont spectaculaires : l'animal est excité, agressif, a des crises ressemblant à l'épilepsie, salive abondamment. Dans la forme paralytique, la raideur de la mâchoire empêche l'animal de se nourrir.

Le chat qui se promène en liberté, en particulier dans les régions où la rage sévit, est particulièrement exposé. La vaccination antirabique (voir p. 168) se pratique heureusement de plus en plus systématiquement.

La tuberculose. Le chat peut attraper la tuberculose de l'homme. L'animal atteint a le poil terne, il maigrit, souffre de diarrhée chronique, tousse, a des ganglions sur tout le corps. Une analyse de laboratoire permet d'établir un diagnostic sûr. La maladie est heureusement en nette régression chez le chat. Étant donné les dangers de la contamination à l'homme, on euthanasie les chats tuberculeux.

Le cancer. Il provoque des troubles généraux : fatigue, amaigrissement, et des troubles fonctionnels divers. Les cancers les plus répandus chez le chat sont les tumeurs des mamelles, du poumon, du foie et de l'intestin. Une tumeur maligne évolue vite, ses contours ne sont pas nets. Elle est chaude au toucher.

La chirurgie reste pour le moment le seul traitement. La chimiothérapie et la radiothérapie sont difficilement applicables, car il faudrait chaque fois anesthésier le chat.

La leucémie ou cancer du sang. Les symptômes de cette maladie contagieuse sont très divers : anémie, ganglions, affaiblissement progressif. Le virus leucémique félin (Fe LV) a été découvert en 1964. Il est l'une des causes les plus importantes de mortalité chez le chat et provoque notamment des affections respiratoires chroniques, des avortements, des ictères, etc. Le diagnostic devient de plus en plus précis mais il n'existe pas encore de traitement efficace.

La péritonite infectieuse féline. Cette maladie virale et contagieuse à évolution lente est caractérisée par une fièvre supérieure à 39° 5, qui, par moments, diminue d'intensité. L'état général du chat se dégrade progressivement. Quand l'abdomen est très distendu la maladie est incurable. Cette affection souvent mortelle peut prendre des formes diverses : péritonite, pleurésie, troubles nerveux, oculaires, ou bien les formes se combinent entre elles. Elle est d'autant plus redoutable qu'il n'existe ni prévention, ni traitement.

Les problèmes spécifiques du chaton

Les chatons ont parfois de petits ennuis intestinaux : des selles molles, liquides, huileuses, signe d'une insuffisance pancréatique. En cas de diarrhée, voyez le vétérinaire, ne prenez pas d'initiatives car les chatons sont fragiles. Contre la constipation, un peu de confiture de rhubarbe dans la pâtée est souvent efficace. Sinon, le vétérinaire prescrira des laxatifs légers ou des cholérétiques.

Attention : un ventre ballonné, une haleine forte à odeur d'ail, des vomissements voire des convulsions indiquent une invasion sérieuse par des ascaris.

Surveillez bien les oreilles du chaton qui doivent être toujours nettes. Voyez le vétérinaire si des croûtes apparaissent.

Votre petit chat est fatigué, a le ventre gonflé, les os incurvés, les articulations épaisses et douloureuses, des selles liquides : il souffre de rachitisme. Il faut équilibrer son régime alimentaire, lui donner du calcium, du phosphore, ainsi que de la vitamine D.

Le chaton hésite à sauter, songez aux fractures spontanées ; sa colonne vertébrale se déforme : peut-être souffre-t-il d'ostéofibrose. (Cette maladie affecte certaines races plus que d'autres : les Siamois et les Abyssins en particulier.)

Les problèmes spécifiques de la chatte

Lorsque des portées sont indésirables, on dispose de plusieurs moyens pour les éviter :

La contraception. Pratiquer la contraception est une bonne solution. Il existe des pilules pour les chattes, dérivées de celles utilisées par les femmes. Elles sont administrées avant les chaleurs ou au début. Elles suppriment ou repoussent le cycle en cours.

Les piqûres à base de produits qui bloquent les cycles pendant six à huit mois sont très efficaces, mais leur usage permanent est néfaste. Il faut toujours permettre le retour normal des chaleurs de temps en temps.

L'ovariectomie, ou ablation des ovaires, doit se pratiquer, sous anesthésie générale, après que la chatte a eu ses premières chaleurs.

La section des trompes évite les portées, mais ne supprime pas les inconvénients des chaleurs.

L'avortement est provoqué par des injections de dérivés de folliculine, moins de douze jours après une saillie malencontreuse. Cette intervention ne doit pas être pratiquée trop souvent, au risque de nuire à la femelle.

Les tumeurs mammaires. Elles commencent par un simple nodule qui grossit peu à peu. Souvent cancéreuses, elles sont opérées le plus rapidement possible. Si l'on juge qu'elles sont hormonodépendantes, on pratique également une ovariectomie.

Les problèmes du chat âgé

Le chat commence à vieillir discrètement, mais inexorablement, vers l'âge de huit, dix ans. Il devient un peu moins vif, recherche les coins chauds pour dormir. Ses sommes sont de plus en plus fréquents et longs. Plus il avance en âge, plus son pelage perd de l'épaisseur, grisonne, se raréfie sur les côtés de la tête. Certains chats d'appartement, trop bien nourris, ont tendance à l'obésité. D'autres, au contraire, maigrissent.

Si vous soignez bien votre chat, vous avez des chances de le voir vivre jusqu'à quatorze ans et plus, un âge déjà respectable pour lui. Les chats stérilisés ont généralement une plus grande longévité que les autres. Ceux qui sont issus de lignées où l'on a pratiqué la consanguinité ont une espérance de vie plus courte que la moyenne. Si les femelles, à partir de huit ans ont des portées réduites et ne procréent plus vers onze, douze ans, les mâles sont capables d'engendrer jusqu'à l'âge de quinze ans.

Une bonne hygiène de vie est indispensable pour aider votre chat à vieillir en beauté. Veillez à son confort. L'endroit où il aime dormir doit être à l'abri des courants d'air. Ne le laissez pas sortir quand il fait froid, avec l'âge il devient plus vulnérable aux maladies respiratoires. S'il risque de se battre avec des congénères ou des chiens, gardez-le enfermé. Il n'a plus ses excellents réflexes et ne pourrait pas se défendre. Respectez scrupuleusement son repos et demandez aux enfants de ne pas trop chahuter avec lui. Il ne s'agit quand même pas de le garder dans du coton. Il doit faire un peu d'exercice pour entretenir sa forme.

Brossez-le très régulièrement, surtout s'il a le poil long, pour éviter qu'il n'avale, en se léchant, des poils qui formeraient des boules dans son estomac.

L'alimentation (voir p. 163) joue, bien entendu, un rôle primordial dans le maintien en forme du chat âgé. Ne lui donnez pas trop à manger s'il n'a pas grand-faim. Offrez-lui, comme à un chaton, des repas fractionnés, trois ou quatre par jour. Il doit boire suffisamment. Comme tous les carnivores, il a les reins fragiles ; s'il a du mal à contrôler sa vessie — ce qui est assez fréquent — mettez un ou deux bacs supplémentaires à sa disposition.

Pensez à tailler ses griffes qui, faute d'exercice, ont tendance à pousser exagérément.

Un grand nombre de maux menacent le chat vieillissant, aussi est-il indispensable de le faire régulièrement examiner, à partir de l'âge de dix ans, par le vétérinaire : une fois par an au minimum, deux de préférence. Le praticien va contrôler son poids (une chute de poids régulière doit être prise au sérieux ; elle peut être due à des problèmes rénaux ou à une tumeur ; une brutale chute de poids est alarmante). Il fera une analyse de sang, d'urine, une radio pulmonaire, examinera les yeux et les oreilles, recherchera d'éventuels parasites (une parasitose peut être grave chez le chat âgé).

La palpation permet de déceler une tumeur, maligne ou pas. Le lymphosarcome est une forme de cancer fréquente chez le chat âgé, très grave quand les reins et l'intestin sont atteints. D'autres formes de cancer peuvent frapper le chat. L'intervention chirurgicale est le seul traitement possible, quand il n'est pas trop tard.

Le petit félin a le cœur plutôt solide, mais il est vulnérable aux maladies respiratoires, telle la bronchite chronique, et aux maladies du tube digestif. La constipation est peut-être le trouble le plus fréquent chez le chat âgé. Pour l'éviter donnez-lui beaucoup de légumes verts et ajoutez une petite cuillerée d'huile de paraffine. Le chat âgé souffre parfois d'arthrose, mais moins fréquemment que le chien. Ses dents s'entartrent, il a souvent des maladies de la bouche telle la gengivite.

Si votre vieux chat maigrit brusquement sans raison apparente, s'il urine trop ou pas assez, s'il titube ou se paralyse, allez sans tarder chez le vétérinaire. En règle générale, guettez attentivement les moindres changements de son comportement ou de son aspect, même s'il vous semble aller bien. Mieux vaut prévenir que courir.

Vous pouvez offrir à Minet un traitement anti-vieillissement qui ne fera pas de miracle mais ralentira le processus de dégradation de l'organisme. Les spécialités anti-sénescence comprennent la procaïne, la sulfadiazine associées à des vitamines A, B et C, des extraits embryonnaires, placentaires, etc. Cette cure de jouvence ne pourra être entreprise que sous contrôle vétérinaire et après un examen complet de l'animal.

Bien soigner un chat âgé ne suffit pas, vous devez également ménager son moral. Évitez si possible de le laisser seul, vos absences peuvent le traumatiser encore plus que lorsqu'il était jeune. La pension n'est pas recommandée ; le changement risque de le perturber gravement et, comme son organisme se défend moins bien, il est plus vulnérable aux microbes et aux diverses maladies. Le mieux donc, si vous partez, est de le laisser chez vous en le confiant à des amis. Accordez beaucoup d'attention à votre vieux compagnon, ne l'oubliez pas sous prétexte qu'il dort tout le temps. Même sourd ou aveugle, il peut toujours prendre goût à la vie, surtout s'il se sent aimé.

LA DERNIÈRE PIQÛRE

Il n'est jamais facile ni pour le maître ni pour le vétérinaire de prendre la décision d'euthanasier un chat. Cela s'impose cependant si l'animal, atteint d'une maladie incurable, souffre trop. L'euthanasie se pratique en injectant une overdose de barbituriques. Le chat s'endort et meurt paisiblement en quelques minutes. Il est préférable de laisser le vétérinaire seul avec le chat, sinon celui-ci pourrait ressentir votre détresse.

LES ZOONOSES OU MALADIES TRANSMISSIBLES À L'HOMME

Les maladies que le chat peut nous transmettre sont peu nombreuses et le plus souvent bénignes. Un chat d'appartement ne risque pratiquement pas de nous contaminer. En revanche, si le chat se promène à l'extérieur, rencontre des congénères, va à la chasse, il peut nous transmettre des maladies :

Les maladies à virus

La plus terrible est la rage (cf. p. 176), en voie de disparition grâce à l'extension de la vaccination (voir p. 168).

La lymphoréticulose

Appelée aussi lymphoréticulose bénigne d'inoculation, cette affection est transmise par un coup de griffe ou une morsure. Les ganglions voisins de la plaie s'enflamment, une adénite peu douloureuse se déclare, le malade se sent un peu fatigué et fiévreux. Cette maladie, peu grave, peut guérir spontanément. Toutefois, l'administration d'antibiotiques permet d'en venir à bout très rapidement.

Les maladies microbiennes

Une bactérie, *Pasteurella multocida*, présente dans la bouche du chat, peut infester une personne mordue. L'endroit atteint devient tuméfié et douloureux, un œdème se forme, la température s'élève. Un traitement aux antibiotiques, entrepris sans tarder, est très efficace.

La pseudo-tuberculose ou yersiniose

Elle n'a rien à voir avec la tuberculose. Le chat l'attrape en mangeant des petits rongeurs. Il ne présente pas toujours des signes de maladie et élimine la bactérie dans ses selles. Transmise à l'homme, cette bactérie provoque des symptômes qui ressemblent à s'y méprendre à ceux d'une crise d'appendicite.

Les mycoses

Les mycoses, en particulier les teignes (voir p. 169), sont transmissibles à l'homme. Elles provoquent des lésions du genre eczéma, souvent circulaires et prurigineuses. Le traitement est long, mais efficace. Pour plus de précaution, il convient de nettoyer et de désinfecter canapés et coussins.

Les maladies parasitaires

La toxoplasmose, due à un parasite, le toxoplasme, peut entraîner divers symptômes : digestifs, pulmonaires, nerveux. Une analyse s'impose pour confirmer le diagnostic.

La toxoplasmose est surtout dangereuse pour une femme enceinte car elle risque de provoquer un avortement. Il est donc indispensable, lors de la première visite prénatale, d'effectuer des recherches d'anticorps spécifiques de la toxoplasmose. S'ils existent, aucun risque n'est à craindre. S'ils sont absents, il faudra renouveler les recherches et, s'ils apparaissent, soigner la future maman. Toute femme enceinte ne possédant pas d'anticorps contre les toxoplasmes ne doit pas adopter de chat pendant qu'elle attend un bébé.

L'existence de cette maladie n'est pas une raison pour se séparer du chat de la maison. La future maman devra simplement s'abstenir de nettoyer le bac à sable et le fera changer et désinfecter chaque jour par une tierce personne.

En offrant au chat une nourriture saine, de la viande bien cuite, le risque est beaucoup moins grand. Il est nul si le chat est nourri avec des conserves.

La toxacarose est due aux vers migrants de l'ascaris. Ces vers pondent des œufs que l'on retrouve dans les excréments du chat. Une fois dans la terre ou dans la litière, ils se transforment en larves infestantes.

La maladie provoque des symptômes généralement discrets : troubles hépatiques, nerveux, asthme, qui régressent le plus souvent spontanément.

C'est surtout le très jeune enfant, mettant n'importe quoi dans sa bouche, qui est menacé. Pour limiter les risques, il suffit de vermifuger le chat régulièrement et de surveiller l'enfant pour qu'il ne touche pas à la litière du chat. On peut également utiliser un bac fermé par un couvercle.

Qu'un chat puisse nous transmettre des maladies ne doit pas nous priver de sa compagnie. Si nous le soignons bien, si nous surveillons sa santé, les risques qu'il fait courir à notre santé sont minimes.

Annexes

LES ASSOCIATIONS FÉLINES

Une certaine anarchie règne en France dans le domaine félin. Faute d'une société centrale féline à l'image de la Société centrale canine (organisme officiellement reconnu par le ministère de l'Agriculture et qui fait autorité), les clubs félins français appartiennent à diverses associations, organisent chacun leurs propres expositions et possèdent leur Livre des origines. Situation aggravée par le sectarisme qui règne et par les dissensions assez fréquentes au sein même des clubs et associations.

En Grande-Bretagne, au contraire, il n'existe qu'une seule association, dont, en principe, personne ne conteste l'autorité : le Governing Council of the Cat Fancy.

Le grand travail des associations, dont le but est de promouvoir les chats de race et leur élevage, est l'organisation d'expositions. Ces manifestations permettent aux éleveurs de se rencontrer, d'échanger des idées, et au public de mieux connaître et apprécier les chats.

Les éleveurs appartenant à une association sont assurés de pouvoir trouver des étalons disponibles le moment voulu et aussi de vendre leurs portées.

FRANCE

Il existe en France de nombreuses associations félines ne comportant qu'un seul et unique club. Quatre sociétés, cependant, qui regroupent de nombreux membres, ont pignon sur rue :

Le Cat Club

Ce club, le plus ancien de France, a été créé en 1913 par le docteur Jumaud, de Saint-Raphaël. Une section s'est ensuite constituée à Paris sous l'égide de Mme Ravel, qui présida longtemps aux destinées du club. En 1924, le Cat Club de Paris est devenu autonome et a ouvert son propre Livre d'origine. Parallèlement, la Société centrale féline a vu le jour en 1933. La Fédération féline française regroupait alors le Cat Club de Paris, la Société centrale féline et le Cat Club de Champagne.

Après la seconde guerre mondiale, dans le but de regrouper les éleveurs et amis des chats, la Société centrale féline s'intégra au Cat Club de Paris et il ne subsista plus qu'un seul Livre des origines sous la responsabilité de la Fédération féline française (FFF).

Cette fédération regroupe aujourd'hui : le Cat Club de Paris et des provinces françaises (Région parisienne, Provence-Côte d'Azur, Alsace-Lorraine, Franche-Comté, Bourgogne), le Cat Club d'Aquitaine, le Cat Club du Centre, la Société féline d'Auvergne, Rhône-Alpes, le Cat Club du Nord-Picardie-Flandre-Artois et les clubs de races suivants : Club du Chartreux, Club du Siamois, Club du Persan, du chat Sacré de Birmanie et du Persan Colourpoint, Cercle du chat Abyssin et du Somalien.

La FFF est affiliée à la FIFe (Fédération internationale féline).

Le Cat Club organise de nombreuses expositions dans toute la France, dont certaines ont lieu à des dates pratiquement fixes : Paris et Toulouse en octobre ; Vichy en juillet ; Bordeaux et Clermont-Ferrand fin janvier, début février ; Lyon en novembre.

Cat Club : 75, rue Claude-Decan, 75012 Paris.

L'Association nationale féline

L'ANF (Association nationale féline) regroupe plusieurs clubs français : l'UNASO (Union nationale pour l'amélioration des Siamois et Orientaux), l'ANABI (Association nationale pour l'amélioration des Birmans), le Club félin français, etc.

L'Association nationale féline, fondée en 1981, après la dissolution de l'Association féline de France, juge selon les standards anglais du Governing Council of the Cat Fancy (GCCF) et selon les standards américains de la Cat Fancier's Association (CFA).

Association nationale féline : 7, rue Decrès, 75015 Paris.

Le Club félin français organise une exposition au mois de janvier, au Pavillon Baltard, à Nogent-sur-Marne. En dehors de cette importante manifestation, elle organise environ une exposition mensuelle pendant la saison.

Club félin français : 15 bis, avenue du Parc, 78150 Le Chesnay.

L'Association nationale des cercles félins de France

Fondée en 1878, elle regroupe une dizaine de clubs au niveau national, organisant chacun trois expositions par an.

Cercle félin d'Ile-de-France (7, rue Chaptal, 75009 Paris) : fondé en mars 1982, il compte 3.000 adhérents.

Cercles félins : du Centre, de l'Ouest, de l'Est, de Champagne-Picardie, de Gascogne-Béarn, de Provence-Côte d'Azur.

Le Cercle félin de Paris

Cette association, fondée en 1952 par la baronne de Saint-Palais, regroupe environ 500 adhérents et organise cinq ou six expositions par an dans toute la France. Elle possède son propre Livre d'origine.

Cercle félin de Paris : 22, rue Eugène Gisors, 94240 L'Hay-les-Roses.

La Fédération internationale féline

En 1949, à l'initiative de la France et de la Belgique, a été fondée la Fédération internationale féline d'Europe (FIFE), qui réunit successivement la France, la Belgique, la Hollande, la Suisse, le Danemark, la Suède, la Norvège, l'Italie, l'Autriche et l'Allemagne. A la suite de l'adhésion de nombreux pays non européens, la FIFE est devenue la FIFé (Fédération internationale féline).

Les différents pays affiliés sont : l'Allemagne, l'Australie, l'Autriche, la Belgique, le Brésil, le Danemark, l'Espagne, la Finlande, la France, la Hollande, la Hongrie, l'Italie, le Liechtenstein, le Luxembourg, Saint-Martin, le Mexique, la Norvège, la Suisse, la Suède, Singapour et la Tchécoslovaquie.

SUISSE

Le Cat Club de Genève, fondé en 1933 par l'abbé Chamonin, est le premier de Suisse. Son Livre des origines a été ouvert en 1934. Ce club regroupe actuellement 200 membres, éleveurs pour la plupart, motivés par l'amélioration de la race féline, mais qui sont avant tout des amoureux des chats. Les éleveurs se limitent à faire produire par leurs femelles deux portées par an et les pedigrees sont refusés à ceux qui abusent de la consanguinité.

Le club organise deux expositions internationales par an. L'une au printemps, l'autre en automne.

Cat Club de Genève : 5, chemin du Joli-Bois, 1292 Chambezy.

BELGIQUE

L'**Union féline belge,** créée en 1979, organise en général une exposition par an et possède son Livre des origines.

Le **Club félin de Belgique,** qui organise de nombreuses expositions dans toute la Belgique.

Et encore : le **Hainaut Poussy Club** et l'**Amicale Belge du chat.**

ÉTATS-UNIS

On compte neuf grandes associations félines. La plus importante est la **Cat Fancier's Association** (CFA), qui a établi ses propres standards et possède des filiales au Canada et au Japon.

Le Canada a également sa propre association : la **Canadian Cat Association** (CCA).

LES CLASSES ET LES PRIX

Dans les expositions félines, les chats sont répartis en un grand nombre de catégories ou classes. La manière d'évaluer chaque chat varie selon les fédérations qui organisent les concours, mais l'attribution des « points » donnés aux différents aspects de chaque race obéit toujours à des critères très stricts.

LES CLASSES

Elles sont définies selon les règlements de la FFF et de la FIFe.

1. Classe de « Grand Champion International » (Poils longs ou Poils courts). Cette classe est réservée aux seuls champions internationaux.

Les champions internationaux hors concours peuvent exceptionnellement être engagés en classe couples, paires, groupes et groupes d'élevage, mais ils ne pourront dans ce cas concourir pour le « Best in Show » (Meilleur de l'exposition). Pour briguer ce titre, ils devront obligatoirement concourir dans la classe « Champion des Champions ».

2. Classe de Grand Premior International (Poils longs ou Poils courts).

3. Classe Grand Champion (CAGCI).

4. Classe Neutres Premior (CAGPI).

5. Classe Championnat CACIB : certificat d'aptitude au Championnat International de Beauté (pour tout sujet déclaré champion ou champion international). Cette classe est subdivisée par sexe, race ou couleur. Le juge est libre de ne pas accorder le C.A.C.I.B. s'il estime que le sujet placé premier ne mérite pas ce titre.

6. Classe Neutres Premior (CAPIB).

7. Classe ouverte (CAC) : Certificat d'aptitude aux championnats. Pour tous sujets, même les champions, âgés de 10 mois au moins le jour de l'ouverture de l'exposition. Cette classe n'est jamais subdivisée par âge. L'inscription au L.F.O.F. est obligatoire.

C'est dans cette classe qu'est décerné le C.A.C. Les champions engagés en classe ouverte perdent le titre de « champions » s'ils n'obtiennent pas le C.A.C.

8. Classe Neutre CAP. Pour tous les sujets châtrés, âgés de 10 mois, dans les mêmes conditions que la classe ouverte.

9. Classe Jeunes, de 6 à 10 mois. Pour tout sujet âgé de six mois au moins et de 10 mois au plus, le jour de l'exposition. L'inscription au L.O.F. ou au R.I.E.X. est obligatoire.

10. Classe jeunes 3 à 6 mois. Pour tous sujets âgés de 3 mois au moins et de 6 mois au plus, le jour de l'exposition. L'inscription au L.O. ou au R.I.E.X. est obligatoire.

11. Classe Novices. Pour tous sujets n'ayant jamais été exposés, incrits ou non au LFOF. Cette classe est subdivisée en adultes et jeunes.

CLASSES SUPPLÉMENTAIRES

12. Classe Élevage national (adultes). Pour tous sujets âgés de 10 mois au moins et nés en France. L'inscription au LFOF est obligatoire.

12a. Classe Élevage national (jeunes). Pour tous sujets âgés de 3 mois au moins et de 10 mois au plus, nés en France. L'inscription au LFOF est obligatoire.

12b. Classe Élevage national (neutres). Pour tous sujets neutres, nés en France.

13. Classe Importation (adultes). Pour tous sujets âgés de 10 mois au moins, nés à l'étranger. L'inscription au LFDF ou à un LO étranger est obligatoire.

13a. Classe Importation (jeunes). Pour tous sujets âgés de 3 mois au moins et de 10 mois au plus, nés à l'étranger. L'inscription à un LO étranger est obligatoire.

14. Classe limitée.

15. Classe Vétérans : 6 ans et plus.

16. Classe Reproducteurs. Pour tous sujets ayant au moins trois de leurs produits engagés à l'exposition. Cette classe est toujours subdivisée en mâles et femelles.

17. Classe Paires. Pour deux sujets de même race et de même sexe appartenant au même propriétaire.

18. Classe Couples. Pour deux sujets de même race et de sexe différent et appartenant au même propriétaire.

19. Classe Groupes. Pour trois sujets de même race, sans distinction de sexe, appartenant au même propriétaire.

20. Classe Groupes d'élevage. Cette classe est réservée aux exposants dont l'affixe (nom de chatterie) est déposé au LFOF. Peuvent concourir tous les chats originaires de la chatterie engagée, quel qu'en soit le propriétaire actuel.

RÈGLEMENT DE LA F.F.F. ET DE LA F.I.F.E.

Les chats sans origine reconnue sont jugés en classe Novices seulement. S'ils obtiennent le nombre de points suffisants, ils peuvent être admis à une première inscription au RIEX. Les juges seuls peuvent en décider.

Les chats inscrits au LFOF ou au RIEX ou à un Livre des Origines reconnu par la FFF, peuvent être admis dans toutes les classes leur convenant.

Les chats doivent être présents pendant toute la durée d'une exposition. Un chat peut être engagé, mais ne pas concourir. Le propriétaire doit alors en faire la demande et l'affiche « ne concourt pas » sera placée sur la cage.

Il est obligatoire qu'un champion français postulant le titre de Champion international obtienne l'un de ses trois CACIB à une exposition de Paris et au moins un autre hors de France. Le titre de Champion international pourra cependant être attribué à un chat français s'il obtient au moins deux de ses CACIB dans deux pays étrangers différents. Dans ce cas, il peut être dispensé du CACIB de Paris.

Les chats au pedigree insuffisant (moins de trois générations inscrites) devront attendre la décision définitive en vue de porter le titre de Champion international.

Les exposants, enfin, doivent s'engager à ne pas participer à une manifestation féline non reconnue par la FFF.

CLASSES EXPOSITION DES CLUBS INDÉPENDANTS

Elles regroupent l'ANF, ARF, UNASO, de France, affiliés à la SCFF, ainsi que l'Association nationale des cercles félins de France et le Cercle félin de Paris.

Ces classes sont différentes de celles de la FIFe :

Classe d'honneur : tout chat étant Champion d'Europe.

Champion d'Europe CACE : tout chat déclaré Grand Champion International.

Grand Champion International CAGCI ou **CAGPI :** tout chat déclaré Champion International.

Champion International CACIB ou **CAPIB.**

Champion International CACIB ou **Champion.**

Champion CAC ou **ACAP :** chat ayant obtenu trois titres en France.

Classe Portée : tout chaton ayant au minimum sept semaines, au maximum trois mois, accompagné de sa mère.

Classe 3 à 6 mois et 6 à 9 mois : jeunes sujets réservés avant le championnat. Ils concourent pour le qualificatif « excellent ».

Groupe d'élevage : un minimum de 5 chats portant le nom d'un même élevage (le nombre de chats est différent selon les clubs).

Classe Reproducteur : tout étalon ayant un minimum de X produits selon les clubs présentés à l'exposition.

Classe Chat de maison : cette classe originale s'adresse à tous les chats dont la race n'est pas reconnue et qui ne correspondent pas à un standard précis. Ils sont soumis à l'appréciation des juges qui les classent en fonction de leur beauté et de leur condition physique. Ils concourent pour le qualificatif « excellent ».

LES SOCIÉTÉS DE PROTECTION

FRANCE

Des bénévoles ouvrent de mini-refuges aux grandes sociétés telle la S.P.A. (société protectrice des animaux), tissant un vaste réseau de protection animale qui couvre toute la France. Il ne suffit malheureusement pas à endiguer le flot des abandons, en particulier en période de vacances.

On estime à un peu plus de 300 le nombre des associations charitables ayant ouvert de mini-refuges, sans compter les particuliers qui accueillent parfois des dizaines de chats perdus. Elles ont bien souvent du mal à survivre et n'offrent pas toujours aux chats hébergés des conditions d'hygiène satisfaisantes. Elles n'en sont pas moins fort utiles car elles soignent les chats malades et limitent leur errance dans les rues. Leur présence est de toute évidence indispensable dans la mesure où la S.P.A. et ses filialesne suffisent pas pour recueillir tous les chats perdus.

La Société protectrice des animaux

La S.P.A., la plus ancienne et la plus importante de toutes les associations, a été créée en 1845, à l'initiative du général Grammont. Elle compte aujourd'hui 60 refuges et filiales dans toute la France et quelque 70 000 membres et 1 000 enquêteurs bénévoles. Elle vit davantage de dons, de legs, le plus souvent sous la forme d'héritage que des cotisations de ses membres ou des recettes provenant des adoptions : 250 francs pour un chat sans race et 300 francs pour un chat de race en 1984. Ce prix comprend la vaccination, la stérilisation, le tatouage de l'animal et un sac pour le transporter. Il a été établi selon les tarifs des laboratoires pour éviter le trafic des animaux. La S.P.A. reçoit une subvention de l'Etat au titre de fourrière, mais elle ne couvre pas les frais de cette activité.

La vocation principale de la S.P.A. est de protéger les animaux, de recueillir ceux qui se sont perdus ou ont été abandonnés, et d'essayer de leur trouver un maître.

Dans son refuge de Gennevilliers, le plus grand de France, la S.P.A. accueille chaque semaine quelque 300 chiens et chats. Par la force des choses, elle doit aussi assurer le rôle de fourrière pour la Ville de Paris, ce qui implique, compte-tenu de la loi, la pratique d'un assez grand nombre d'euthanasies.

La S.P.A. tente, bien entendu, de faire adopter le plus grand nombre possible de chats, mais ce n'est guère facile. Émus par cette situation, plusieurs associations félines profitent de leurs expositions pour accueillir un stand d'adoption de la S.P.A.

Retrouver les maîtres des animaux recueillis est une lourde tâche pour la S.P.A. et, jusqu'ici, les lignes de son standard étaient perpétuellement saturées. Désormais, un ordinateur Data General avec 12 terminaux dans les filiales S.P.A. de l'Ile-de-France permettra de mener les recherches avec un maximum d'efficacité et de rapidité. Cette mise sur ordinateur devrait être étendue à toute la France.

La S.P.A. ouvre enfin plus de 5 000 dossiers par an concernant la condition animale et dépose quelque 500 plaintes devant les tribunaux.

S.P.A. : 39, boulevard Berthier, 75017 Paris.

Assistance aux animaux

Cette autre association de défense regroupe Défense et Protection des animaux, les Amis des bêtes et l'Assistance française de défense des animaux. Elle compte 47 000 membres, une vingtaine de filiales, dont certaines ont des refuges. Contrairement à la S.P.A., Assistance aux animaux ne joue pas le rôle de fourrière et ne pratique pas l'euthanasie. Elle recueille uniquement des chats abandonnés — plusieurs milliers chaque année — par leurs maîtres, qui doivent signer une déclaration d'abandon. Comme à la S.P.A., les chats sont soignés, vaccinés, tatoués, stérilisés avant d'être proposés à l'adoption. Le prix de l'adoption a été fixé à 200 francs. Des inspecteurs bénévoles d'Assistance aux Animaux vont contrôler sur place si la cohabitation du chat adopté et du nouveau maître se passe bien.

Assistance aux animaux : 90, rue Jean-Pierre Timbault, 75011 Paris, tél. 355 76 57.

Autre société qui recueille des abandonnés et facilite l'adoption :

La Confédération des S.P.A. de Lyon

Regroupe 228 sociétés de protection dans 82 départements dont presque toutes gèrent un refuge.

C.S.P.A.L. : 17, place Bellecour, 69292 Lyon Cédex 02, tél. (78) 837 83 21.

Conseil supérieur français pour la défense de l'animal

Créé en 1981, cet organisme indépendant regroupe plusieurs associations de défense de l'animal dont Assistance aux animaux, la Confédération nationale des sociétés de protection des animaux de France, le Conseil national de la protection animale, la Ligue française des droits de l'animal et la S.P.A.

Conseil supérieur français pour la défense de l'animal : 17, rue Alfred-Roll, 75017 Paris.

Les sociétés de protection animale bénéficient en France du soutien efficace des médias. La presse, la radio, la télévision participent régulièrement aux campagnes de sensibilisation contre l'abandon ainsi qu'aux opérations d'adoption, au moment des fêtes de fin d'année surtout. De nombreuses vedettes de la scène et de l'écran apportent très souvent leur concours à ces manifestations. Sur la première chaîne, l'émission « Trente millions d'amis » lance chaque semaine des appels concernant des animaux perdus que les maîtres recherchent. Une seule condition pour y participer : que l'animal soit tatoué. Le tatouage des chats étant encore peu répandu, ceux-ci sont malheureusement les parents pauvres de l'émission, où l'on voit surtout des chiens.

BELGIQUE

On estime à plus de 850 000 le nombre des chats en Belgique. Près de 80 sociétés de protection animale, nationale ou locales, essayent de leur venir en aide.

En 1973, le comte Anthony Van Zwaren a fondé le Conseil national de la protection animale (CNPA) qui rassemblait une quinzaine de sociétés. Peu de temps après, une autre société, l'ANSPA, Association nationale des sociétés de protection animale, était fondée et regroupait d'autres associations. Une troisième, « Help Animal » a vu le jour récemment.

Ces sociétés recueillent les animaux, les soignent, les placent mais sont dépassées par l'ampleur des abandons. Au refuge de Weeweyde, le plus connu de Bruxelles, 200 000 animaux arrivent chaque année et, faute de place et de candidats à l'adoption, beaucoup de pensionnaires doivent être euthanasiés. Cela, en dépit des nombreuses campagnes menées par les sociétés de protection pour tenter de limiter les abandons.

Association nationale des sociétés de protection animale

L'A.N.S.P.A. regroupe 24 sociétés réparties sur tout le territoire. Elle a publié *Le Vrai Livre blanc de la protection animale,* où elle définit la ligne de conduite et l'idéologie de toutes ses sociétés membres.

Chaque société héberge les animaux perdus ou abandonnés, saisis en fourrière ou encore accidentés sur la route. Elle se charge aussi de l'enlèvement des dépouilles.

A.N.S.P.A. : rue George-Moreau, 38 - 1070 Bruxelles.

La Chaîne bleue mondiale

Cette société vouée à la protection des animaux et de la nature compte environ 20 000 membres. Ses secrétariats régionaux accueillent des animaux abandonnés et blessés. Ils possèdent un service de placement des animaux par téléphone. La C.B.M. diffuse des affiches (à l'effigie de Tintin) en faveur de la protection animale.

C.B.M. : avenue des Grenadiers, 9 - 1050 Bruxelles.

SUISSE

Dans la Confédération helvétique, 49,7 p. 100 des foyers possèdent un ou plusieurs animaux domestiques, dont 21,8 p. 100 de chats, qui viennent donc en tête.

Les chats perdus, ramassés par les agents de police ou les particuliers, sont recueillis dans les sections de la P.S.A. (Protection suisse des animaux), qui possède plusieurs refuges. Toute personne ayant trouvé ou perdu un animal doit se mettre en contact le plus rapidement possible avec le refuge le plus proche.

Les chats recueillis sont soignés, vaccinés, stérilisés, avant d'être proposés à l'adoption. Dans les cas où l'animal trop âgé ou agressif ne peut être placé, la P.S.A. pratique l'euthanasie.

Si la vocation première des refuges est de recueillir les animaux abandonnés ou perdus, ils hébergent aussi des chats dont les maîtres doivent se séparer, et les font adopter. Ils prennent en pension ceux dont les maîtres partent en vacances ; cette source de revenus permet aux refuges de s'autofinancer en partie.

LES ASSURANCES

L'assurance responsabilités multirisques pour l'appartement et la famille couvre aussi les dommages commis par votre chat, qu'il renverse un pot de fleurs sur la tête d'un passant ou griffe l'enfant de la voisine.

Si vous confiez votre chat à une personne, elle n'est pas responsable des accidents qu'il pourrait provoquer. C'est votre propre assurance responsabilité civile qui intervient.

Quand un chat est en pension, c'est la responsabilité de l'établissement qui est engagée. Vérifiez si la pension est bien assurée.

L'assurance-vie

Dans le cas où le maître vient à disparaître avant son chat, l'APA (Avenir et protection des animaux) propose une formule assurance décès pour les personnes âgées de moins de soixante-quinze ans et dont l'animal est tatoué.

Au décès du maître, un capital de 30 000 francs est versé par la compagnie d'assurance au bénéficiaire désigné : un parent, un ami ou l'APA elle-même. Une somme confortable, suffisante pour que votre chat soit choyé jusqu'à la fin de ses jours.

APA : 117, rue Caulaincourt, 75018 Paris.

La Sécurité sociale féline

Certaines mutuelles proposent une sorte de sécurité sociale pour les animaux de compagnie qui assure le chat pour maladie, accident, opération chirurgicale et séjour en clinique. Pour bénéficier de cette assurance, le chat doit avoir plus de trois mois et moins de neuf ans, avoir été vacciné contre le typhus, le coryza et la rage.

L'assurance ne prend effet que quarante jours plus tard pour une maladie, mais immédiatement s'il s'agit d'un accident.

Ne sont pas remboursés : les opérations esthétiques, la castration et l'ovariectomie, les frais de mise-bas, sauf s'il s'agit d'un cas pathologique, les premières vaccinations, les frais d'euthanasie, sauf en cas d'accident ou de maladie incurable.

En 1984, la formule simple couvrant les frais chirurgicaux coûtait entre 230 et 350 francs et la formule complète : de 600 à 840 francs environ par an, selon les compagnies.

Les remboursements pour la formule complète : 60 francs environ pour les frais vétérinaires. 80 pour cent des frais de pharmacie, 64 francs par jour pour un séjour en clinique. 80 pour cent des frais de radio, 80 pour cent des frais chirurgicaux.

L'Association mutualiste des propriétaires d'animaux de compagnie (AMPAC) rembourse uniquement les interventions chirurgicales et soins annexes pour une cotisation de 180 francs par an.

AMPAC : 6, rue Bezout, 75014 Paris.

Pour trouver une compagnie assurant les animaux, s'adresser au Centre de documentation et d'information de l'assurance.

CDIA : 2, rue de la Chaussée-d'Antin, 75009 Paris.

LES URGENCES

VOTRE CHAT S'EST PERDU

A Paris, téléphonez au commissariat du quartier où le chat s'est égaré. Ensuite, au service des recherches de la S.P.A. (798 98 98 ou 798 57 40) ou à Assistance aux animaux (355 76 57). Mettez des petites annonces chez les commerçants et dans les journaux.

En province, téléphonez au refuge S.P.A. le plus proche de votre domicile et ayez recours aux petits annonces.

VOTRE CHAT EST MALADE

Aux heures ouvrables, pas de problème. Les bons vétérinaires ne manquent pas. Ayez toujours à portée de la main le numéro de téléphone des cliniques vétérinaires les plus proches de votre domicile. N'oubliez pas que les écoles vétérinaires, les centres anti-poisons dispensent également des soins à moindres frais.

LES ÉCOLES VÉTÉRINAIRES

École nationale vétérinaire de Maisons-Alfort, 7, avenue du Général-de-Gaulle, 94740 Maisons-Alfort.
École nationale vétérinaire de Toulouse, 23, chemin des Capelles, 31076 Toulouse, Cedex.
École nationale vétérinaire de Lyon, route de Saint-Bel, 69260 Marcy-l'Etoile.
École nationale vétérinaire de Nantes, route de Gachet, BP 527, 44026 Nantes.

LES DISPENSAIRES

Les interventions et les consultations sont gratuites. Seuls les vaccins et médicaments sont payants. (Les maîtres laissent une obole).
Dispensaire populaire de soins aux animaux, 8, rue Maître-Albert, 75005 Paris.
Dispensaire d'Assistance aux animaux, 90, rue Jean-Pierre Timbault, 75011 Paris.
Dispensaire Benoît-Cavalier, rue Paul-Foliot, 76140 Le Petit-Quevilly.

LES SERVICES VÉTÉRINAIRES D'URGENCE

S.O.S. vétérinaire : Paris, le soir à partir de 20 heures, les dimanches et jours fériés, tél. 871 20 61 et 832 93 30. Région parisienne, tél. 602 45 07.

En général, les numéros des services d'urgence sont enregistrés sur les répondeurs de tous les praticiens.

Vétérinaire d'urgence à domicile à Paris, dimanche, fêtes et nuit : 81, rue d'Anjou, 75008 Paris, tél. 265 00 91.
Lyon : S.O.S. vétérinaire, tél. 854 00 71, assure également le service d'urgence à domicile.
Bordeaux : le numéro du vétérinaire de garde est enregistré sur les répondeurs de tous les vétérinaires.
Services d'ambulances pour animaux : Paris et région parisienne, Ambulances Santini, tél. 784 55 55.
Secours animalier français : 202 72 88.
A.P.A.C., tél. 737.83.82 (pour les départements 75, 92, 78, 94, 93).
Service mobile de secours animalier, tél. 784 33 44.
Bordeaux : service d'ambulances S.O.S. animaux, tél. 04 16 19.

Belgique : Service vétérinaire d'urgence et de garde : 025 38 16 99 ou S.P.A. Veeweyde, tél. 02 569 03 15.

LES CLINIQUES DE NUIT

à Paris :
33, rue de Citeaux, 750012
141, rue Raymond-Losserand, 75014
15, rue del Sarte, 75018

en banlieue :
27, avenue de Paris à Vincennes
28, avenue Jean-Jaurès, Pré-Saint-Gervais
117, avenue de la Porte Trivault, Clamart
86, boulevard Bineau, Neuilly

VOTRE CHAT A ABSORBÉ UN POISON

Notez bien le numéro du centre le plus proche de chez vous. De la rapidité des soins peut dépendre la survie de votre chat.

LES CENTRES ANTI-POISONS

Paris : hôpital Fernand Widal, 200 rue du Faubourg Saint-Denis, tél. 280 62 33, poste 30-46.
Lyon : hôpital Edouard-Herriot, place d'Arsonval, tél. 54 14 14.
Marseille : hôpital Salvator, 249 boulevard Sainte-Marguerite, tél. 75 25 25.
Bordeaux : hôpital Pellegrin, place Amélie-Raba-Léon, tél. 96 40 80.
Grenoble : hôpital de la Tronche, tél. 42 42 42.
Clermont-Ferrand : hôpital Saint-Jacques, 4 place H.-Durant, tél. 27 33 33.
Lille : hôpital Albert-Calmette, place de Verdun, tél. 54 55 56.
Montpellier : clinique Saint-Eloi, tél. 63 24 01.
Nancy : hôpital Central, 29 avenue de Lattre-de-Tassigny, tél. 36 36 36 ou 32 36 36.
Nantes : hôpital : place Alexis-Ricordeau, tél. 48 38 88.
Reims : hôpital Maison-Blanche, 45 rue Cognac-Jay, tél. 06 07 08.
Rennes : hôtel Dieu, 2 rue de l'Hôtel-Dieu, tél. 59 22 22.
Rouen : hôpital H.C. Nicolle, 1 rue de Clermont, tél. 88 44 00.
Strasbourg : hôpital civil, tél. 35 41 03.
Toulouse : hôpital Purpan, place Baylac, tél. 49 33 33.
Tours : faculté de Médecine, 2 bis boulevard Tonnellé, tél. 64 16 91.

VOTRE CHAT EST MORT

Lorsque votre chat meurt, vous avez le droit de l'enterrer dans votre jardin, en prenant certaines précautions : mettez-le dans un endroit éloigné, faites un trou assez profond et répandez de la chaux vive. Il est interdit d'enterrer un chat dans un terrain ne vous appartenant pas.

L'ENLÈVEMENT DE LA DÉPOUILLE

A Paris, la fourrière (39, rue de Dantzig) se charge, moyennant une somme modique, d'enlever la dépouille de l'animal, qui ne sera pas incinérée, contrairement à ce que l'on croit, mais livrée à l'équarrissage. Vous pouvez aussi demander à votre vétérinaire de s'occuper de la dépouille du chat.

LES CIMETIÈRES

Si vous avez choisi de faire enterrer votre petit compagnon dans un cimetière, ce qui coûte assez cher, surtout si vous tenez à une tombe individuelle cimentée, sachez qu'il existe deux cimetières en région parisienne :
— le cimetière d'Asnières, 4 Pont de Clichy, 92600 Asnières
— le cimetière de Villepinte, route de Tremblay.

Pour les cimetières de province se renseigner auprès de la mairie ou de la S.P.A. locale.
Région de Lyon : M. Coquard, 69690 Bessenay
Région de Toulouse : M. Massonnier, Beaumont sur Lèze, 31190 Auterive
Région d'Aix-Marseille : M. Huard, 13840 Rognes.

LES POMPES FUNÈBRES

Un service de pompes funèbres pour animaux, « Animaux Service », existe à Paris : 90, rue Nollet, 75017.

L'INCINÉRATION

Depuis peu, un service d'incinération existe à Nogent-sur-Marne. Le corps peut être enlevé à domicile, moyennant 150 francs. La crémation collective coûte, en 1987, 250 francs ; individuelle : 450 francs. Les cendres vous seront remises ou, sinon, dispersées en mer, l'année suivante, en présence d'un vétérinaire.
S.I.A.F. (Service d'incinération des animaux familiers), 3, rue du Fort, 94130 Nogent-sur-Marne.

Index des races